Enseñemos
como Jesús

Una guía práctica para la

Educación Cristiana

en su iglesia

La Verne Tolbert

Vida

ZONDERVAN™

La mision de Editorial Vida es proporcionar los recursos necesarios a fin de alcanzar a las personas para Jesucristo y ayudarlas a crecer en su fe

© 2004 Editorial Vida
Miami, Florida

Publicado en inglés bajo el título:
Teaching Like Jesús
por The Zondervan Corporation
© 2000 por La Verne Tolbert

Traducción: *Eugenio Orellana*
Edición: *Omayra Ortíz*
Diseño interior: *Eugenia Chinchilla*
Diseño de cubierta: *Holli Leegwater*

ISBN: 0-8297-3368-X

Impreso en Estados Unidos de América
Printed in the United States of America

04 05 06 07 ❖ 06 05 04 03 02 01

A mi familia

A Irving, mi esposo, por amarme tanto

A La Nej, mi hija, mi alegría y estudiante estrella

A mi tía Valerie Henderson por enseñarme el valor
del descanso y del gozo

A mi tía Lorraine y a mi tío David por pasar
el batón de la fe a la nueva generación

A mi madre espiritual, Anna Wallick,
por llevar diariamente mi nombre ante el Padre

A la Familia de la Fe en medio de la que
él me ha puesto para correr esta carrera

A mis padres y abuelos, que me observan desde
el balcón celestial y me gritan palabras de aliento

Contenido

Lista de ilustraciones

Reconocimientos

Los maestros vienen y van. Pero muchos se quedan. Agradezco humildemente a todos los maestros con quienes he trabajado, y especialmente a esos voluntarios que han estado más de diez años en la sala de clases los domingos por la mañana. Entre estos figuran Diane Alexander, Saundra Coleman, LeTaun Cole Cotton, Delores Gilford, Joyce Hudgies, Marvin Jackson, La Roya Jordan, Clotee McAfee, Donald Sanderson, Mamie Shelton, Janice Webb, Alice Williams y Debra Willis. Ustedes representan a los miles de hombres y mujeres en iglesias locales que con entusiasmo y excelencia tienen el compromiso de hacer discípulos. Gracias por su fidelidad.

Por sus valiosos comentarios sobre el manuscrito, extiendo una sincera gratitud a mi querida amiga y mentora, la Dra. Shelly Cunningham, profesora asistente de Educación Cristiana en la «Talbot School of Theology»; al Dr. Pete Menjares, presidente del Departamento de Educación en la Universidad Biola; a mi colega y amiga, Linda Paek (¡gracias por tantos detalles!); a Gala Christian, Demetra Pearson, Janice Webb y Beverly Winton.

Stan Grundy, editor en jefe, quien pacientemente me persuadió a realizar este trabajo, reciba mi más profundo agradecimiento. Mi editor, Jim Ruark, cuyo entusiasmo y atinadas perspectivas me alentaron a seguir, se ha ganado mi sincero aprecio. Finalmente, a todos los que me han enseñado —desde la Escuela Dominical hasta el seminario— gracias por sembrar en mí un amor incomparable por enseñar la Palabra de Dios.

Capítulo I

¿Qué es la Educación Cristiana?
Una filosofía de ministerio

> Lo que me has oído decir en presencia de muchos testigos, encomiéndalo a creyentes dignos de confianza, que a su vez estén capacitados para enseñar a otros.
>
> 2 Timoteo 2:2

Nuestro ministerio es la enseñanza. Jesús es nuestro modelo. La gente es nuestra pasión. Nuestro producto es la transformación de vidas. Y nuestra meta es el cielo. Esta es la esencia de la Educación Cristiana.

Mi experiencia en el ministerio de la enseñanza en la iglesia local tiene sus raíces en mi infancia. Mi héroe —papá— fue nuestro pastor. Como una hija obediente, asumí la tarea de enseñar en la Escuela Dominical a nuestro pequeño grupo de niños, adiestrar a los maestros y dirigir nuestro ministerio de jóvenes.

La nuestra era una iglesia pequeñita, un solo cuarto para ser exactos, a solo dos cuadras de la calle 125 en la ciudad de Nueva York. Papá era un evangelista de corazón y muy creativo cuando se trataba de levantar una congregación. Para que las personas que pasaban por allí pudieran oír el mensaje, colocó un altavoz mirando hacia la calle y lo conectó al micrófono del púlpito.

Un beneficio adicional proporcionado por los altavoces era que la gente en la calle podía oír cantar al coro de la iglesia que dirigía mi madre. Es cierto, nuestro coro era también pequeñito, pero bajo la dirección de mi madre sonaba como un coro inmenso y en cada competencia de coros, ganábamos o quedábamos en segundo lugar.

Mi abuelita sabía cómo orar. «Señor, soy yo otra vez» era su forma familiar de dirigirse a su Dios. Y también cantaba. Su voz de cantante de ópera había sonado en el programa de radio del Templo Refugio, y aunque eso era ya cosa del pasado, sus alabanzas gritaban desde los bancos de la iglesia.

Mamá Inniss, como la llamaban cariñosamente, fue siempre la suegra fiel. Había dejado el glamour de su iglesia madre de miles de miembros para ayudar a su yerno a desarrollar su ministerio. Sus tres hijas, Leanore, Lorraine y Esther, conocidas como las Hermanas Inniss heredaron su talento musical. Y mi madre, Leanore, le transmitió al coro todo lo que había aprendido. Así que, la combinación de un ministerio de enseñanza y predicación entrelazado con excelente música cristiana a la antigua prometía ser un fundamento ideal donde levantar la iglesia.

Pero no fue un trabajo fácil. A pesar del fluir de miembros nuevos, la congregación nunca creció más allá de un puñado de personas dedicadas. Si el éxito se midiera por la cantidad de miembros, entonces el impacto de nuestra pequeña iglesia sería muy dudoso. Pero si el éxito se mide por vidas cambiadas, ¡qué corona habrá recibido papá cuando vio a Jesús cara a cara!

Como éramos tan pocos, la pérdida de un miembro era una catástrofe. Quizás el éxodo más grande se produjo cuando una creyente soltera de nuestra iglesia quedó embarazada. Los nuevos convertidos se revolcaron de indignación. Exigían a mi padre que expulsara de la iglesia a la joven mujer. Su tranquila respuesta la expresó con una pregunta: «¿Por qué la voy a expulsar ahora cuando precisamente más necesita de nosotros?» Su capacidad sensible y compasiva para abrazar a los que sufrían emanaba de su propia vida tan recargada de dolor y desilusión. Como Jesús, él había decidió comprender en lugar de condenar.

La pasión de mi papá era ver a sus miembros «liberados». La hermana Gadson, por ejemplo, tenía fobia a andar en automóviles o buses. Se aterrorizaba con solo pensarlo. Por lo tanto, nunca iba más allá de donde podía ir caminando. Pero mi papá estaba convencido de la realidad de las Escrituras: «Si el Hijo los libera, serán ustedes verdaderamente libres» (Jn 8:36).

«Sube al auto», le ordenó un día. «No, pastor» se negó, mansamente, la hermana Gadson. Pero por el respeto que le tenía a su pastor, finalmente cedió. Papá le dio un paseo a ella y a su esposo por Manhattan, ¡y ella quedó encantada! El miedo a viajar había desaparecido.

Ingreso al ministerio

Personalmente, no tenía ninguna intención de entrar en el ministerio. De hecho, me había hecho la promesa de no casarme con un pastor. El trabajo de pastor no ofrecía para mí ninguna ilusión. Es más, las exigencias del pastorado me parecían abrumadoras.

A cualquiera hora del día o de la noche, llamaban a papá para atender una emergencia en el hospital, para calmar una pelea en alguna casa o para ir a la cárcel a ayudar al hijo de un miembro de la iglesia que estaba en apuros. Parecía no tener nunca tiempo para descansar. Muchas noches, después de un día lleno de duro trabajo como carpintero, papá se duchaba, se cambiaba de ropa, y conducía desde New Rochelle hasta Manhattan para enseñar una clase de bíblica, tocar el piano o el órgano en el ensayo del coro o dirigir alguna reunión.

Graduado de un instituto bíblico, su enseñanza y predicación eran del tipo exegético. Enseñaba lo que decían las Escrituras y luego lo aplicaba a la vida presente. Papá siempre ministró con todo el corazón. Su fe absoluta en su Salvador me hizo amar al Señor profundamente y confiar siempre en él.

Enseñé en la Escuela Dominical. Muy pronto, sin embargo, me decepcioné por el tipo de material de estudios existente. Enseñábamos en una iglesia de un solo cuarto con varias clases desarrollándose en forma simultánea. Los niños vivían en el centro de la ciudad en grandes edificios de departamentos e iban caminando a la escuela, muchas veces en medio de la nieve. Pero los dibujos en las portadas del material mostraban casas hermosas y apacibles, con cercas de estacas y niños rebosantes de salud y amplias sonrisas. No se parecían a ninguno de los niños de nuestra congregación. De modo que, frustrada, empecé a escribir y desarrollar nuestras lecciones. Nunca se me ocurrió pensar que estaba asistiendo a la escuela preparatoria de Dios.

Después de diez años de trabajo como editora de una revista en la Avenida Madison, el llamado de Dios empezó a materializarse en mi vida. Aunque había llegado alto y experimentado un tremendo éxito, me sentía vacía por dentro. Todo el arduo trabajo y las horas extras que empleaba para completar mi agenda no producían en mí la satisfacción que se me había prometido.

Un domingo, mi hermano, el anciano Allen Powlis, predicó un

sermón basado en Marcos 11:22: «Tengan fe en Dios». Me dio en pleno corazón. ¡Por supuesto que tenía fe en Dios! Me había criado en un hogar cristiano, había aceptado a Cristo como mi Salvador, me había bautizado de acuerdo con las Escrituras, enseñaba en la Escuela Dominical, cantaba en el coro, trabajaba con la juventud y servía en el Comité de Apoyo Pastoral.

En casa, volví a leer el pasaje: «Tengan fe en Dios». En el interior me defendía: «Sí, sí tengo fe en Dios». Entonces el Espíritu Santo me susurró: «Ten fe en la *capacidad* de Dios». Gracias a una gran fuerza de voluntad, me había convertido en una mujer realizada. Mi fe descansaba en mi razón y dependía por completo del logro de mis ambiciones personales.

Con al reto de dedicar mi vida completamente a Dios, volví a Los Ángeles y comencé a estudiar en el seminario. Me sentía tan sedienta de Dios y tan dispuesta a conocerlo por mí misma, que no me parecía suficiente todo lo que estudiaba de la Biblia. Me enamoré del ministerio de la enseñanza.

El bumerang

En una sesión sobre enseñanza de un pequeño grupo, experimenté lo que llamo un «bumerang bíblico». Me correspondía dirigir el estudio bíblico. El pasaje que Dios puso en mi corazón tenía que ver con la discusión de Jesús con Pedro.

> Cuando terminaron de desayunar, Jesús le preguntó a Simón Pedro:
> —Simón, hijo de Juan, ¿me amas más que éstos?
> —Sí, Señor, tú sabes que te quiero —contestó Pedro.
> —Apacienta mis corderos —le dijo Jesús.
> Y volvió a preguntarle:
> —Simón, hijo de Juan, ¿me amas?
> —Sí, Señor, tú sabes que te quiero.
> —Cuida mis ovejas.
> Por tercera vez Jesús le preguntó:
> —Simón, hijo de Juan, ¿me quieres?
> A Pedro le dolió que por tercera vez Jesús le hubiera preguntado: «¿Me quieres?» Así que le dijo:
> —Señor, tú lo sabes todo; tú sabes que te quiero.
> —Apacienta mis ovejas —le dijo Jesús.

Juan 21.15-17

Mientras estudiaba, la frase: «más que éstos» del versículo 15 me creaba problemas. ¿Amaba Pedro a Jesús más que *qué*?

Temprano aquel día, Pedro y sus ex socios (Lc 5:10) habían celebrado una junta (Jn 21:3). Habían sobrevivido a los traumáticos acontecimientos de las últimas semanas, y ahora Jesús, crucificado y resucitado, ya no estaría más con ellos cada día. Desde su resurrección, lo habían visto solo dos veces, pero estaban a punto de verlo por tercera vez (v. 14).

Sin embargo, antes del siguiente encuentro, Pedro tenía que tomar una decisión. ¿Qué haría ahora con su vida? Convenció a sus compañeros para que volvieran a su antigua profesión. Es como si hubieran llegado a la conclusión de que los últimos tres años habían sido una linda experiencia, pero que ahora era tiempo de ponerse serios y volver al trabajo. Sus compañeros estuvieron de acuerdo y se fueron a navegar. Aquella noche, sin embargo, el negocio fracasó; los pescadores no pescaron nada.

A la mañana siguiente, Pedro vio a alguien parado en la orilla pero no pensó que fuera Jesús. El hombre le preguntó si habían pescado algo. La respuesta de Pedro fue: «Nada». Entonces el hombre le dijo que echara las redes al otro lado de la barca. Le hizo caso porque a menudo una persona parada en la orilla podía ver mejor los bancos de peces que los pescadores en la barca. Ante la inesperada y enorme pesca, Juan se dio cuenta: «¡Es el Señor!», gritó. Pedro saltó fuera del bote y nadó hasta la playa donde Jesús tenía un fuego esperando.

¿Se puede imaginar aquel desayuno celestial de pescado frito y pan? Después de una noche infructuosa, Pedro y sus asociados disfrutaron de una sabrosa comida, aparte de la tremenda pesca: 153 peces grandes para ser exactos (v. 11). ¡Lo más probable sería que fuera Pedro quien los contó! Y debe haber llegado a la conclusión de que si la pesca seguía siendo como esta, el negocio de la pesca sería sencillamente fenomenal.

Más que éstos

Después del desayuno, sin embargo, Jesús le hizo a Pedro una proposición diferente. Empezó por preguntarle si lo amaba más que «éstos». La pregunta que surge inmediatamente es: ¿A qué o a quiénes se refiere con «éstos»? Seguramente, Jesús no quería comparar el amor de Pedro por él con el de los otros discípulos. Juan, que también había participado en el festín de aquella mañana, había demostrado su gran amor por Jesús quedándose cerca de él la noche que fue arrestado. Fue Juan quien permaneció al pie de la cruz acompañando a María (Jn 19:26). De modo que Jesús no pudo haber preguntado a Pedro si lo amaba más que los otros discípulos, porque Juan estaba sentado entre ellos.

Entonces, ¿con qué comparaba Jesús el amor de Pedro? Sabiendo que Pedro había decidido volver a su oficio de pescador, imagínese a Jesús señalando hacia la pequeña montaña de peces y preguntando: «Pedro, ¿me amas a mí más de lo que amas el negocio de la pesca? ¿Me amas a mí más de lo que amas a estos peces?»

La respuesta de Pedro lo transformó de un pescador de peces en un pescador de hombres, tal como Jesús lo había prometido cuando lo reclutó junto con su hermano Andrés (Mt 4:19). Ahora, la vocación de Pedro se había transformado en su pasatiempo. La nueva carrera del pastor Pedro era servir a Cristo alimentando a sus corderos y a sus ovejas.

Mientras enseñaba esta lección, podía oír al Señor pidiéndome que también hiciera una decisión. ¿Tendría que dejar mi vocación para alimentar a sus corderos y a sus ovejas? El «sí» no llegó fácilmente. Creía que en mi vida ya todo estaba en su sitio y ahora, bien entrada en los treinta, enfrentaba el más grande cambio en mi carrera.

Romanos 12:1-2 se había transformado en el versículo fundamental de mi compromiso con Cristo. Luego de mucha oración, y con el beneficio de una sabia consejería, acepté el llamado. Decidí confiar en Dios para los resultados.

En la iglesia a la que había estado asistiendo, el pastor Kenneth Ulmer cada domingo en la mañana interrumpía el servicio para decirle a la congregación: «Necesitamos otros cinco voluntarios para ayudar con los niños. Ahora necesitamos cuatro... tres...». Y así, hasta que lograba reunir el número suficiente para trabajar con los niños en el salón de cuna y la iglesia infantil.

Yo pensaba: «¡Qué tragedia!» Estos adultos santos necesitaban entender la visión, porque una de las oportunidades de mayor bendición que tenemos es ministrar a los niños.

Dios había puesto una carga tan pesada sobre mi corazón que durante mis tiempos de oración me sorprendía intercediendo por este ministerio.

Una mañana, después de confirmarlo con mi compañera de oración, escribí una carta al pastor preguntándole cómo podía ofrecerme como voluntaria para ayudar a implementar algunas ideas nuevas. Con la carta le entregué una gran cantidad de material que había desarrollado a través de los años. Aquel domingo, cuatro días después que había dejado el material sobre el escritorio de la secretaria del pastor, y sin mucho entusiasmo, asistí al servicio de adoración temprano en la mañana.

El llamado al altar fue el más largo que había oído, o a lo menos eso pensé. Aunque quería ayudar, no había pensado hacerme miembro de esa congregación. La iglesia se llenaba demasiado, el estacionamiento era malísimo y los bancos eran duros. Asistir como visita estaba bien, ¿pero hacerme miembro? ¿Qué era lo que Dios exactamente tenía en mente?

Las palabras finales del pastor me punzaron el corazón: «Si tiene el deseo de trabajar en este ministerio, necesita hacerse miembro», dijo sin dirigirse a nadie en particular. Caminé por el pasillo luchando con la pregunta sobre adónde querría llevarme Dios. Deseaba ardientemente que me explicara con lujo de detalles su plan.

Ese martes recibí una llamada de la secretaria del pastor. Hizo una cita para que me reuniera con él en la oficina de la iglesia al día siguiente. Había leído mi material, y en la reunión, para mi sorpresa, me ofreció el puesto de pastora de Educación Cristiana.

«Pensábamos que tendría que ser un hombre», dijo con toda inocencia, «pero es obvio que Dios la ha elegido a usted». Aunque estaba sorprendida por la oferta, estaba más sorprendida de Dios. ¡Realmente iba en serio su llamado de usarme a mí a tiempo completo en el ministerio!

Unos pocos veranos después, me pidieron que enseñara en el Departamento de Educación Cristiana de la Talbot School of Theology. Mi querido amigo y mentor, el Dr. Shelly Cunningham, que tiene la reputación de ser el maestro más creativo de la escuela, me recomendó para que me nombraran profesora asistente, y así nació entre nosotros un cálido vínculo de mutuo respeto.

¡Mi copa rebosaba! Además de trabajar en la iglesia local, Dios me honró con la tarea de entrenar a maestros: hombres y mujeres que venían a los Estados Unidos de diversos países del mundo para prepararse mejor como maestros de Escuela Dominical, líderes de estudios bíblicos, líderes de grupos pequeños, misioneros y pastores de educación. ¡Qué honor para mí! ¡Y qué tremenda responsabilidad!

Es esta combinación de experiencia compartida, una sazonada mezcla de principios y práctica, la que humildemente quiero comunicarle. Mi oración es que su escuela, iglesia, ministerio, pastores, maestros, padres y voluntarios sigan tratando de llegar a ser todo lo que Dios quiere que sean. ¡Él tiene un plan! ¡Y es un plan perfecto!

Dios tiene sentido del humor. En lugar de casarme con un pastor, me hizo uno de ellos. Llegué hasta el cielo y alcancé el manto de mi papá.

———

En cooperación con el Espíritu Santo, la educación cristiana es hoy día quizás uno de los ministerios más importantes en la iglesia local. Como educadores cristianos, dictamos clases, entrenamos maestros, desarrollamos nuevos ministerios, diseñamos materiales y, en general, supervisamos cada área bajo nuestro liderazgo. Somos llamados a hacer «discípulos».

Por tanto, vayan y hagan discípulos de todas las naciones, bautizándolos en el nombre del Padre y del Hijo y del Espíritu Santo, enseñándoles a obedecer todo lo que les he mandado a ustedes. Y les aseguro que estaré con ustedes siempre, hasta el fin del mundo.

—Mateo 28:19-20

Hacer discípulos es hacer «alumnos». Tenemos que transformar a hombres, mujeres y niños en discípulos de Jesús —alumnos tras el corazón de Dios— enseñándoles a amar, respetar y obedecer a Dios y a vivir de acuerdo con los principios bíblicos. Porque los maestros tienen la autoridad de Dios, son instrumentos importantes a través de los cuales el Espíritu Santo madura el Cuerpo de Cristo. Al ayudar a los alumnos a estudiar, a pensar, a razonar y a percibir la realidad de Dios a través de entender a la persona de Cristo, los maestros cumplen con la Gran Comisión.

¿A quiénes enseñamos?

Jesús le pidió a Pedro que alimentara a sus corderos (Jn 21:15), y luego le pidió que alimentara a sus ovejas (21:16-17). El radio de acción del ministerio de enseñanza de la iglesia local va desde alimentar a los corderos hasta alimentar a las ovejas. Nuestro ministerio es enseñar a los niños, que son los corderos y enseñar a los adolescentes y adultos, las ovejas.

Enseñamos a los niños porque creemos que ellos son capaces de conocer a Cristo. Aunque son las personas más pequeñitas, son grandes a los ojos de Dios. Fue a un niño a quien Jesús puso como ejemplo cuando preguntó quién era el más grande entre los discípulos.

El que recibe en mi nombre a este niño —les dijo—, me recibe a mí; y el que me recibe a mí, recibe al que me envió. El que es más insignificante entre todos ustedes, ése es el más importante.

—Lucas 9:48

De nuevo, Jesús destacó la importancia de los niños cuando los discípulos trataron de limpiar su agenda.

Jesús dijo: «Dejen que los niños vengan a mí, y no se lo impidan, porque el reino de los cielos es de quienes son como ellos.»
—Mateo 19.14

Debemos permitir el acceso de los niños a Cristo. Esto significa que necesitamos enseñarles en formas que ellos entiendan.

No importa cuán pequeños sean, son seres racionales creados a la imagen de Dios. Debemos animarlos a que estudien la Biblia y, debido a que son niños, el proceso de estudiarla les debe parecer entretenido. Su experiencia de aprendizaje debe ser emocionante y agradable.

Con los desafíos que confrontan los niños y los adolescentes en nuestras ciudades, las demandas para una educación cristiana dinámica son mayores hoy más que nunca antes. Nuestra juventud debe ser sal y luz (Mt 5:13-14), que son metáforas de vitalidad y visión. Nuestra enseñanza debe capacitarlos a hacer más que simplemente sobrevivir. Deben florecer en un mundo que es hostil a Dios y que está plagado de injusticias sociales.

Lamentablemente, para muchos jóvenes estos son los años cuando la enseñanza que reciben está a veces muy alejada de su realidad. Con las barricadas de las drogas, el sexo y las pandillas, o con los obstáculos de asimilación cultural, tienden más bien a desvincularse del cristianismo considerándolo irrelevante. La verdad salvadora de la Palabra de Dios les resulta imprecisa ante los problemas y tentaciones que deben enfrentar diariamente.

En muchos casos, cuando enseñamos, estamos dando respuesta a preguntas que ellos no nos están haciendo. El reto es este: Si los perdemos ahora, podrá tomar años para que encuentren el camino de regreso a la fe. Nuestra responsabilidad es algo que debemos tomar con toda seriedad. Esto significa que debemos estar evaluando en forma permanente cómo les estamos enseñando para mantenernos al día con sus «ahora».

También los adultos están atrapados en un laberinto social. Encontrar las respuestas a sus preguntas sobre sus familias, finanzas y futuro puede ser algo que esté enmarcado dentro del contexto de un punto de vista cristiano del mundo. Sin pretender ser simplistas, enseñar a los adultos parece ser tarea más fácil. Pueden permanecer quietos por largo rato, prestan atención y entienden nuestro material de enseñanza.

Sin embargo, el trabajo de enseñar a los adultos es algo que necesita reevaluarse en la realidad de sus inconsistencias éticas. El aborto es legal, se tolera la homosexualidad, y en cuanto al sexo, la experimentación es lo normal. En medio de este mundo, se espera que los padres conduzcan sus vidas rectamente y críen hijos cristianos. Debemos llevar a nuestras aulas un diálogo sincero y una enseñanza relevante, «rascando» a hombres y mujeres allí donde les pica. En otras palabras, debemos encontrarnos con ellos en el punto de su necesidad.

Además, la educación cristiana incluye enseñar al maestro. Entrenamos a maestros de la Escuela Dominical, maestros de estudios bíblicos, líderes de jóvenes, maestros para nuevos miembros, consejeros para discipulado, líderes para grupos pequeños, a cualquiera que tenga algo que ver con el estudiante. Nuestra tarea es impartir habilidades que realcen el don de la enseñanza. Nuestra tarea es desafiar a estos líderes cristianos a un estilo de vida de santidad. Y nuestra tarea es alentar la excelencia y lograr que estos maestros y líderes se transformen en estudiosos de la Palabra. Cuando corresponde, alentamos a algunos a que vayan a estudiar a una universidad o seminario cristianos.

Estos son los «quién» en la sala de clases del educador cristiano. Como educadores cristianos discipulamos discípulos.

¿Qué enseñamos?

En la educación cristiana enseñamos la Palabra de Dios. Nuestro material y texto fundamental es la Biblia. Todo otro material es secundario.

Enseñamos la Biblia porque creemos que es comprensible. De hecho, es nuestra responsabilidad, nuestra tarea, enseñar la Biblia de modo que se pueda *entender*. En la parábola del sembrador, Jesús recalcó la importancia de que el alumno entienda (Mt 13). El diablo arrebata la Palabra de los corazones de los que no entienden el mensaje.

> Pero el que recibió la semilla que cayó en buen terreno es el que oye la palabra y la entiende. Éste sí produce una cosecha al treinta, al sesenta y hasta al ciento por uno.
>
> —Mateo 13:23

No es suficiente que los alumnos «oigan» nuestra enseñanza. Deben entender lo que oyen. Los principios de Dios pueden, y deben, tener una aplicación práctica en sus vidas. Una vez que entienden, la semilla de la Palabra producirá fruto.

¿Cuándo y dónde enseñamos?

La educación cristiana complementa las horas de predicación y enseñanza de la adoración matutina con clases prácticas y continuas tanto el domingo por la mañana como durante la semana. Las

clases diurnas y nocturnas se acomodan a los varios turnos de trabajo de los miembros de nuestras congregaciones. Al dar clases en
la iglesia local y donde sea posible, en oficinas y hogares, podemos
llevar a nuestras congregaciones a través de un proceso continuo
desde creyentes recién nacidos en la fe hasta cristianos maduros.

Sugerencias para los líderes

Para tener un ministerio de enseñanza eficaz en la iglesia local, es vital tener una visión clara de lo que es la educación cristiana. Las siguientes afirmaciones de propósito y misión son ejemplos de los fundamentos filo-
sóficos sobre los que debe desarrollarse el ministerio de la enseñanza.

Propósito de un ministerio de Educación Cristiana

Propósito

El propósito de la educación cristiana es *enseñar transformación.* Nuestra meta es enseñar la Palabra de Dios para que las vidas sean cambiadas y las mentes transformadas según Romanos 12:1-2. Esta educación
tiene lugar en un ambiente de estímulo donde niños, jóvenes y adultos
aprenden verdades doctrinales según su nivel de desarrollo.

Misión

La misión de la educación cristiana se expresa en el acróstico *ECADS:*

E ntrenar líderes

D esafiar para la excelencia

U na satisfacción de las necesidades globales

C apacitar a los padres

A firmar y evaluar los ministerios existentes

Entrenar líderes. Reuniones de maestros, clases especiales, conferencias, grupos de discusión, escuelas bíblicas y seminarios son medios
por los cuales se puede entrenar a maestros y voluntarios. Los maestros
de niños y adolescentes deben reunirse una vez al mes para analizar temas, compartir ideas e información y ser animados en su trabajo.

Desafiar para la excelencia. En el siglo veintiuno, debemos desafiar a
nuestros equipos de educación cristiana a esforzarse por alcanzar la excelencia. Un enfoque profesional, decoro y presentación son claves para mantenerse en esta búsqueda. Las metas educativas deben estar a tono con el
mañana. Debemos seguir creciendo espiritual y profesionalmente, explorar
nuevas ideas y rechazar el status quo. Debemos trabajar para la gloria de
Dios.

Una satisfacción de las necesidades globales. Nuestra responsabilidad es ministrar a las necesidades de la persona en su totalidad: educacional, social y profesionalmente. De esta manera, los alumnos experimentan el cuidado divino de Dios. Aunque nos preocupemos por los demás, nuestra tarea personal es preocuparnos también por nosotros. Ser ejemplos de excelencia es uno de los recursos más efectivos del maestro.

Capacitar a los padres. Los padres son los primeros maestros de sus hijos. La responsabilidad del hogar es reforzar las lecciones bíblicas con memorización de porciones de la Biblia. La responsabilidad de la iglesia es enseñar a los padres a imitar a Cristo de tal manera que sus hijos puedan un día tener su propia fe. Los seminarios para padres son una forma importante de capacitarlos.

Afirmar y evaluar los ministerios existentes. Los ministerios y sus líderes deben evaluarse periódicamente. Sobre todo, deben animarse y respaldarse. Visitar otros ministerios e iglesias son formas adicionales de exponer el liderazgo a modelos ministeriales viables.

¿Por qué enseñamos?

En la educación cristiana se mide el aprendizaje por los cambios en la vida. Esto es más que simplemente llenarnos de información. El aprendizaje es un proceso vibrante que involucra un cambio de mente y de corazón, evidenciado por el comportamiento de la persona. Romanos 12:1-2 llama a este proceso *transformación*.

Por lo tanto, hermanos, tomando en cuenta la misericordia de Dios, les ruego que cada uno de ustedes, en adoración espiritual, ofrezca su cuerpo como sacrificio vivo, santo y agradable a Dios. No se amolden al mundo actual, sino sean transformados mediante la renovación de su mente. Así podrán comprobar cuál es la voluntad de Dios, buena, agradable y perfecta.

—Romanos 12:1-2

El tipo de enseñanza que produce transformación ocurre cuando el alumno reemplaza los malos hábitos por hábitos inspirados en la Biblia; cuando el proceso de pensamientos piadosos se traduce en acciones correctas. Como maestros, trabajamos juntos con el Espíritu Santo en este proceso de transformación.

Alimentar con la Palabra de Dios a los creyentes sentados en las bancas de tal manera que se desarrollen para ir más allá del mero punto de asistir a la iglesia los domingos en la mañana crea líderes que, a su vez, enseñarán también a otros (2 Ti 2:2). Corregir a los que llegan a nuestras iglesias con doctrinas falsas y ayudar a los que necesitan exhortación para vivir vidas santas son tareas adicionales en la edificación del cuerpo de Cristo. Este es el propósito de la Palabra de Dios.

Toda la Escritura es inspirada por Dios y útil para enseñar, para reprender, para corregir y para instruir en la justicia, a fin de que el siervo de Dios esté enteramente capacitado para toda buena obra.
—2 Timoteo 3:16-17

No pasar por alto es alcanzar a los incrédulos. La evangelización ha sido diseñada para rescatar a los que se pierden. Enseñamos este glorioso evangelio para dar respuesta al que tiene dudas y convencer al escéptico.

¿Cómo enseñamos?

Jesús, el maestro más eficiente que jamás haya existido, es nuestro modelo. Al enseñar como él enseñó, podemos aguzar nuestras habilidades y transformar nuestra sala de clases. Como el Maestro de maestros, Jesús empleó métodos que incluyen todas las teorías o prácticas sobre la enseñanza. Su método de enseñanza nos ofrece perspectivas sobre el maestro, el alumno, el ambiente, el material y la metodología, áreas que consideraremos en el siguiente capítulo.

Una filosofía de ministerio

Cuando evaluamos a quién enseñamos, qué enseñamos, cuándo y dónde enseñamos, por qué enseñamos y cómo enseñamos, estamos definiendo nuestra filosofía de ministerio. Esto nos proporciona la base para todo lo que hacemos. La forma en que aplicamos cada uno de estos aspectos en nuestras iglesias y salas de clases puede variar de cultura a cultura. En otras palabras, el «qué» enseñamos (la Biblia) y el «para qué» enseñamos (para transformación) no están sujetos a cambios. Sin embargo, el «cómo» enseñamos es flexible, dependiendo del «cuándo» y del «dónde», y «para quién» enseñamos el «qué».

Los afroamericanos, los coreanos, los etíopes, los filipinos, los hispanos, los puertorriqueños, los chinos, los samoanos, los caucasianos y los hindúes son nada más que una muestra de la hermosa variedad de culturas que aportan su matiz étnico a la experiencia de la enseñanza. Lo mejor de todo (como lo veremos), es que Jesús nos anima a personalizar nuestras lecciones añadiendo un poquito de condimento a nuestra enseñanza. En el siguiente capítulo examinaremos más de cerca a Jesús, el Maestro de maestros.

Primera Parte

Principios de Jesús

Capítulo 2

Jesús, el Maestro de maestros
Principios de enseñanza

Objetivo

Al final de este capítulo usted podrá evaluar la importancia de cinco áreas importantes en el proceso de enseñanza-aprendizaje al examinar los principios de enseñanza modelados por Jesús, el Maestro de maestros.

Nunca se sentó en una sala de clases. Nunca fue a la universidad. Nunca recibió un grado académico. Pero Jesús es, incuestionablemente, el más grande maestro que jamás haya existido. Dondequiera que enseñaba, multitudes lo seguían. Con tres cortos años para completar su trabajo, el Maestro de maestros ministró con enfoque y propósito.

El Maestro, nuestro modelo

¿Por qué se considera a Jesús el Maestro de maestros? ¿Qué métodos modeló para ayudarnos a convertirnos en maestros más eficaces? ¿Cómo podemos tomar las verdades de la Palabra de Dios y enseñarlas en una forma nueva, fresca, emocionante y que valga la pena recordar? ¿Podemos enseñar de tal modo que la Biblia sea relevante hoy día tanto en las ciudades como en los suburbios?

¡Tenemos buenas noticias! Jesús hizo lo que hizo y sabía lo que sabía en forma instintiva. Nosotros, sin embargo, tenemos la posibilidad de aprender intencionadamente principios de enseñanza eficaces. Al analizar algunos principios importantes contenidos en la enseñanza de Jesús, estaremos mejor equipados para seguir sus pasos.

1. Jesús enseñó basado en su carácter

Jesús enseñó basado en su carácter. Lo que él era —Dios encarnado— fue la base para su enseñanza. Todo lo que modeló a los discípulos y demostró a las multitudes y dirigentes religiosos estuvo centrado en que él era el Hijo de Dios.

Por ejemplo, aunque nunca cometió pecado, Jesús enseñó el perdón (Lc 7:36-50). En su calidad de Rey, enseñó acerca del reino (Mt 13). Como la Palabra viva, Jesús corrigió las enseñanzas falsas (Mt 15:1-20). Ministró con amor porque él es amor.

¿Quiénes somos por naturaleza? Como maestros cristianos, ¿nos parecemos cada día más a Cristo? En el proceso de hacer discípulos debemos seguir muy de cerca al Señor, de modo que nuestros alumnos lo vean a él a través de nosotros. Actuar con integridad, enseñar con corazones sinceros, corregir a otros con motivos puros y recibir la corrección con buena actitud son las marcas de un «discipulador» de discípulos. El carácter cristiano del maestro es clave. En el siguiente capítulo vamos a analizar en profundidad este punto.

2. Jesús entendía a sus alumnos

Jesús, el Maestro de maestros, entendía a sus alumnos. Mucho de lo que hoy día llamamos enseñar ha desviado el enfoque de las necesidades del alumno y lo ha puesto en las preferencias personales del maestro. Si seguimos el ejemplo de Jesús debe ser completamente a la inversa. Las necesidades del alumno determinan lo que se le va a enseñar.

El pequeño Zaqueo, quien subió a un árbol sicómoro para poder ver a Jesús, alcanzó la salvación porque Jesús entendía que necesitaba su atención (Lc 19:1). El jefe de recolectores de impuestos se había beneficiado ilegalmente de su profesión y estaba entre los despreciados de su día. Aun así, quiso ver a Jesús, así que decidió subir para tener una mejor perspectiva.

Mientras pasaba, Jesús miró hacia arriba, hacia donde estaba Zaqueo en el árbol, lo llamó por su nombre, y le dijo que bajara. Ese día, Jesús sería el huésped en su casa. Antes que la visita llegara a su fin, Zaqueo era un hombre cambiado que había prometido devolver cuatro veces la cantidad original a cada persona que había defraudado.

¿Qué fue lo primero que hizo Jesús? Estableció una relación. Al identificarse con el alumno logró provocar un cambio en su conducta.

¿Tomamos nosotros el tiempo necesario para establecer una relación con nuestros alumnos? A veces con solo mirar en su dirección y reconocerlos como los individuos que son es suficiente para cambiar una vida. Pasar tiempo con ellos fuera del aula, en una forma apropiada, hablando de su educación, sus carreras y profesiones, demuestra que los vemos como personas reales con necesidades reales. Como lo estudiaremos más adelante en este libro, visitar a los alumnos donde ellos están; por ejemplo, a los de primaria y a los de secundaria en sus escuelas, añade un toque personal a cualquier ministerio educacional.

3. Jesús enseñó desde el punto de vista del desarrollo

Jesús enseñó a cada grupo de acuerdo con su nivel de desarrollo. Contrario a la práctica de los discípulos, él tuvo tiempo para los niños y los consideró muy importantes. Les permitió participar en su ministerio. Con el almuerzo de uno de ellos alimentó a cinco mil hombres, además de mujeres y niños (Jn 6:9-13).

En cada edad —desde el preescolar hasta los ancianos— los alumnos tienen necesidades específicas que nuestros maestros no deben ignorar. Debe tenerse en cuenta la habilidad del estudiante para entender lo que estamos enseñando. Por lo tanto, debemos ajustar nuestra enseñanza a su edad y a sus necesidades. Examinaremos en más detalle el desarrollo cuando discutamos cómo enseñar según la edad en la Parte Dos.

4. Jesús usó los mejores momentos para enseñar

¡Jesús fue el maestro en usar los mejores momentos para enseñar! Su meta era maximizar la disposición favorable de los alumnos para aprender. Por ejemplo, una tormenta y el miedo de perecer fue una oportunidad perfecta para Jesús para enseñar a sus discípulos a tener fe en él (Mt 14:31). Cuando los discípulos se sintieron desanimados porque no pudieron sanar, Jesús usó ese momento preciso para enseñarles sobre la importancia del poder a través de la oración (Mr 9:29). Y cuando le dijeron que querían aprender a orar, Jesús les enseñó (Lc 11:1).

En el mejor momento para enseñar, los alumnos están ansiosos por adquirir información que les ayude a contestar sus preguntas, a cumplir con los requisitos o a hacer frente a sus circunstancias. La disposición para aprender con frecuencia depende de sucesos en la vida —el bautismo, el matrimonio o el nacimiento de un hijo— que son particularmente importantes en la experiencia del alumno.

Como en el caso de Jesús, los mejores momentos para enseñar también demandan una disposición por parte del maestro. Durante sus horas más difíciles, Jesús oró, entregándonos el modelo sobre cómo manejar con éxito una crisis (Jn 17). Jesús enseñó aun cuando estaba en la sombra de la cruz. Si estamos alertas a los mejores momentos para enseñar, nosotros también podemos motivar a los alumnos a aprender lo que necesitan aprender. Gran parte de esta enseñanza tiene lugar a través de ejemplos que damos todos los días por medio de las experiencias de nuestra vida diaria.

El maestro cristiano debe estar atento para no perder los momentos apropiados para enseñar. Cuando estudiemos al alumno adulto analizaremos más esto de maximizar los buenos momentos que se presentan para enseñar.

5. Jesús fue sensible al tiempo

A través de su ministerio, Jesús fue sensible al tiempo. Estuvo consciente del principio, mitad y final de su ministerio, del momento del día y del día de la semana.

Comenzó su ministerio realizando un milagro en las bodas de Caná (Jn 2:1-11). El propósito fue revelar su gloria, de modo que los discípulos se sintieran animados a poner su fe en él (v. 11). El momento en que ocurrió este milagro fue esencial.

Jesús sanó al hombre que había nacido ciego para poner el foco sobre la ceguera espiritual de los fariseos que se negaban a reconocerlo como el Mesías (9:1-41). Resucitó a Lázaro antes de su ministerio privado a los discípulos (11:54) y antes del ungimiento en preparación para su propio entierro (12:1-7). Después de resucitar a Lázaro, Jesús trató el tema de su propia muerte y resurrección.

Sanó al paralítico cuando «el poder del Señor estaba con él para sanar a los enfermos» (Lc 5:17-25). Escogió el día de reposo para sanar al hombre con la mano seca y así enseñar que «hacer el bien» en el día de reposo era cumplir con la ley (6:6-10).

En otro ejemplo, Jesús escogió las horas tempranas de la mañana para caminar sobre el agua cuando solo los discípulos podrían verlo (Mr 6:48-52). En el tiempo indicado, envió a los discípulos a predicar y a sanar (6:7-13). Consciente de que estaban cansados cuando volvieron, los llevó a un lugar quieto para que descansaran (6:31). En una ocasión diferente, cuando las multitudes se olvidaron del almuerzo por escuchar a Jesús, reconoció que era tiempo de comer, y los alimentó (Lc 9:10-17).

Cuando se trata de planificar nuestra lección, podemos aprender de este principio de secuencia poniendo nuestra lección en un orden específico, así como lo hizo Jesús, para que corresponda con el principio, mitad y final de su ministerio. Sus lecciones se basaban en lo que los discípulos habían aprendido previamente. La secuencia —lo que viene primero, lo que viene después y lo que viene al final— es parte del proceso de desarrollo del material y lo analizaremos en el capítulo 6: «Ore… planifique… prepare».

6. Jesús aprovechó el medio ambiente

Jesús usó su medio ambiente para hacer resaltar cada oportunidad de enseñanza. Enseñó en casa y en botes, en montañas y en desiertos, en bodas y en procesiones fúnebres. Sus enseñanzas nunca estuvieron confinadas a un lugar o edificio. Él sabía que la mayoría de sus alumnos estaban más afuera que dentro de las cuatro paredes de las sinagogas.

Para el Maestro de maestros, el medio ambiente era decisivo para la lección. Imagínese el Sermón del Monte. Mientras estaba sentado en la falda de la montaña, es muy probable que Jesús haya señalado las aves del cielo y las flores cuando dijo: «Fíjense en las aves del cielo … Observen cómo crecen los lirios del campo» (Mt 6:26-28).

¿Recuerda lo que ocurrió en el retiro en Cesarea de Filipo? Cuando salieron en el bote desde Galilea, antes de llegar a Cesarea de Filipo, Jesús había advertido a los discípulos acerca de la levadura de los fariseos y saduceos (Mt 16:6). Sin lograr entender lo que les decía, los discípulos insistieron en que se habían olvidado de llevar pan. Jesús los corrigió al recordarles los milagros que había hecho para alimentar a las multitudes (16:8-10). Luego les dijo: «¿Es que tienen ojos pero no ven, y oídos pero no oyen?» (Mr 8:18).

Con esta exhortación sobre la percepción espiritual, los discípulos estuvieron alertas y ansiosos de evitar otra reprimenda de parte de su maestro. Finalmente, arribaron a Cesarea de Filipo, una región exuberante y verde con impresionantes caídas de agua y hermosos viñedos, el escenario perfecto para la reflexión y la meditación. Aquí, la idea era concentrarse en asuntos espirituales en lugar de atender las preocupaciones carnales. Y esta vez era poco probable que se desviaran del asunto.

> Cuando llegó a la región de Cesarea de Filipo, Jesús preguntó a sus discípulos:
> —¿Quién dice la gente que es el Hijo del hombre?
> Le respondieron:
> —Unos dicen que es Juan el Bautista, otros que Elías, y otros que Jeremías o uno de los profetas.
> —Y ustedes, ¿quién dicen que soy yo?
> —Tú eres el Cristo, el Hijo del Dios viviente —afirmó Simón Pedro.
>
> —Mateo 16:13-16

Pedro, el vocero del grupo, respondió por los discípulos, y su confesión reflejó el sentir de los corazones de sus compañeros. Jesús había llevado a sus alumnos a ese lugar de quietud precisamente para ese propósito: para reflexionar sobre todo lo que habían visto, oído y experimentado.

De la misma manera, nosotros debemos sacarle partido al medio ambiente dondequiera que enseñemos. Sea en hogares, en escuelas, en auditorios de iglesias, en áreas de recreación o en sitios para conferencias, el lugar donde enseñamos es un factor importante en el proceso enseñanza-aprendizaje. El lugar determina los métodos que podremos usar. El lugar determina aspectos básicos tales como usar proyectores de pared y escritorios, o tener a los alumnos sentados en el piso, por ejemplo. Como cada ambiente es diferente, la forma en que enseñamos tiene que cambiar para ajustarse a él.

7. Jesús consideró las necesidades culturales

El Maestro de maestros estuvo siempre en contacto con la cultura de sus alumnos. Sus enseñanzas estuvieron salpicadas con ejemplos y anécdotas de la cultura judía, su audiencia principal. Como el pueblo judío era un pueblo agrario, Jesús usó símiles y metáforas relacionados con el campo, las cosechas y el pastoreo:

Por sus frutos los conocerán.

—Mateo 7:16

La cosecha es abundante, pero son pocos los obreros.

—Mateo 9:37

Si un hombre tiene cien ovejas y se le extravía una de ellas, ¿no dejará las noventa y nueve en las colinas para ir en busca de la extraviada?

—Mateo 18:12

Las clases «enlatadas» no funcionan. No podemos tomar material de una cultura y mezclarlo con otra y esperar una enseñanza eficaz. Debemos ajustar nuestra enseñanza a las necesidades y experiencias de la audiencia a la que esperamos alcanzar.

Los Evangelios Sinópticos son un ejemplo excelente de este principio. Al relatar los hechos de Jesús, cada escritor lo hace relacionándolos con el trasfondo de su audiencia. El Evangelio de Mateo, escrito para los judíos, es una apología de Jesús como Mesías. Traza el linaje de Cristo como el Hijo de David, el Hijo de Abraham y, por lo tanto, el rey legal de Israel (Mt 1:1). Marcos escribe a los romanos que eran un pueblo de acción, y el autor nos lleva rápidamente de un acontecimiento en otro con el uso frecuente de frases como «al instante, al momento, en seguida». Dirigido principalmente a una audiencia griega, Lucas despierta la emoción al mostrar a Jesús sensible ante el despreciado y el oprimido.

Cuando enseñamos en la iglesia local, la Biblia es nuestro principal currículo. ¡Y *es* culturalmente pertinente! La historia bíblica se desarrolló en el Medio Oriente, en África y en Asia. Por tres años, Jesús permaneció oculto en Egipto, en el continente africano, cumpliéndose así la profecía de Mateo 2:13-15: «De Egipto llamé a mi hijo».

Varios libros, ya en el mercado, subrayan la rica variedad de culturas que se presentan en la herencia bíblica. Sin embargo, debe tenerse el cuidado de no ir a los extremos. Como lo explica mi pastor, la Biblia no es ni «afrocéntrica» ni «eurocéntrica». Es «bibliocéntrica». Por otro lado, ignorar los hechos que son propios de determinado pueblo es inconsistente con la integridad del texto. Los métodos de estudios bíblicos sanos demuestran que Dios ama a todos y, en correspondencia con su naturaleza, su Palabra es inclusiva.

Nuestras elecciones curriculares secundarias —el material impreso que compramos en las librerías o directamente de las casas publicadoras— nos ayuda a determinar si estamos atendiendo las necesidades culturales de nuestros alumnos. Algunas editoriales se especializan en desarrollar materiales para un mercado étnico en particular. Cuando el mercado no nos ayuda en este sentido, es esencial que escribamos y desarrollemos nuestro propio currículo. Cerca del final del capítulo 6, «Ore... planifique... prepare» se incluye una «lista para evaluar nuestro material» que nos ayudará en la evaluación de lo que estamos usando.

8. Jesús apeló a la mente, las emociones y la conducta

Jesús enseñó para que las vidas de sus oyentes cambiaran. Para alcanzar esta meta, apeló a cada aspecto del proceso de toma de decisiones de sus alumnos: la mente (el campo cognitivo), las emociones (el campo afectivo) y la conducta (el campo psicomotor).

Sus parábolas apelaban a la habilidad de la gente de pensar y razonar: el campo cognitivo. Por ejemplo, una mujer pecadora se aparece en la casa de Simón con un frasco de alabastro lleno de perfume. Besa los pies a Jesús, los riega con sus lágrimas y los seca con su cabello. Como conocía los pensamientos de los fariseos, Jesús contó la parábola de dos hombres que le debían dinero a un prestamista. Uno le debía una gran cantidad y el otro una suma pequeña.

Como no tenían con qué pagarle, les perdonó la deuda a los dos. Ahora bien, ¿cuál de los dos lo amará más?

—Supongo que aquel a quien más le perdonó —contestó Simón.

—Has juzgado bien —le dijo Jesús.

Luego se volvió hacia la mujer y le dijo a Simón:

—¿Ves a esta mujer? Cuando entré en tu casa, no me diste agua para los pies, pero ella me ha bañado los pies en lágrimas y me los ha secado con sus cabellos. Tú no me besaste, pero ella, desde que entré, no ha dejado de besarme los pies. Tú no me ungiste la cabeza con aceite, pero ella me ungió los pies con perfume. Por esto te digo: si ella ha amado mucho, es que sus muchos pecados le han sido perdonados. Pero a quien poco se le perdona, poco ama.

—Lucas 7:42-47

Jesús también apeló al campo afectivo, donde los sentimientos son lo principal. Durante un emocional debate entre los discípulos, Jesús puso las cosas en orden cuando dijo que para ser grande en el reino, la persona debe ser humilde como un niño (Mt 18:1; Mr 9:35; Lc 9:46). Otro incidente emocional ocurrió cuando los discípulos vieron en acción el celo santo de Jesús al limpiar el templo de mercaderes (Mr 11:15).

Comisionar a los discípulos a predicar, a echar fuera demonios, y a ungir con aceite y sanar a los enfermos (Mr 6:7-13) ilustra la forma en que el Maestro de maestros alentó a los discípulos en sus acciones: el campo psicomotor. Al poner en práctica lo que habían aprendido llegaron a ser participantes activos en su ministerio.

Nosotros podemos decidir por adelantado qué sabrán, sentirán y harán nuestros alumnos. El tener una clara comprensión de lo que vamos a enseñar y cómo vamos a hacerlo nos ayudará a trabajar en los campos cognitivo, afectivo y psicomotor. Examine los ejemplos que aparecen a lo largo de este libro.

9. Jesús involucró los sentidos

Quizás el principio más fascinante sea la forma en que Jesús reforzó su enseñanza involucrando todos los sentidos: él *tocó* a la gente, lo *escucharon* y *vieron* sus milagros.

Cuando María unge el cuerpo de Jesús para su sepultura se inicia una sesión de enseñanza (Mt 26:6-13; Mr 14:3-9; Jn 12:2-11). Aquí los discípulos vieron la unción (sentido visual), olieron el perfume (sentido del olfato) y oyeron la profecía (sentido auditivo). En Mateo 12 los discípulos tenían hambre y comieron el grano (movimiento), una experiencia que Jesús usó más tarde en su enseñanza sobre el día de reposo (Mt 12:1-8). Pedro, Jacobo y Juan vieron, con sus ojos físicos, la transfiguración (Mt 17:1-13). La cruz, descrita a nosotros a través de los autores de los evangelios, es quizás el elemento visual más poderoso de todos.

Como maestros cristianos, quizás nos sintamos satisfechos limitándonos a un solo canal de aprendizaje: el auditivo. El maestro que está consciente de que aprendemos a través de todos nuestros sentidos: visual (visión), audible (audición), movimiento (hacer) será más eficiente y más creativo. Entender cómo preferimos aprender, lo que se conoce como canales de aprendizaje, es clave en este proceso. En el capítulo 4, «A través del lente del alumno» exploraremos el tema de los canales de aprendizaje.

10. Jesús tomó en cuenta las inquietudes sociales

En el contexto de su condición social, Jesús hizo más de lo necesario para enseñar a la mujer samaritana en el pozo de Jacob (Jn 4:4). Él estaba al tanto de la situación de ella en la comunidad. Esta era una mujer que debido a su vida adúltera, no acudía al pozo en busca de agua en las horas de la mañana, cuando lo hacían todas las demás mujeres respetables. En lugar de esto, iba al medio día, a la hora más calurosa, cuando todos estaban dentro de sus casas, refrescándose en la sombra.

En el pozo, entendiendo su difícil situación social, el Maestro se encontró con la mujer samaritana en el punto de su necesidad. Ella sacaba agua fresca aunque espiritualmente se estaba muriendo de sed, era una esclava tratando de satisfacer su carne cuando la satisfacción que necesitaba podía venir únicamente de Dios. Al hacer uso de la metáfora del agua, Jesús le presentó un poder revitalizador que satisface la sed espiritual.

Para nosotros, la clave de un ministerio exitoso en la iglesia local es enseñar dentro del contexto de las necesidades sociales. Cuando planeamos nuestras lecciones debemos considerar la cultura y el origen étnico de nuestros alumnos. Si les abrimos un espacio para que reaccionen y aceptamos discutir asuntos desde su punto de vista e incluso disentir, estaremos subrayando que valoramos su perspectiva y los respetamos como personas.

Tiempo para un examen

En este capítulo hemos examinado diez importantes principios de enseñanza del Maestro de maestros. ¿Puede recordar cada uno de los puntos discutidos en este capítulo?

Principios de Jesús, Maestro de maestros

1. Jesús enseñó basado en_____

2. Jesús entendía a _____

3. Jesús enseñó _____

4. Jesús usó _____

5. Jesús fue _____

6. Jesús aprovechó _____

7. Jesús consideró _____

8. Jesús apeló a _____

9. Jesús involucró _____

10. Jesús tomó en cuenta _____

Sugerencias para los líderes

Entregue a sus alumnos el cuestionario de la sección anterior y pídales que completen las frases mientras usted lee y explica las respuestas. Dígales que usen los Evangelios como su fuente y pida que le den sus propios ejemplos de cada principio de enseñanza enumerado.

El siguiente bosquejo resume lo que hemos aprendido. Al repasar estos puntos, deberán dividirse en cinco categorías:

A. El maestro

1. Jesús enseñó basado en su carácter.
2. Jesús entendía a sus alumnos.

B. El alumno

1. Jesús enseñó desde el punto de vista del desarrollo.
2. Jesús usó los mejores momentos para enseñar.

C. Tiempo y medio ambiente

1. Jesús fue sensible al tiempo.
2. Jesús aprovechó el medio ambiente.

D. El currículo

1. Jesús consideró las necesidades culturales.
2. Jesús apeló a la mente, las emociones y la conducta.

E. Metodología

1. Jesús involucró los sentidos.
2. Jesús tomó en cuenta las inquietudes sociales.

La mano de la enseñanza

Usando como modelo la «mano de la enseñanza» de la siguiente página, vamos a superponer estas áreas para obtener un cuadro de los puntos importantes en la enseñanza eficaz.

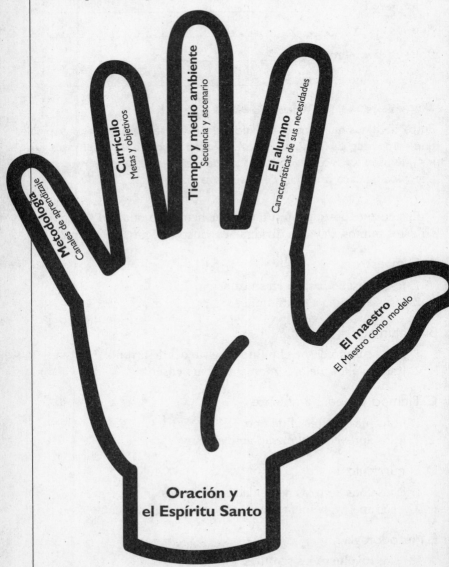

Metodología
Canales de aprendizaje

Currículo
Metas y objetivos

Tiempo y medio ambiente
Secuencia y escenario

El alumno
Características de sus necesidades

El maestro
El Maestro como modelo

Oración y el Espíritu Santo

El Espíritu Santo y la oración sostienen la mano. Sin Dios, estamos vacíos y no podemos hacer nada.

Nos apropiamos de su poder, que nos capacita para enseñar a través de la oración. Sin el poder del Señor podemos impartir educación, pero no necesariamente educación cristiana. No importa cuán expertos, capaces, talentosos o carismáticos seamos, dependemos totalmente de Dios.

> Yo soy la vid y ustedes son las ramas. El que permanece en mí, como yo en él, dará mucho fruto; separados de mí no pueden ustedes hacer nada.
>
> —Juan 15.5

Sin Jesús no podemos hacer nada que valga la pena, nada que perdure o cuente para la eternidad. Dios magnifica nuestros dones. Después de plantar y regar, es Dios quien da el crecimiento (véase 1 Co 3:6-7). Como maestros cristianos, estudiamos y aprendemos para poder enseñar a otros. Sin embargo, a pesar de todos nuestros esfuerzos, es el Espíritu Santo quien enseña a través de nosotros.

> Pero el Consolador, el Espíritu Santo, a quien el Padre enviará en mi nombre, les enseñará todas las cosas y les hará recordar todo lo que les he dicho.
>
> —Juan 14:26

Como creyentes, debemos manifestar el fruto del Espíritu (Gá 5:22-25). No debemos agraviar al Espíritu Santo (Ef 4:30-32). ¡Cuán importante es esto en la vida de los maestros! Con la mente de Cristo (1 Co 2:12-16), somos guiados y dirigidos por el Espíritu Santo. Qué maravilloso es descansar en que cuando enseñamos, Dios está en control. Nosotros estamos en sus manos. Por lo tanto, ¡oremos!

La oración del maestro

Ore para oír al Espíritu Santo. Ore por discernimiento. Ore por sabiduría. Ore sobre lo que va a enseñar. Ore pidiéndole a Dios que le dé una personalidad atractiva. Ore para que él le dé sentido del humor. Ore para que su lección fluya libre y suavemente. Ore por sus alumnos. Ore que el Señor le dé gracia para con sus alumnos.

Ore que Dios satisfaga sus necesidades. Ore que las personas alcancen la salvación. Ore para que las mentes reciban restauración. Ore por sanidad para los espíritus heridos. Ore por la recuperación de los corazones destrozados. Ore que sus alumnos entiendan. Ore que sus alumnos recuerden lo aprendido. Ore que sus alumnos apliquen lo que han aprendido. ¡Ore! ¡Ore! ¡Ore!

¿Lo recuerda?

En este capítulo estudiamos principios de enseñanza ilustrados en el ministerio educativo de Jesús. Estos diez principios se dividen en cinco importantes áreas del proceso de enseñanza-aprendizaje: el maestro, el alumno, tiempo y medio ambiente, el currículo y la metodología.

He aquí un resumen de estos diez importantes tópicos.

Jesús enseñó basado en su carácter.	Los alumnos deben ver a Jesús en nosotros.
Jesús entendía a sus alumnos.	Consideremos las necesidades de nuestros estudiantes.
Jesús enseñó desde el punto de vista del desarrollo.	Los alumnos tienen necesidades específicas.
Jesús usó los mejores momentos para enseñar.	Los mejores momentos para enseñar son cuando los alumnos están ansiosos por adquirir información.
Jesús fue sensible al tiempo.	La secuencia es clave en el desarrollo del currículo.
Jesús aprovechó el medio ambiente.	El escenario de la enseñanza es importante.
Jesús consideró las necesidades culturales.	Debemos ajustar nuestra enseñanza a las necesidades y experiencias de nuestros alumnos.
Jesús apeló a la mente, las emociones y la conducta.	Cuando enseñamos, debemos tomar en cuenta la mente, las emociones y la conducta.
Jesús involucró los sentidos.	Aprendemos a través de todos nuestros sentidos: visual (vemos), auditivo (oímos) y movimiento (hacemos).
Jesús tomó en cuenta las inquietudes sociales.	Debemos enseñar dentro del contexto de las necesidades sociales.

Una medida del éxito

Solo tendremos éxito si modelamos al Maestro. Pero recuerde que el éxito en el ministerio no siempre se mide en números. Si esto fuera cierto, el ministerio de nuestro Salvador podría ser considerado por algunos como un fracaso. Como se dice a menudo, Jesús finalizó su ministerio terrenal con una iglesia de solo once hombres y unas pocas mujeres. Obviamente, el éxito es más que números porque estos hombres y mujeres ganaron convertidos que pusieron al mundo de cabeza (Hch 17:6).

Enseñanza eficaz e iglesias atareadas

Donde hay una enseñanza eficaz, las iglesias están tan atareadas durante la semana como lo están los domingos por la mañana, repletas de gente con la Biblia en mano. Y emplear los principios de enseñanza de Jesús es garantía de avivamiento para cualquier ministerio. Comencemos a explorar más a fondo estos principios evaluando el primero de ellos: Jesús enseñó basado en lo que él era, lo cual involucra el carácter del maestro.

¿Qué tan eficientes son los maestros cristianos si no son personas de integridad, gente de carácter? ¿Cuán eficaz es enseñar sin tener una base sólida en la Palabra de Dios? ¿Y qué de esos maestros que tienen el don de la enseñanza pero que no aman realmente al pueblo de Dios? ¿Qué tipo de ejemplo o modelo puede ser una persona que enseña ciertas verdades bíblicas pero que no vive de acuerdo con ellas? Finalmente, ¿puede un maestro ser eficaz si no sabe cómo enseñar?

¡Buenas preguntas! Las respuestas están en el siguiente capítulo.

Capítulo 3

El maestro a quien más recuerdo
El carácter del maestro y otras cualidades

Objetivo
Al final de este capítulo usted podrá evaluar la importancia del carácter cristiano al decidir sobre las cualidades que son esenciales para los maestros eficientes.

En las escuelas públicas no puede leerse la Biblia. Ahora, los maestros y administradores están tratando de decidir cómo dar a los estudiantes eso que más necesitan: un sólido fundamento moral. La «educación del carácter», un currículo que enseña a los estudiantes sobre honestidad, sinceridad, respeto, autocontrol y otras virtudes esenciales para vivir exitosamente, se ha convertido en la norma.

¿Cuán importante es el carácter en la iglesia local? ¿Acaso hemos adoptado el espectáculo externo de la espiritualidad sacrificando el carácter cristiano genuino?

La maestra a quien más recuerdo es Irene Samuel, profesora de Crítica Literaria en el *New York's Hunter College*. Era una profesora brillante. Como aquellos eran tiempos de inestabilidad social a causa de la guerra de Vietnam, a menudo dejaba de asistir a la clase por ir a algún piquete o protesta. Como cualquiera otro idealista, me sentía obligada a cambiar el mundo. Como resultado, mis estudios se afectaron.

Un día que decidí asistir a la clase de la profesora Samuel me senté atrás, pensando en la estrategia de la siguiente protesta. Ya habíamos bloqueado el tráfico en la Avenida Park, echado pegamento en las cerraduras de las puertas de las oficinas administrativas, y sentado en las salas de clases rehusando movernos, digo, ¡hasta que los soldados y los tanques llegaron! Fue más o menos cuando me encontraba trabajando en el diseño de mi próxima pancarta de protesta cuando la profesora Samuel pronunció mi nombre.

«Por favor, responda la pregunta», dijo a otro estudiante, «porque esto concierne a la señorita Powlis». La mención de mi nombre me hizo volver, con una sacudida, a la realidad de Crítica Literaria I. Demás está decir que me asusté. ¿Qué me perdí? ¿Qué pasó? ¿Cuál era la pregunta?

Afortunadamente, la profesora Samuel no quería que contestara ninguna pregunta. Sencillamente quería mi atención, y ahora ya la tenía… *completamente*. Luego, procedió a reprenderme delante de toda la clase. Me dijo que estaba malgastando mis años universitarios, que necesitaba reenfocar mis energías y asistir a clases; que tenía talento como escritora y que necesitaba reordenar mis prioridades. Todo el mundo se mantuvo en silencio mientras ella usó los cuarenta minutos que quedaban para enumerar mis fallas y retarme a hacer mejor trabajo.

Aunque lastimada por la vergüenza, también me sentía silenciosamente contenta. Todos sabíamos que la profesora Samuel era una de las más difíciles en todo el Departamento de Inglés. Esta maestra, que yo pensaba que apenas se fijaba en mí, ¿decía que tenía *talento*? ¿Le importaba a *ella* lo que hiciera con mi vida?

Nunca volví a faltar a su clase. Aprobé todos sus exámenes. Al siguiente semestre, la profesora Samuel no pudo disimular su satisfacción cuando me vio llegar a su clase de Crítica Literaria II.

El maestro a quien más recuerdo

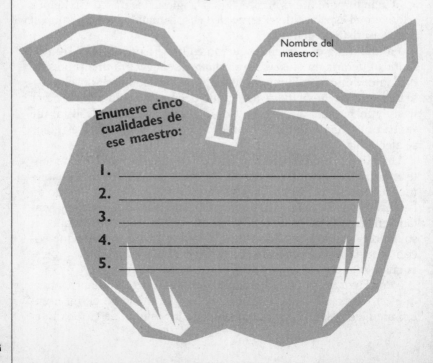

Nombre del maestro:
_____

Enumere cinco cualidades de ese maestro:

1. _____
2. _____
3. _____
4. _____
5. _____

Una marca indeleble

Un maestro que no se olvida es aquel que ha dejado una marca indeleble en nuestras vidas. Piense en un maestro a quien nunca olvidará. A veces es porque dejó en usted una impresión negativa. Aun así, ese es el maestro a quien más recuerda ¡porque prometió nunca ser como él o ella! Al mirar al pasado, quizás le venga a la mente un maestro de matemáticas, una maestra de educación física, un maestro de jóvenes, un maestro de Escuela Dominical, un pastor o un maestro de estudio bíblico.

En la Manzana del Maestro de la sección anterior, escriba en la hoja el nombre de ese maestro o maestra. En la manzana, anote las razones por las que nunca lo olvidará.

Es probable que su lista incluya características como estas:

Sabía escuchar
Oraba por mí
Esperaba solo lo mejor
Pasaba tiempo conmigo
Me daba ánimo
Tenía sentido del humor
Alteraba su agenda para ayudarme
Manejaba bien la clase
Corregía cuando era necesario
Enseñaba con entusiasmo
Era muy creativo
Administraba disciplina en forma apropiada
Nunca fue aburrido
Amaba enseñar
Se preocupaba de mí

Es interesante notar lo que *no* se incluye en esta lista. La mayoría de los maestros no son recordados porque sabían matemáticas, o porque podían recitar todos los detalles más sobresalientes del período intertestamentario. Por lo general, lo que deja una impresión permanente son cualidades intangibles inherentes al carácter del maestro.

Maestros eficientes

Pocos discutirían que los maestros más eficientes son aquellos que siguen su propia instrucción. No se exige perfección, pero para los maestros, hay un estándar definitivo. ¿Acaso esperamos hasta que lo que enseñamos se convierta en una disciplina personal antes que podamos enseñar? O, ¿podemos estar «en proceso» mientras enseñamos? ¿Qué haríamos si se nos presentara la oportunidad de enseñar antes de que se complete el proceso? ¿Podemos «hablar el tema» antes de «transitar por ese camino»?

La Biblia no le da una opción a los maestros. Dado que el maestro enseña por lo que dice y *hace*, las pautas bíblicas son claras, y las consecuencias por la desobediencia son serias.

> Todo el que infrinja uno solo de estos mandamientos, por pequeño que sea, y enseña a otros a hacer lo mismo, será considerado el más pequeño en el reino de los cielos; pero el que los practique y enseñe será considerado grande en el reino de los cielos. —Mateo 5:19

Cada vez que interpretamos las Escrituras el orden de las palabras es importante. Fíjese que en el versículo de arriba, la palabra «practique» está antes de la palabra «enseñe». Por lo tanto, la práctica viene primero. Estamos calificados para enseñar a otros *solo después* que hayamos aprendido cómo practicar personalmente las enseñanzas de Cristo Jesús en forma diaria. Este orden fue establecido por Dios mismo. Como maestros, nuestro caminar ante el Señor debe ser ejemplar. Para permanecer firmes sobre nuestros pies, ¡tenemos que mantenernos sobre nuestras rodillas!

Es esencial que se pruebe a los que quieren ser maestros. Si son nuevos en la iglesia, es necesario que se observen por lo menos un año y deben verificarse sus referencias antes que asuman mayores responsabilidades. Si se descubre una conducta inapropiada, aplica lo que sigue:

> En realidad, a estas alturas ya deberían ser maestros, y sin embargo necesitan que alguien vuelva a enseñarles las verdades más elementales de la palabra de Dios. Dicho de otro modo, necesitan leche en vez de alimento sólido. El que solo se alimenta de leche es inexperto en el mensaje de justicia; es como un niño de pecho. En cambio, el alimento sólido es para los adultos, para los que tienen la capacidad de distinguir entre lo bueno y lo malo
>
> —Hebreos 5:12-14

El carácter cuenta

Para el educador cristiano, el carácter cuenta. En lugar de enfatizar en si un maestro realmente conoce la Biblia o si tiene carisma, deberíamos empezar con el carácter del maestro. ¿Tiene el maestro integridad? A menudo, como dice el refrán, «solo el tiempo dirá». Observe a los prospectos para maestros y ponga atención en su reputación.

Ahora que hemos discutido este paso básico en la evaluación del maestro cristiano, estamos listos para ir adelante en nuestra investigación. Veamos cómo se vería un maestro al que le falta uno de los ingredientes esenciales para la enseñanza eficaz.

Sugerencias para los líderes

Analice las siguientes afirmaciones con los maestros a los que está entrenando. Antes de la clase, coloque en un lado de la sala un letrero que diga «De acuerdo». En otro lado, uno que diga «En desacuerdo».

Escriba las preguntas de abajo con un tipo de letra grande y proyéctelas usando un proyector de pared. Vaya viéndolas una por una. Pida a los estudiantes que se paren de sus asientos y se ubiquen junto al letrero que representa su opinión. No hay lugar para los indecisos. Cada alumno debe optar por uno u otro lado.

Permita que representantes de cada lado expliquen por qué están de acuerdo y por qué están en desacuerdo. (Nota: En este proceso, el maestro debe permanecer neutral.) Después de aproximadamente cinco minutos, pase a la siguiente afirmación.

¿De acuerdo o en desacuerdo?
Para clarificar la importancia del carácter del cristiano, examine las siguientes frases. Indique si está de acuerdo o en desacuerdo moviéndose a un lado del salón.

1. Un profesor de inglés en una escuela secular puede vivir una vida inmoral y aun ser un profesor eficiente.

¿De acuerdo? **¿En desacuerdo?**

2. Un maestro de estudio bíblico para adultos puede ser un profesor eficiente aun cuando fume cigarrillos fuera de la iglesia inmediatamente después del culto.

¿De acuerdo? **¿En desacuerdo?**

3. Una persona divorciada, con talento para enseñar, puede aún ser un maestro eficiente para el ministerio a los solteros.

¿De acuerdo?   ¿En desacuerdo?

4. Los maestros más eficientes siguen su propia instrucción.

¿De acuerdo?   ¿En desacuerdo?

«Eficiente» es la palabra clave en cada frase. En la frase #1, puede ser o no importante el que un profesor de inglés en una escuela secular viva una vida inmoral. Los alumnos pueden no respetar a este maestro y aun así aprender. Si este profesor es o no *eficiente* depende de cuán seriamente los estudiantes son influenciados por el estilo de vida inmoral.

¿Será lo mismo verdad para las otras situaciones? Examinemos un poco más.

En el caso #2, el maestro de estudio bíblico de adultos puede tener la habilidad de enseñar y reclutar miembros para su clase. ¿Pero qué ejemplo está dando, no solo a sus alumnos sino también a los niños y adolescentes que lo ven en un papel de modelo en la iglesia? Sea que fumar se considere pecado o no, es ciertamente algo indeseable debido a sus efectos negativos para la salud. De modo que en el ejercicio de la sabiduría, el fumar debería evitarse. Por lo menos, haría bien en esperar hasta estar en su casa para fumarse su cigarrillo. El pastor de educación cristiana se lo pidió, y él estuvo de acuerdo.

En el caso #3, podría surgir la pregunta sobre quién fue el que provocó el divorcio. Aun no conociendo el trasfondo, se puede tomar una decisión aunque posiblemente con reservas. ¿Se ha sometido al maestro al proceso disciplinario y de consejería por parte del liderazgo de la iglesia? ¿Se ha producido el perdón y la sanidad emocional? Aquí, la clave es el proceso: sumisión, sanidad, perdón y restauración. Esta persona debe someterse voluntariamente al liderazgo de la iglesia antes de recibir cualquier responsabilidad como maestro. Tal fue el caso en una iglesia local, y ahora ese pastor enseña en una reunión semanal de cerca de mil personas solteras.

Ingredientes esenciales

De igual manera que los ingredientes deben estar bien mezclados al preparar un pastel, el maestro eficiente es una combinación balanceada de cualidades esenciales y habilidad. Separadamente, la harina no es más que harina, la leche no es más que leche, la mantequilla es solo mantequilla, y el azúcar, con todo lo dulce que es, no es agradable cuando se come sola. Pero todos mezclados, estos ingredientes hacen que la boca se nos haga agua. Si usted elimina uno solo de los ingredientes —leche, mantequilla, azúcar, huevos o harina— ¡obtendrá una catástrofe, no un pastel!

En el recuadro de la página siguiente están los ingredientes esenciales para un maestro eficiente: conocimiento bíblico y una interpretación acertada de las Escrituras, buena relación interpersonal, habilidades para la enseñanza y excelencia moral. Juntos, estos ingredientes forman un maestro bien balanceado que es equipado por Dios, conectado con el estudiante, entusiasta como educador y un excelente modelo para imitar. ¿El resultado? La Palabra de Dios se hace irresistible, arrastrando gente a nuestras iglesias, a nuestras salas de clases y, lo mejor de todo, a los brazos amorosos de Cristo Jesús.

Conocimiento bíblico

¿Cómo se verían los maestros si les faltara conocimiento bíblico? En otras palabras, ¿qué pasaría si no interpretaran correctamente las Escrituras?

El resultado obvio sería un maestro débil en los fundamentos de la fe. Maestros así pueden ser dogmáticos, superficiales y legalistas. Lo peor, sin embargo, es el potencial para las herejías. Los maestros que no han recibido la preparación adecuada para enseñar pueden ser un desastre para cualquier clase y destructores de cualquier iglesia.

Cuando Dios llama a un hombre o a una mujer al campo de la educación cristiana, el llamado es solo el comienzo. Nunca deje que el entusiasmo desplace una adecuada preparación bíblica. Mientras más grande es la responsabilidad de enseñar, más alto los requisitos para las credenciales. Por ejemplo, Pablo no empezó a enseñar inmediatamente después de su conversión. En lugar de eso, fueron tres años los que precedieron a su ministerio (Gá 1:17-18).

Se puede entrenar a los maestros de Escuela Dominical dentro del contexto de la iglesia local. Quienes aspiran a enseñar a jóvenes o adultos deben tener un sano fundamento bíblico. Los creyentes maduros que han estudiado personalmente las Escrituras y asistido a iglesias con buena enseñanza bíblica pueden ser excelentes en la sala de clases. Otros quizás necesiten asistir a un seminario bíblico o a una universidad cristiana. Cualquiera que sea la situación, es esencial un buen entrenamiento.

La falta de dinero es una excusa inaceptable para no asistir a la escuela. Aunque no es un versículo de la Biblia, el viejo dicho: «A dónde Dios guía, Dios provee» sigue siendo verdad hoy. Si Dios llama a alguien a enseñar, ¿acaso no puede proveer para la matrícu-

Ingredientes indispensables para un maestro eficaz

Cuadro A	Cuadro B
Conocimiento bíblico e interpretación de las Escrituras	Relación interpersonal y preocupación por el oyente
Cuadro C	Cuadro D
Habilidades para enseñar	Excelencia moral

la? Existen los préstamos estudiantiles a bajo costo y la inversión vale la pena. Algunos préstamos para estudiar son «perdonados» si el interesado reúne ciertos requisitos. Los estudiantes con excelente rendimiento académico pueden obtener becas y donaciones. Incluso, en algunos seminarios, los alumnos pueden conseguir trabajo allí mismo para ayudarse con los estudios. Es posible que la educación sea cara, pero Dios *suplirá* cada necesidad (Flp 4:19).

Una estudiante afroamericana necesitaba dinero cuando estaba por terminar uno de sus últimos semestres en una universidad cristiana. Ante el temor de tener que abandonar sus estudios, se reunió con el asesor étnico para contarle su preocupación. Juntos oraron pidiendo un milagro.

Unos pocos días más tarde, se enteraron de que iban a remodelar la cafetería. El tema de la decoración sería la década de los años cuarenta y los administradores estaban buscando una máquina tocadiscos para crear el ambiente.

¡Aquí estaba la respuesta a la oración! Varios meses antes, la estudiante había aparecido en un programa de televisión y había ganado como premio una máquina tocadiscos con diseño antiguo. Se la vendió a la escuela y así pudo pagar todo ese semestre.

¡Dios siempre abre un camino! Y él es muy creativo. A veces combina la fe con un poco de transpiración para proveer una educación.

Ministrar a los sordos había llegado a ser la pasión de Regina Cromwell. Se dio cuenta de lo importante que era estudiar su lenguaje. Ella y su esposo estaban viviendo con un solo salario, de modo que sacar del presupuesto familiar el dinero para la educación resultaba imposible.

Decidida a aprender el lenguaje de señas, Regina consiguió un trabajo con el Departamento de Transportes para limpiar los buses de la ciudad durante la noche. Con ese dinero pensaba pagar los cursos. Los domingos, después de salir de su trabajo a las cinco de la mañana, Regina se iba directamente a la iglesia donde practicaba lo que aprendía para ministrar a las personas sordas. Hoy día, es una líder asistente de ese ministerio.

La educación es esencial para quienes quieren involucrarse a tiempo completo en el ministerio de la enseñanza. Estudiar en un seminario ya dejó de ser un lujo. ¡Ahora es una necesidad! Las iglesias locales suelen ofrecer cursos a través de los institutos bíblicos y, en algunos casos, la educación que allí se imparte puede ser suficiente. Cualquiera sea la ruta, estudiar es una obligación.

Esfuérzate por presentarte a Dios aprobado, como obrero que no tiene de qué avergonzarse y que interpreta rectamente la palabra de verdad.

—2 Timoteo 2:15

«Interpretar rectamente» quiere decir «ir por la línea». Una explicación confiable de los pasajes bíblicos se basa en una hermenéutica sana y en métodos de estudio bíblico apropiados. Necesitamos conocer la doctrina, entender la organización de la Biblia, conocer el trasfondo y los hechos históricos, estar conscientes de la autoría y escenario, y estar adiestrados en técnicas inductivas tales como observación, interpretación, correlación y aplicación.

La sociedad de hoy día es cada vez más y más educada. Esto también es verdad con respecto a las personas que están asistiendo a nuestras iglesias. Como resultado, están exigiendo más. Proveer educadores cristianos que estén adecuadamente preparados para manejar la Palabra de Dios es lo menos que podemos hacer.

Sugerencias para los líderes

Para preparar mejor a los maestros en su iglesia, quizás quiera establecer una universidad para maestros. Ajuste el formato educacional para satisfacer las necesidades de su personal. Una opción es adquirir materiales listos para usar de la *Evangelical Training Association*. Puede escribirles a la siguiente dirección:

Evangelical Training Association
P.O. Box 327
Wheaton, Illinois 60189-0327
(630) 668-6400

Para el trabajo con los adultos, pida a quienes deseen enseñar que sometan su *resumé*. Enseñar es un privilegio, ¿verdad? Haga una lista de las clases que han completado. Si hay solo un maestro calificado para enseñar su material curricular, ofrézcale una clase cada semestre. Recuerde, es una irresponsabilidad nombrar profesores que no están bien preparados para enseñar la Palabra de Dios. Es mejor no tener esa clase bíblica extra que tener un maestro que no esté preparado. Dios conoce la necesidad y él le mandará a un maestro que sí esté calificado. Hasta entonces, enseñe la clase usted mismo… o espere.

Relación interpersonal

¿Se ha encontrado alguna vez con un gran maestro de la Biblia solo para sentirse completamente decepcionado al momento de la interacción personal? ¿Será posible amar la enseñanza pero detestar a la gente?

Los maestros que están siempre de mal humor cuando interactúan con sus alumnos es posible que hayan perdido su llamado. Como mi pastor recuerda a su personal: «Estamos en el negocio de las personas. Si no les gusta la gente, entonces les sugiero que se dediquen a otra cosa».

Un maestro que carece de relación interpersonal es inabordable. Después de la clase, los alumnos pueden sentirse incómodos haciendo preguntas o tratando de obtener alguna información adicional cuando el profesor los atiende de malas maneras y con desinterés. Un profesor así no anima a sus alumnos porque sencillamente no puede relacionarse con los estudiantes como individuos. ¿El resultado? Una persona fría y distante puede hacer muy difícil que los demás vean en ella una aplicación personal de los principios bíblicos.

Jesús se preocupó de las personas y mostró compasión por ellas.

> Al ver a las multitudes, tuvo compasión de ellas, porque estaban agobiadas y desamparadas, como ovejas sin pastor.
>
> —Mateo 9:36

Jesús ministró con amor y ese amor lo llevó al sacrificio supremo: su muerte en la cruz.

Nosotros también debemos amar a las personas a las que enseñamos. Debido a las muchísimas preocupaciones que nos agobian hoy día, cultivar las habilidades interpersonales es vital para el desarrollo de un ministerio de enseñanza exitoso. La gran mayoría de las personas no están buscando un alivio temporal o una limosna. Lo que necesitan son oídos que les oigan, un abrazo de empatía que les diga: «Entiendo». Ser dado a juzgar, ser impaciente y crítico, alejará a las personas de Jesús, en lugar de atraerlas.

Preocuparse por los alumnos significa que sabemos cómo escuchar el corazón de una persona. Es ser observadores cuidadosos de la comunicación no verbal. Aprendemos a oír lo que *no* se dice con palabras tanto como lo que se dice a viva voz. Y cuando se nos pide que oremos, nos detenemos ahí mismo y nos tomamos un minuto extra para interceder por las necesidades de esa persona. Un mínimo de atención puede llegar muy lejos, como podemos verlo en los ejemplos que siguen.

———————

Mi iglesia madre esta en el corazón de Koreatown, en la ciudad de Buenos Aires, Argentina. Aquí, los coreanos se sienten más cómodos hablando español, pero pueden comunicarse en coreano con toda libertad con sus amigos.

Cuando tenía siete años de edad, emigré a Argentina con mi familia. Recibí mi educación mayormente según el sistema educacional argentino, el que no me gusta mucho. Las escuelas y las universidades cierran sus puertas debido a que no hay suficiente respaldo financiero de parte del gobierno. Los profesores son mal pagados.

Los estudiantes no se muestran muy entusiastas, ya que graduarse de una universidad no les garantiza un trabajo en el futuro. Y, con frecuencia, los profesores rechazan a los jóvenes asiáticos por ser coreanos. En algunas escuelas, los estudiantes argentinos se ríen de los coreanos y los llaman con apodos como «chinito», que quiere decir oriundo de China.

Cuando ingresé a la universidad, me sentía totalmente perdido. Tenía un buen promedio académico, pero no sabía qué hacer con mi futuro. Estudié porque mi padre quería que lo hiciera, pero tenía problemas. Aunque no dejaba de asistir regularmente a la iglesia y al grupo de jóvenes, me sentía muerto espiritualmente.

Un día, mi maestra de jóvenes se acercó a mí y me dijo: «Moisés, ¿sabías que estoy orando por ti? Dios te ama y yo también te amo». Ella sabía que estaba teniendo problemas con respecto a mi futuro.

Después de aquella corta conversación, empecé a cambiar. Ese cálido diálogo fue el punto de partida para mi compromiso con Jesús como su siervo. Hoy día, esa maestra sigue siendo mi maestra. La amo. No solo me ayudó en aquella situación difícil, sino que siempre está dispuesta a ayudarme tanto espiritual como financieramente (para mi educación en Estados Unidos). Yo sé que incluso ahora, ella está orando por mí. De verdad agradezco a Dios por traer esta clase de maestra a mi vida.

Este es el tipo de maestro que quiero ser. La educación intelectual no es suficiente. Los estudiantes necesitan nuestro amor. Necesitan nuestra atención, nuestras oraciones. Necesitan que los escuchemos. Necesitan saber que Dios tiene un plan para sus vidas. Quiero conocer la verdadera situación de mis alumnos. Deseo ser como mi antigua maestra de jóvenes. Creo que es la única manera de enseñar con eficacia.

————

¡Qué bendecida es esta maestra por haber producido esa clase de fruto a través de su aliento a Moisés! Hoy día, Moisés prepara pastores y maestros y, en un solo seminario, enseñó a unos ciento cincuenta pastores coreanos.

Mientras luchamos en una sociedad que cambia todo el tiempo para mantenernos al tanto de las necesidades de aquellos a quienes servimos, un hecho sigue siendo cierto. El enfoque de nuestro ministerio son las personas. Ellas son el objeto de nuestro mensaje.

Habilidades para enseñar

Imagínese a un maestro con un excelente conocimiento bíblico y una gran habilidad interpersonal, pero que no sabe *cómo* enseñar. ¡Qué angustia para los alumnos! En la educación cristiana, el «undécimo mandamiento» es: «¡No aburrirás!»

No es suficiente ser un erudito en doctrina. Ni es suficiente amar al pueblo de Dios. También tenemos que tener la habilidad de comunicar lo que dice la Biblia. La enseñanza es un don espiritual (1 Co 12:28; Ef 4:11), es la capacidad dada por Dios para impartir la verdad bíblica en una manera en que sea comprensible. Enseñamos porque debemos hacerlo, aun cuando eso pueda significar que sea a un estudiante a la vez.

————

Había preparado para mi iglesia un seminario sobre la adoración. Era la primera vez que enseñaría en mi nuevo trabajo en la iglesia y le prometí a Dios que si solo asistía un alumno, enseñaría igual.

Dios honró mi oración. Me mandó un estudiante. La hermana Mamie Shelton. Asistió sin faltar durante las cuatro semanas y yo le enseñé como si hubiera tenido la clase llena, con folletos y proyector de pared.

¡Qué tiempo más maravilloso pasamos las dos cantando y estudiando acerca de la adoración! La presencia del Espíritu Santo

era tangible. Él iluminó su Palabra para nosotros y nos maravillamos de cuánto aprendimos.

Luego, decidí emprender un estudio bíblico el martes por la noche, el que se había reducido a un puñado de personas con el anterior maestro. Esperaba solo unos cuantos estudiantes pero la primera noche el salón estaba casi lleno. Poco después de eso, llegaron tantos alumnos que tuvimos que usar un salón más grande.

¿Fue este un ejemplo de ser fiel en lo poco? No es fácil responder, pero Dios prueba las motivaciones de los maestros.

Hablar no es *enseñar.* La destreza en el proceso de enseñanza-aprendizaje significa tener claramente definidos los objetivos, enseñar de acuerdo con la edad de los alumnos, variar los métodos para adaptarlos al estilo de aprendizaje de ellos, hacer transiciones suaves desde un punto al siguiente, emplear el arte del relato, tener una voz apropiada y una presencia o carisma de maestro, entender las necesidades de los alumnos y enseñar con entusiasmo.

Algunas de estas cualidades pueden aprenderse; otras, hay que atraparlas. Sí, algunos aspectos de la enseñanza pueden aprenderse mediante la observación, pero se necesita la unción del Espíritu Santo para que mezcle todos estos ingredientes para producir un maestro eficaz.

Jesús es nuestro modelo. En el discurso de Mateo 13, deja manifiesto el valor de variar la metodología de la enseñanza para beneficio del alumno.

—¿Han entendido todo esto? —les preguntó Jesús.
—Sí —le respondieron ellos.
Entonces concluyó Jesús:
—Todo maestro de la ley que ha sido instruido acerca del reino de los cielos es como el dueño de una casa, que de lo que tiene guardado saca tesoros nuevos y viejos.

—Mateo 13:51-52

En este capítulo, Jesús ha contado una serie de parábolas para explicar el reino de los cielos. Al principio, los discípulos estaban perplejos, pero por la séptima parábola, cuando el maestro les preguntó si estaban entendiendo, sin vacilación respondieron: «Sí»

(Mt 13:51). Jesús concluyó este largo discurso aconsejando que cada maestro fuera como el dueño de una casa. Dentro del cuarto de almacenar cosas hay tesoros nuevos y viejos: métodos de enseñanza que ayudan al alumno a entender.

¿Qué hay en su almacén? Ejemplos, historias, dichos, ilustraciones y cuadros hablados son métodos de enseñanza diferentes que son tesoros escondidos dentro de nuestro almacén de experiencias de la vida. Han sido delineadas y coloreadas por nuestra raza y cultura, y son tan variadas como los maestros mismos. Nuestro trasfondo, nuestra infancia, nuestro país de origen y nuestra vida de familia proveen una gran riqueza de ilustraciones. Estas cosas son nuestros tesoros personales.

Sea cual fuere la audiencia, la personalidad del maestro debe brillar. Por lo general, tratándose de los maestros, los desastres ocurren cuando tratamos de imitar a otros. Si somos nosotros mismos —individuos únicos creados por Dios, con nuestras historias, recuerdos y formas de expresión— enriqueceremos a quienes nos escuchan.

Perfeccione ese estilo y podrá enseñar con seguridad. Recuerde, Jesús raramente usó el mismo método dos veces. El Creador del universo reforzó sus enseñanzas con variedad. Limitarse a enseñar de la misma manera vez tras vez es, bueno, estar atascado. En el siguiente capítulo, veremos cómo vigorizar sus lecciones usando variedad en sus métodos.

Excelencia moral

Hemos cerrado el círculo hasta el corazón de este capítulo. El maestro que no podemos olvidar, el maestro con carácter, refleja excelencia moral. La Biblia llama «santidad» a la excelencia moral.

La santidad no es una opción. El maestro que tiene conocimiento bíblico, relación interpersonal y habilidades para la enseñanza pero que carece de excelencia moral está usando la Palabra de Dios en forma engañosa (2 Co 4:2). Este maestro tiene dos caras (Stg 1:8): tiene una forma de piedad que niega el poder de Dios (2 Ti 3:1-5) y está acumulando ira de Dios y juicio inminente (Ro 2:5-11). Un maestro así es un modelo muy pobre que lo que va a conseguir es llevar a sus alumnos a desobedecer a Dios. Para una persona así, la Biblia tiene esta pregunta retórica:

En fin, tú que enseñas a otros, ¿no te enseñas a ti mismo?

—Romanos 2:21

Un estilo de vida pobre hace que un maestro haga que los demás tropiecen. Un maestro así tiene solo una opción: tomar asiento.

¿Lo recuerda?

En este capítulo analizamos las cualidades esenciales para ser maestros eficientes. A continuación hay un resumen de los puntos más importantes que conviene recordar:

- *Conocimiento bíblico e interpretación de las Escrituras*. Necesitamos asistir a un centro educacional para adquirir el entrenamiento bíblico adecuado.
- *Relación interpersonal*. Debemos amar a las personas a las que enseñamos.
- *Habilidades para enseñar*. Debemos saber cómo enseñar y cómo variar nuestra metodología.
- *Excelencia moral*. El carácter es importante. La santidad no es una opción.

El maestro modelo

Jesús, el maestro modelo, fue compasivo, estaba disponible y fue eficaz. Debido a que poseía todas las cualidades de un maestro eficiente —conocimiento de las Escrituras, relación interpersonal, habilidades para la enseñanza y excelencia moral— los alumnos o se convertían o se convencían. ¡Ah, si pudiera ser como Jesús! ¡Es una oración que vale la pena orar!

Ahora que tenemos un entendimiento más claro de lo que se requiere para ser un maestro eficiente, es el momento de cambiar nuestro enfoque y estudiar al alumno, lo que haremos en lo que queda de este libro. Una vez que sepamos *cómo* aprenden nuestros estudiantes, tendremos la clave para *ayudarles* a aprender. ¿Está usted listo para dar el siguiente paso?

Capítulo 4

A través del lente del alumno
Un vistazo a los canales de aprendizaje

Objetivo

Al finalizar este capítulo usted podrá evaluar la necesidad de entender al alumno comparando los canales de aprendizaje como una forma de variar los métodos para mostrar, decir y hacer.

Jesús enseñó como si estuviera mirando a través del lente del alumno. El auscultar lo que había en sus corazones le ayudó a ver el mundo desde la perspectiva de ellos para así llevarles al punto de su mayor necesidad. Consciente de cómo la gente percibe la información, Jesús enseñó a través de *mostrar, decir y hacer.*

Aprendemos de diferentes maneras

¿No es sorprendente las diferencias que existen de cultura a cultura, de grupo étnico a grupo étnico? Preferimos comidas y condimentos diferentes, y nos identificamos con nuestro estilo de música. En nuestra cultura, podemos tener rasgos faciales y textura del cabello similares, pero como individuos cada uno somos bastante diferentes.

Puede haber, por ejemplo, dos cristianos latinos, con herencia y lenguajes comunes. Aunque pudieran tener similitudes culturales, en cuanto a estilos de adoración pueden tener preferencias diferentes. Uno puede preferir un servicio apacible y solemne mientras que el otro puede preferir una celebración con ritmos exuberantes.

No es una sorpresa, entonces, que aunque podamos ser similares en muchos aspectos, somos diferentes en la manera de aprender. Cada uno de nosotros tiene un *canal de aprendizaje*; es decir, la forma más eficaz para nosotros de obtener información. Hay tres canales principales: el *visual,* el *auditivo* y el del *movimiento.* Jesús fue un maestro en el uso de métodos de enseñanza que tenían como blanco cada uno de estos canales.

Jesús enseñó a través de la «vista»

En el monte de la transfiguración, Pedro, Jacobo y Juan *vieron* a Jesús hablando con Moisés y Elías (Mt 17:1-13). Tan impresionados estaban que Pedro quiso marcar permanentemente el lugar. Pero establecer un monumento conmemorativo no era el propósito de esta lección. A estos tres, Jesús les permitió «ver» más allá para revelar su deidad y develar su eternidad.

En otro episodio de enseñanza cercano al tiempo de la muerte sacrificial de Cristo, Felipe le pidió a Jesús: «Muéstranos el Padre». Jesús le respondió: «El que me ha visto a mí, ha visto al Padre» (Jn 14:8-9). Qué visión para los discípulos, ¡y para nosotros! Dios nos ama tanto que mandó a Jesús para que el mundo lo viera, y viéndole, viera al Padre.

Como testigos de los milagros —desde la alimentación de multitudes hasta caminar sobre el agua y sanar enfermos— los discípulos también estaban aprendiendo a través del sentido de la vista. Por supuesto, su lección visual más grande fue ver a su Salvador resucitado.

El aprendizaje es eficaz cuando la gente está involucrada en *ver.* La enseñanza eficaz debe utilizar materiales que se aprovechen de este canal. Folletos, fotografías o transparencias para proyectores de pared son excelentes medios para enseñar a quienes aprenden a través del canal *visual.* Los medios de comunicación masiva, los cortos de cine, la televisión y las computadoras son recursos visuales adicionales para el aprendizaje.

Como lo que ven es tan importante, los que aprenden visualmente están muy conscientes de su medio ambiente físico. Salas de clases atractivas y pulcras les ayudan a sentirse cómodos. Más de una tercera parte de todos los estudiantes son visuales.

Jesús enseñó a través del «oído»

Cuando aún no se reponían de su asombro en el monte de la

transfiguración, Pedro, Jacobo y Juan *oyeron* una voz que salía de una nube y que decía:

«Este es mi Hijo amado; estoy muy complacido con él. ¡Escúchenlo!

Al oír esto, los discípulos se postraron sobre su rostro, aterrorizados. Pero Jesús se acercó a ellos y los tocó.

—Levántense —les dijo—. No tengan miedo.

—Mateo 17:5-7

No es necesario decirlo, *oír* al Padre hablar desde la nube tiene que haber sido una experiencia increíble. Y oír es una forma poderosa por la que los discípulos aprendieron. Mientras Jesús contaba a las multitudes sus parábolas, fue a los discípulos a quienes explicó su significado.

Y con muchas parábolas semejantes les enseñaba Jesús la palabra hasta donde podían entender. No les decía nada sin emplear parábolas. Pero cuando estaba a solas con sus discípulos, les explicaba todo.

—Marcos 4:33-34

Al *oír* estos cuadros hablados, los discípulos pudieron como alumnos identificarse con la historia. Una vez que entendieron en un nivel práctico, fue más fácil para ellos entender el concepto espiritual.

El aprendizaje es efectivo cuando la gente está dispuesta a *oír*. Historias, conferencias, preguntas y respuestas, y cintas de audio son solo unos pocos ejemplos de formas en que se puede ayudar a las personas a aprender mediante el canal de la *audición*.

Debido a que los aprendices auditivos prefieren usar sus voces, es también importante para ellos hablar durante el proceso enseñanza-aprendizaje. Algunos pueden considerarlos maleducados cuando interrumpen al maestro para dar su opinión, pero estos alumnos están activamente empeñados en adquirir información cuando oyen sus propias voces. Un codazo del vecino cuando dos personas se están tomando demasiado tiempo para discutir un punto y pequeños grupos de discusión y análisis son buenos métodos de audición para estos estudiantes.

La repetición de palabras ayuda a los alumnos auditivos a entender y memorizar el material. Para profundizar conceptos, estos estudiantes deben leer en voz alta o musitar para ellos mismos. Las personas que aprenden escuchando disfrutan los sonidos en su mundo por lo que a menudo tienen el radio y el televisor encendidos al mismo tiempo y aun así aprenden. Sin embargo, debido a que son sumamente sensibles a los sonidos, los ruidos desagradables pueden distraerlos con mucha facilidad. De todas las personas que aprenden, casi un tercio son auditivos.

Jesús enseñó a través del «hacer»

Las multitudes se sentían tan intrigadas con Jesús que, por seguirlo, se olvidaron del almuerzo. Preocupado por esto, Jesús alimentó en dos ocasiones a miles con unos pocos panes y pescados (Mt 14:13-21; 15:32-38; Mr 8:1-9; Lc 9:10-17). Aunque la comida era para las multitudes, esta lección era primordialmente para los discípulos. Jesús involucró a sus alumnos poniéndolos a servir el pescado y el pan. Cuando recogieron lo que había sobrado, pudieron ver de cerca la dimensión de este milagro, pero aun así no entendieron su significado (Mr 8:17-21). Después de corregirlos con toda suavidad, Jesús empleó otra demostración quizás para subrayar esa claridad de percepción que tuvo lugar en ellos por etapas. Escupió en los ojos de un ciego y le impuso las manos. Al principio, el ciego pudo ver, pero como los discípulos, no pudo ver claramente.

«Veo gente; parecen árboles que caminan» (Mr 8:24). Solo después de imponerle las manos por segunda vez, el ciego vio claramente (8:22-26). Igual que con este hombre ciego, fueron necesarias varias demostraciones para que los discípulos aprendieran el propósito de estas lecciones. El Maestro hizo todo lo que pudo para involucrar a sus alumnos y abrirles los ojos.

El discurso del aposento alto ofrece otro ejemplo de cómo Jesús empleó el *hacer* como un método de enseñanza. Una vez entrados en una casa, era trabajo de los siervos —según la costumbre— lavar el polvo de los pies de los invitados. Ninguno de los discípulos había querido, voluntariamente, asumir esa función, ni siquiera para lavar los pies de Jesús. Él entonces se levantó, tomó una toalla, se la puso alrededor de la cintura y llenó un lavatorio con agua. Uno por uno, empezó a lavar los pies de los discípulos y a secárselos con la toalla.

Cuando terminó de lavarles los pies, se puso el manto y volvió a su lugar. Entonces les dijo:

—¿Entienden lo que he hecho con ustedes? Ustedes me llaman Maestro y Señor, y dicen bien, porque lo soy. Pues si yo, el Señor y el Maestro, les he lavado los pies, también ustedes deben lavarse los pies los unos a los otros. Les he puesto el ejemplo, para que hagan lo mismo que yo he hecho con ustedes.

—Juan 13:12-15

¡Imagínense su desconcierto! ¡No es de extrañarse que Pedro protestara!

Si después de haber pronunciado Jesús su discurso, ellos hubieran brincado intentando cada uno ser el primero en tomar el lavatorio, el agua y la toalla, se habría perdido una magnífica oportunidad. Al involucrar a sus alumnos, el Maestro de maestros se estaba asegurando que esta fuera una lección que nunca olvidarían.

El aprendizaje es efectivo cuando las personas se involucran en el *hacer*. Los que aprenden a través de este canal del *movimiento* prefieren estar físicamente envueltos en la lección. Tocar objetos, comer, hacer o construir cosas, trabajar en proyectos e incluso tomar notas son todas actividades quinesiológicas o relacionadas con el movimiento.

A las personas que aprenden haciendo algo, les encanta estar activas. De hecho, cuando están en la sala de clases, les da trabajo permanecer sentadas y tranquilas. Buscarán y hallarán una excusa —cualquier excusa— para moverse de su asiento. Métodos de aprendizaje que las involucran en el proceso ayudan a que se concentren. Cerca de un tercio de todos los estudiantes aprenden a través del movimiento y el hacer.

Combinación de canales

En muchos casos, Jesús combinó los canales de aprendizaje para reforzar su lección. No simplemente repitió o replanteó el mensaje en forma verbal. Pudo haber usado el canal visual (como escribir en la tierra) junto con el canal auditivo (un discurso). O pudo haber combinado un milagro que todos pudieran ver (visual) con una explicación del propósito del milagro (auditivo). A continuación, algunos ejemplos:

¿Recuerdan a la mujer que fue sorprendida en adulterio? (Jn 8:3-11). Los fariseos, esperando atrapar a Jesús, la arrastraron hasta donde él estaba, pidiendo que fuera apedreada. Jesús se inclinó y escribió en la tierra, luego se incorporó y dijo:

—Aquel de ustedes que esté libre de pecado, que tire la primera piedra.

—Juan 8:7

No sabemos qué fue lo que Jesús escribió, pero de una cosa estamos seguros: los acusadores *vieron* lo que Jesús escribió. Y, *oyeron* su desafío. Dándose cuenta de que ellos también merecían ser apedreados, uno por uno empezaron a irse hasta que Jesús quedó solo con la mujer que se veía asustada.

Entonces él se incorporó y le preguntó:
—Mujer, ¿dónde están? ¿Ya nadie te condena?
—Nadie, Señor.
—Tampoco yo te condeno. Ahora vete, y no vuelvas a pecar.

—Juan 8:10-11

¡Qué poderosa lección para todos!

En un ejemplo diferente, Jesús primero usó el canal auditivo al anunciar: «Yo soy la luz del mundo» (Jn 8:12). Luego, para reforzar su afirmación, ofreció esta demostración *visual* con la sanidad del ciego (9:1). Al final de este episodio de enseñanza, el Maestro de maestros hizo este resumen *verbal*:

—Yo he venido a este mundo para juzgarlo, para que los ciegos vean, y los que ven se queden ciegos.

—Juan 9:39

Los Evangelios están llenos de tales episodios de enseñanza, pero aquí hay dos ejemplos finales. El primero tiene que ver con Jesús cuando resucita a Lázaro. El segundo ejemplo es la comunión.

Cuando su hermano, Lázaro, murió, Marta se sintió molesta porque le pareció que Jesús no había tenido interés en él. Conociendo su propósito al permitir que esto ocurriera, Jesús le *dijo* y le *preguntó* lo siguiente:

—Yo soy la resurrección y la vida. El que cree en mí vivirá, aunque muera; y todo el que vive y cree en mí no morirá jamás. ¿Crees esto?

—Juan 11:25-26

Después de esto, Jesús llamó a María y se dirigió a la tumba. Abrumado por el dolor que la muerte produce, Jesús lloró. Sus críticos, advirtiendo sus lágrimas, se preguntaban por qué no había hecho algo —cualquier cosa— para evitar esta tragedia. Sin duda, él tenía el poder, la capacidad. Entonces, ¿por qué dejó que Lázaro muriera?

Jesús explicó que esta muerte era para glorificar a Dios. ¿Cómo? Pintando un cuadro *visual* de la esperanza de nuestra salvación: la resurrección. Entonces, Jesús llamó a Lázaro. ¡Todos los que estaban allí *vieron* a un muerto caminando!

En otro ejemplo, antes de su crucifixión y resurrección, Jesús se sentó con los discípulos durante la fiesta de los Panes sin levadura (Lc 22:1).

> También tomó pan y, después de dar gracias, lo partió, se lo dio a ellos y dijo:
> —Este pan es mi cuerpo, entregado por ustedes; hagan esto en memoria de mí.
> De la misma manera tomó la copa después de la cena, y dijo:
> —Esta copa es el nuevo pacto en mi sangre, que es derramada por ustedes.
>
> —Lucas 22.19-20

Aquí Jesús combinó los tres canales de aprendizaje. Los doce *ven* el pan y el vino con los cuales se *involucran activamente* al comerlo y beberlo. Al hacerlo, *oyen* el asunto de esta lección.

¿Cómo aprende usted?

Cada uno de nosotros tiene un canal de aprendizaje, una forma en que aprendemos mejor. Como maestros, tendemos a enseñar de la manera que nosotros preferimos aprender. Dado que es importante variar nuestra forma de enseñar, es útil conocer nuestro propio canal de aprendizaje. Así, estaremos más inclinados a incorporar los otros canales dentro de nuestra metodología de enseñar.

Para ayudarle a identificar su canal de aprendizaje, haga el sencillo examen que aparece en las páginas 70-71. Primero, lea las preguntas en negritas. Luego, de las tres alternativas en la línea siguiente, marque el cuadrado que mejor represente su opción. Finalmente, sume las marcas en cada columna. La columna con la mayor cantidad de marcas indica su canal de aprendizaje principal.

¿Aprende usted «viendo», «oyendo» o «haciendo»?

Lea las preguntas en negritas. De las tres alternativas en la línea siguiente, marque el cuadrado que mejor represente su opción. Sume las marcas en cada columna. La columna con la mayor cantidad de marcas es su canal de aprendizaje principal.

En una noche «libre», preferiría:

☑ Leer un libro   ❑ Ir al cine   ❑ Pasar un buen rato con sus amigos

En preparación para un viaje misionero, preferiría:

❑ Ver fotos de la gente y lugares   ❑ Ver una película sobre gente y lugares   ☑ Visitar el país y experimentar por usted mismo

Para divertirse, preferiría:

❑ Visitar un museo   ❑ Mirar televisión   ☑ Jugar algún juego

Cuando usted estudia la Biblia:

☑ Lee sus notas una y otra vez   ❑ Repite la información en voz alta   ❑ Vuelve a escribir sus notas

Si compra una nueva computadora:

❑ Lee en forma cuidadosa las instrucciones   ❑ Escucha las instrucciones   ☑ Trata de aprender a manejarla por usted mismo, sin las instrucciones

Mientras se dirige en su automóvil a la iglesia:

☑ Prefiere el silencio para disfrutar viendo la naturaleza   ❑ Pone la música a todo volumen   ❑ Cambia la estación de radio a menudo

En el estudio bíblico:

☑ Le gustan los folletos y los proyectores   ❑ Prefiere escuchar al profesor   ❑ Toma muchas notas pero nunca vuelve a leerlas

En su cuarto en casa:

☑ Mantiene siempre todo ordenado

☐ Siente que está como debe estar

☐ Cambia a menudo la posición de los muebles

Cuando está muy alegre y emocionado:

☐ Escribe notas en su diario

☑ Habla con entusiasmo

☐ Aplaude y brinca

En su escritorio:

☑ Decora su lugar de trabajo

☐ Escucha música suave

☐ Juega juegos y resuelve rompecabezas en la computadora

Para aprender un nuevo idioma:

☐ Le gusta ver las palabras escritas en un libro

☐ Le gusta oír las palabras en una cinta

☑ Le gusta hablar con la gente

En el servicio de la iglesia:

☐ Se sienta en silencio por largos periodos de tiempo

☑ Habla con la persona que tiene al lado

☐ Se siente inquieto y tiene que estarse moviendo constantemente

Para organizarse:

☑ Escribe notas en su agenda

☐ Recuerda sus citas

☐ Pega papelitos en su calendario de pared

Durante su tiempo de reflexión bíblica:

☑ Lee su Biblia y ora

☐ Escucha música cristiana y ora

☐ Da una caminata y ora

Como voluntario en su iglesia:

☑ Ayuda a organizar las actividades

☐ Forma parte de comités y discute planes

☐ Decora, repara o limpia

Con su compañero de oración:

☐ Hace una cita para reunirse

☐ Habla durante horas por teléfono

☑ Planean actividades juntos

Para recordar pasajes de la Biblia:

☑ Escribe los versículos en tarjetas y los lee vez tras vez

☐ Repite los pasajes bíblicos hasta que se los aprende

☐ Desarrolla una forma divertida de recordar los versículos

En la escuela:

☐ Usted es la mascota del profesor

☑ Siempre está haciendo o respondiendo preguntas

☐ Es el primero en ofrecerse para repartir material

Con el propósito de «rendir cuentas»:

☐ Lleva un diario

☑ Comparte sus progresos con su compañero de oración

☐ Asiste a los grupos de discipulado

Durante la alabanza y la adoración:

☑ Se concentra en las palabras

☐ Se concentra en la música

☐ Danza o se mueve al ritmo de la música

Son sus palabras favoritas:

☑ «Yo sé...»

☐ «Yo oigo...»

☐ «Yo puedo...»

Totales:

_12_ Veo   _4_ Oigo   _5_ = _21_ Hago

Sugerencias para los líderes

Pida a sus alumnos que hagan este «examen». Mientras lo hacen, imagine que toda su clase está dividida en tres grupos. Cuando los estudiantes terminen, muévase del lugar donde ha estado parado a un sector diferente en uno de los tercios de la sala. Pida a los estudiantes que tengan más marcas en la columna *ver* que se levanten de sus sillas y se acerquen a usted. Explique a toda la clase las cualidades de los que aprenden *viendo*.

Pídale a este grupo que se quede allí donde está, mientras usted se va a otro lado de la sala y se ubica en el segundo tercio. Invite a todos los que tengan más marcas en la columna *oír* que se paren junto a usted. Explique las cualidades de los que aprenden *oyendo*.

Pídale a este segundo grupo que permanezca donde está, mientras usted se dirige hacia el tercer tercio. Pida a todos los que tengan más marcas en la columna *hacer* que se paren junto a usted. Mientras estos alumnos abandonan sus sillas, usted dice: «Como a los de este grupo les gusta moverse, a ellos es a quienes les gusta más esta prueba. Disfrutan moviéndose y saliendo de sus sillas». Explique las cualidades de los que aprenden *moviéndose*.

Luego guíe a sus alumnos para que se den cuenta de la forma en que está dividida la clase. Diga: «Debido a que nos gusta aprender de determinada manera, tendemos a enseñar de la manera que nos gusta aprender. Sin embargo, si enseñamos usando únicamente nuestro canal favorito, vea todos los otros estudiantes que estamos perdiendo».

Después de esta demostración, sus aprendices de maestros estarán ansiosos de analizar las formas de emplear todos los canales en sus lecciones. Ahora están listos para la siguiente sección.

Refuerzo de canal

Usar varios canales en una lección quizás sea la manera más eficaz de enseñar. Al usar los canales de aprendizaje de todos sus estudiantes, usted se estará asegurando de que ellos recuerden la lección. El refuerzo tiene lugar cuando se enfatiza el mismo punto en diferentes maneras.

¡Imagínese lo poderosa que fue la imagen de la cruz para los discípulos! Ellos fueron testigos de la crucifixión, pero luego *vieron* la tumba vacía. Cuando Jesús se puso en medio de ellos, lo *vieron* y *hablaron* con él (Jn 20:19-31).

Como maestros, deberíamos ser sabios en seguir los pasos de Jesús. El propósito de nuestra lección se ampliará si utilizamos todos los canales en nuestra sala de clases.

En una serie que enseñé a mujeres sobre el libro de Rut, estábamos analizando el valor de Noemí al dejar atrás todas las cosas muertas. Para seguir adelante con su vida, Noemí había tomado la decisión de dejar a su esposo muerto, a sus hijos muertos y a sus sueños muertos.

Le pedimos a las mujeres en la clase que examinaran cualquier área en su vida donde hubiera «muerte», cualquiera cosa que les estuviera impidiendo seguir adelante. Se les dio una hoja de papel para que escribieran el nombre de la persona, quizás de una relación que había muerto y por la cual seguían teniendo esperanza, o de una cosa muerta tal como un hábito, un pensamiento o una forma de vida que había terminado en «muerte».

Mientras ellas escribían, salí del salón y me puse la toga negra de académico. Volví a la sala caminando suavemente e iba leyendo como si estuviera en una procesión fúnebre. Detrás de mí, uno de mis ayudantes empujó un ataúd de verdad hasta el centro de la sala de clases.

Las mujeres estaban boquiabiertas. Abrí el ataúd. Estaba vacío. Después que se repusieron, les pedimos que marcharan junto al ataúd y que al pasar, echaran adentro los papeles que habían escrito. Esa noche, *vimos, oímos* y *experimentamos* mientras sepultábamos cosas muertas. ¡La clase finalizó con la exhortación de que nadie se convirtiera en un profanador de tumbas!

Una de mis ex alumnas, Karen Choi, desarrolló una lección para la Escuela Dominical de sus estudiantes en Corea. Diseñó una serie para ayudar a sus alumnos a despojarse de algún bagaje social y cultural usando los diez mandamientos.

Cuando enseñó el primer mandamiento: «No tengas otros dioses además de mí» (Éx 20:3), pidió a sus alumnos que identificaran a los dioses de otras religiones: Buda, los dioses griegos, los diversos dioses japoneses y los ancestros de los coreanos, que son reverenciados al punto de que llegan a tener las características de dioses. Además, los estudiantes aprendieron que cualquiera cosa: la televisión, la ropa, la comida, las drogas y una obsesión por lograr buenas calificaciones puede transformarse en un ídolo si llega a ocupar el lugar de Dios en la vida de la persona.

Para el segundo mandamiento: «No te hagas ningún ídolo, ni nada que guarde semejanza con lo que hay arriba en el cielo, ni con lo que hay abajo en la tierra, ni con lo que hay en las aguas debajo de la tierra. No te inclines delante de ellos ni los adores» (Éx 20:4-5), Karen diseñó la siguiente lección. Antes de que los alumnos llegaran, puso una mesa «Je-sah» al frente de la clase. Je-sah es la tradición coreana en que la persona se inclina ante sus antepasados muertos para pedirles bendición, protección y una vida larga. Sobre la mesa había una fotografía de la persona muerta, fruta y velas.

Después que los alumnos entraron a la sala de clases y se sentaron, Karen dijo: «A veces nos enfrentamos a actividades sociales, tales como una reunión familiar, donde reverenciamos a nuestros antepasados. Pero es claro como el cristal que si tomamos parte de esta aparentemente inocente práctica tradicional estaremos quebrantando el segundo mandamiento». La presencia de la Je-sah en la iglesia ofreció a los alumnos una poderosa vista y sirvió como una referencia concreta al punto central de la lección.

Para mantener cautiva la atención de sus alumnos, Karen explicó que también es una violación a las Escrituras el visitar personas que predicen el futuro y realizan prácticas por medio de las que las jóvenes que se van a casar pretenden saber cómo les va a ir en el matrimonio. Para los alumnos que habían participado de esta práctica sin haber pensado que estaban desobedeciendo a Dios, la lección finalizó con una oración pidiendo perdón a Dios por las ofensas que pudieron haber cometido.

Métodos magistrales

Como Dios, Jesús entendió a la gente, sus alumnos. Él sabía lo que ellos sabían, y sabía lo que ellos necesitaban saber. Como eran cual ovejas sin pastor, los guió, dirigió, motivó, y a veces incluso los regañó. Pero siempre, les enseñó con destreza, creatividad y poder.

Una vez que empezamos a pensar en términos de *ver, oír* y *hacer*, todo en la misma lección, nuestra enseñanza se hace multidimensional. Los canales de aprendizaje, además de la variación de métodos, conducen a una enseñanza apropiada. Jesús nos instruye para que usemos los tesoros que tenemos guardados (Mt 13:52). Y en cada lugar donde se almacenan cosas, una vez que empezamos a abrir las cajas, encontraremos que hay mucho para escoger.

Como ya hemos visto en la enseñanza de Jesús, raramente usó el mismo método dos veces. Incluso a los ciegos los sanó en formas diferentes (Mr 8:22-26; Lc 18:35-43). En las páginas 77-78 hay una lista de sugerencias que nos pueden ayudar a variar nuestros métodos de enseñanza y a hacer de nuestras lecciones algo que tenga impacto. ¿Podría categorizar estos métodos para *mostrar*, *decir* y *hacer* poniendo una marca al lado de la actividad apropiada? Recuerde que el peor método que se puede usar es aquel que usted usa vez tras vez. (Véase el Apéndice B para la «clave».)

¡Imagínese! ¡Hay más de una forma de enseñar! Una vez que abramos nuestro «almacén», encontraremos posibilidades creativas sin fin. Los alumnos se sentirán ansiosos de asistir a su clase porque no saben con qué novedad se van a encontrar.

Algunos de los pastores mayores y que son líderes en el país reconocen que el sermón o la conferencia no es siempre el método más efectivo para que sus miembros u oyentes aprendan, y muchas veces se les ha dicho que intenten algo diferente. En lugar del sermón tradicional en ocasiones especiales tales como Navidad o Semana Santa, los pastores deberían llevar la Palabra vestidos como José, María o Pedro. ¡Qué refrescante oír el sermón de los labios de alguien que de verdad «estuvo allí»! La congregación ve, oye y experimenta la palabra de Dios de un manera nueva, refrescante y emocionante.

Nota: Varias de estas actividades pueden corresponder a dos o incluso a las tres categorías. Escoja la categoría que le parezca dominante.

	Mostrar (Visual)	Decir (auditivo)	Hacer (movimiento)
1. Llevar a cabo una demostración			
2. Exhibir un anuncio de televisión			
3. Profesor silencioso*			
4. Preparar una charla o una conferencia			
5. Usar un proyector de pared			
6. Trabajar con un grupo pequeño			
7. Completar esta historia			
8. Escribir una parodia o una comedia			
9. Jugar juegos			
10. Hacer un viaje			
11. Hacer un afiche			
12. Escuchar un testimonio			
13. Cantar solo o en un grupo			
14. Hacer una visita al hospital			
15. Escuchar una canción en un CD			
16. Dibujar o colorear			
17. Visualizar o imaginar			
18. Parafrasear un pasaje			
19. Leer al unísono			
20. Hacer preguntas y respuestas			
21. Discutir dándole un codazo al vecino			
22. Preparar o comer una comida			
23. Hacer una oración de una frase			
24. Hacer una entrevista			
25. Tener una presentación de títeres			
26. Llevar un diario			
27. Contar una historia con un franelógrafo			
28. Ver una película			
29. Completar un rompecabezas			
30. Jugar un juego bíblico			
31. Memorizar un versículo			
32. Repetir el relato bíblico			
33. Hacer manualidades y artesanías			
34. Tomar un examen			
35. Encontrar un pasaje bíblico			
36. Escribir una carta			

*En «profesor silencioso» el maestro entra al salón de clases pero no dice nada. Por ejemplo, el maestro puede sentarse a su escritorio y «hacerse el dormido», aparentar estar triste, o desconectado de alguna otra manera. Los alumnos reaccionan al «silencio» en el salón.

	Mostrar (Visual)	Decir (auditivo)	Hacer (movimiento)
37. Discusión de acuerdo/desacuerdo			
38. Descifrar los versículos			
39. Escuchar una grabadora			
40. Dar una caminata			
41. Encontrar un lugar en el mapa			
42. Descifrar las palabras			
43. Tocar instrumentos			
44. Responder una pregunta en un grupo			
45. Añadir una nota al tablón de edictos			
46. Pintar con los dedos			
47. Leer un libreto dramático			
48. Escribir un poema			
49. Dar un sermón de diez minutos			
50. Vestirse como un personaje bíblico			
51. Prafrasear un himno			
52. Escribir un comercial			
53. Hacer una dramatización espontánea			
54. Preparar un collage			
55. Participar en un intercambio de ideas			
56. Escribir un poema o un salmo			
57. Copiar un versículo bíblico			
58. Dialogar			
59. Hacer un mural			
60. Representar a algún personaje			
61. Participar en un debate			
62. Hacer tablas o gráficas			
63. Escribir una oración			
64. Comparar canciones			
65. Pantomima			
66. Preparar un informe			
67. Escribir una comparación de personajes			
68. Resolver un problema			
69. Escribir algo creativo			
70. Preparar un video			
71. Actuar en un sociodrama (problema social)			
72. Escribir canciones originales			
73. Pintar			
74. Recortar papel			
75. Hacer un móvil			

Una palabra sobre los grupos pequeños

Otra forma de variar nuestra metodología de enseñanza es usar grupos pequeños en la sala de clases. Aunque Jesús ocasionalmente enseñó a individuos, como fue el caso de Nicodemo (Jn 3:1-21) y la mujer en el pozo (Jn 4:4-42), la mayor parte de su enseñanza se llevó a cabo en grupos y se enfocó principalmente en los discípulos.

Cuando analizamos los relatos del evangelio, vemos estos grupos de discípulos:

1. Los tres (Pedro, Jacobo y Juan)
2. Los doce discípulos (y las mujeres)
3. Los doce con los miles (las multitudes)

Cada uno de estos grupos forma uno de los círculos concéntricos en torno a Jesús.

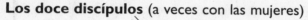

Los doce discípulos (a veces con las mujeres)

Los tres

Los doce con los miles

Es interesante notar que el Nuevo Testamento no registra ninguna enseñanza de Jesús a ningún discípulo de forma individual. Como Pedro era el portavoz de los doce, usualmente era el que hacía y contestaba las preguntas, daba su opinión, o metía «la cuchara», bueno, en este caso, los pies en el agua. Así que pudiera parecer que Pedro tenía audiencias privadas, pero según el relato bíblico no era así. A menudo, cuando él hablaba, lo hacía a nombre de los otros discípulos, fuera en un grupo pequeño (doce) o más pequeño (tres).

Un beneficio importante de trabajar con grupos pequeños es que los alumnos pueden aprender los unos de los otros. La enseñanza en grupos alienta el proceso de aprendizaje en una forma que no asusta a nadie. Esto significa que todos son importantes; todos pueden contribuir. Como se supone que nadie lo sabe todo, los miembros del grupo pueden explicar su información entre sí, lo cual, en el proceso, los hace sentir que valen y que merecen respeto.

En la arena educacional, usar el proceso de aprendizaje en grupos se llama *aprendizaje cooperativo*. Aprender cooperativamente nos ayuda a aceptar las debilidades de los demás y a aplaudir sus virtudes. Aprendemos a cooperar con los demás en lugar de competir. Aunque ciertos trabajos cooperativos inducen a la competencia, trabajar juntos como un equipo es vital en el ministerio de la iglesia.

Es muy efectivo poner a los alumnos en grupos de dos, tres o cuatro. Los grupos pueden encontrar las respuestas, trabajar en proyectos, analizar pasajes de las Escrituras o compartir sus propias experiencias. Un método efectivo es dividir la hora de enseñanza de modo que los alumnos tengan tiempo suficiente en sus grupos para resolver cualquier problema, analizar o discutir sobre un punto, investigar las Escrituras o responder preguntas.

El maestro de jóvenes se sentía cada vez más frustrado con su clase. La iglesia estaba pasando por un período de transición y usaba las instalaciones de una escuela secundaria en el sector central al sur de la ciudad de Los Ángeles para sus servicios de adoración los domingos por la mañana. En un sentido esto era bueno, porque a algunos de los alumnos que asistían a la escuela durante la semana y les gustaba andar por el lugar los domingos por la mañana, les llamó la atención la nueva «iglesia» y empezaron a visitarla. ¡Qué gran oportunidad para evangelizar! Pero la clase había crecido tanto que pronto la enseñanza se transformó en un ejercicio estéril.

El maestro, acostumbrado a clases pequeñas y al trabajo de persona a persona, luchaba por encontrar una forma de acomodarse a la nueva situación. Finalmente, desesperado, tomó una decisión. En lugar de clases dictadas como conferencias, ¿por qué no dar a la clase un proyecto?

Cuando los jóvenes llegaron al domingo siguiente, los esperaba en sus pupitres un folleto de una hoja y un lápiz. Trabajando juntos en grupos pequeños, su actividad fue llenar los espacios en blanco en el folleto. Tenían que leer juntos un pasaje de la Biblia y encontrar las respuestas correctas.

Ahora parecía una clase diferente. Los alumnos hablaron y trabajaron juntos, obviamente cautivados por la asignación. Esa mañana, sí hubo aprendizaje.

En la reunión mensual de maestros, este veterano destacó que a menudo pasamos por alto lo obvio. Debido a su ambiente de aprendizaje de lunes a viernes, los alumnos están familiarizados con ese tipo de tareas. ¡Era cuestión de darles una hoja de papel y un lápiz! De esta manera es como aprenden durante la semana. Pero en la Escuela Dominical, esperamos que se sienten en silencio y escuchen una conferencia. Nos frustramos con el poco interés que ponen y en lugar de esforzarnos por ser maestros eficientes, nos transformamos en «cuida niños» malhumorados.

Recuerde, si las personas pueden comunicarse, ¡entonces les gusta trabajar en grupos pequeños! Es un método efectivo para alumnos desde los primeros grados hasta adultos. Fíjese, sin embargo, cómo varían los métodos dependiendo del tamaño del grupo. Por ejemplo, Jesús no explicó sus parábolas a las multitudes. Explicó el significado de las parábolas a sus discípulos, una vez que estos estuvieron lejos de las multitudes (Mt 13:36). Y las lecciones para su círculo íntimo, los tres, difieren de la forma en que el Maestro enseñaba al grupo grande de discípulos. De igual modo, la forma en que nosotros usamos el aprendizaje cooperativo deberá ajustarse al tamaño de nuestra clase.

¿Lo recuerda?

En este capítulo, comparamos los canales de aprendizaje como una forma de variar los métodos para mostrar, decir y hacer. A continuación hay un resumen de los puntos más importantes que debe recordar.

- *Aprendemos en formas diferentes.* Debemos variar nuestros métodos de enseñanza para satisfacer las necesidades de nuestra audiencia.
- *Jesús enseñó a través de la «vista».* Folletos, fotografías, proyectores de pared, medios de comunicación, cortos de cine, televisión y computadora son recursos excelentes para que los alumnos aprendan a través del canal visual.
- *Jesús enseñó a través del «oído».* Historias, conferencias, preguntas y respuestas, y cintas de audio son unos pocos ejemplos para enseñar a

los alumnos que aprenden mediante el canal auditivo.
- *Jesús enseñó a través del «hacer».* Los alumnos que aprenden a través del canal del movimiento prefieren involucrarse físicamente en la lección.
- *Combinación de canales.* Use varios canales para reforzar la lección.
- *Métodos magistrales.* Cuando enseñe use los métodos *mostrar, decir* y *hacer.*
- *Grupos pequeños.* Utilice grupos pequeños poniendo a los alumnos en unidades de tres o cuatro de modo que puedan analizar tópicos en forma conjunta durante la hora de enseñanza.

Próximo paso

Hemos adquirido mucha información nueva, y ahora estamos listos para el siguiente paso. Mientras continuamos evaluando la forma en que Jesús enseñó, desviaremos nuestra atención a otro aspecto importante del Maestro de maestros.

Jesús entendía cómo se *sentían* sus alumnos. Como se preocupaba por ellos en el aspecto emocional, los trataba con respeto, recompensándolos al expresarles su aprobación y relacionando lo que ya sabían con lo que estaban por aprender.

En otras palabras, Jesús estaba en contacto con el mundo de sus alumnos. Nosotros podemos hacer lo mismo. Todo comienza cuando nos metemos en los zapatos de nuestros estudiantes... ¡o en sus patines!

Capítulo 5

En los patines del alumno
Cómo ayudar a que los estudiantes recuerden

Objetivo

Al final de este capítulo usted podrá evaluar cómo aprenden los alumnos al considerar los beneficios de respetarlos, recompensarlos y relacionar nuevas ideas con lo que ya saben y repetir la información.

En este mundo de microondas, correo electrónico e Internet, la vida se vive a toda velocidad. Difícilmente queda tiempo para conocernos... ¡hay tanto trabajo que hacer! Pero como maestros, tenemos el deber de conocer a nuestros alumnos. ¿Recuerda el refrán que dice que para conocer a la gente debemos «caminar una milla metidos en sus zapatos»? En nuestro contexto de aprendizaje, vamos a conocer mejor a nuestros estudiantes si *patinamos* con sus *patines*.

Características y necesidades

El diagrama del patín representa el mundo enseñanza-aprendizaje de nuestros alumnos cuidadosamente ilustrado en una pequeña bota. La primera parte de la cuchilla corresponde a las *características* de los alumnos. Definidas primeramente por la edad y luego por la cultura, las características nos dan una importante información sobre los estudiantes.

Por ejemplo, es posible tener alumnos en edad de guardería infantil o preescolar, caminando y gateando. O, los estudiantes pueden estar en escuela elemental y ser capaces de leer y contar. En el caso de los adolescentes, es posible que puedan pensar hipotéticamente y entender conceptos abstractos. Estos son ejemplos de características y cada una depende de la edad del alumno. En la Parte 2 veremos con más detalles lo referente a las características de cada edad.

La otra parte de la cuchilla representa las *necesidades* del alumno. Las necesidades varían de cultura a cultura, de vecindario a vecindario y de persona a persona. Están determinadas, entre otras cosas, por factores tales como la situación económica, la composición de la familia y la educación. Las necesidades culturales son consideraciones importantes en el proceso de enseñanza-aprendizaje.

Para satisfacer las necesidades de los alumnos nuestras lecciones deben ser culturalmente adecuadas. Cuando valoramos los matices étnicos de nuestra audiencia tenemos el cuidado de adornar nuestras lecciones con ejemplos que hagan referencia a la vida de las personas a las que ministramos. Ajustar la enseñanza para acomodarla a las necesidades específicas de nuestros alumnos demanda sensibilidad cultural y discernimiento espiritual.

También debemos ser sensitivos en cuanto al género. Los hombres y las mujeres tienen necesidades diferentes. Nuestra enseñanza también debe tener en cuenta esta realidad. Como maestros, debemos estar conscientes de las perspectivas de nuestros alumnos cuando entramos en su ambiente de aprendizaje.

En los patines del alumno

Canales de aprendizaje
Visual
Auditivo
Movimiento

Métodos

Cómo aprende el alumno
(Respeto, recompensa, relación de ideas)

Necesidades
(Cultura / Origen étnico)

Características
(Edad)

El talón del patín, que sostiene el proceso de aprendizaje, representa el canal de enseñanza: visual, auditivo o de movimiento, lo cual estudiamos en el capítulo anterior. El lazo de la bota son los métodos de instrucción que usamos para atender cada canal. Dentro de cada lección debe haber variedad de actividades para asegurarnos de que estamos llegando a todos los alumnos de nuestra clase.

Respeto, recompensa, relación, repetición

El pie del patín es la base de apoyo que representa cómo aprende el alumno, que es lo que estamos listos para estudiar. Tratar a los alumnos con *respeto* demuestra que los valoramos como personas. *Recompensarlos* por sus respuestas correctas los anima a la participación. *Relacionar* las nuevas ideas con las que ya les son familiares los ayuda a captar nuevos conceptos. *Repetir* la información sirve como refuerzo para ayudarles a recordar.

¡De nuevo Jesús, el Maestro de maestros, es asombroso! Hace unos dos mil años, nos dio ejemplos para enseñar que nos ayudan a diseñar nuestras lecciones hoy día. Echemos un vistazo a cada uno de estos aspectos.

Jesús respeta al alumno

Con un individuo tras otro, Jesús siempre mostró respeto, cuidado y preocupación. Puso especial atención a los que por causa de su género, condición social o enfermedad eran marginados de la sociedad.

En la economía de la cultura judía, las mujeres tenían una posición inferior. De hecho, los rabinos acostumbraban dar gracias a Dios por no haber nacido gentiles, esclavos o mujeres. Imagínese entonces el disgusto de estos hombres santurrones al ver que Jesús, por medio de sus palabras y hechos, vindicaba a las mujeres. A través de todo su ministerio Jesús incluyó, valoró, sanó y perdonó a las mujeres, demostrando así su profundo respeto por ellas.

El relato de la mujer encorvada es solo uno de muchos ejemplos. Ella estaba en la sinagoga, bajo la influencia de un espíritu que le había impedido enderezarse por dieciocho años. Jesús la vio y la llamó. «Mujer, quedas libre de tu enfermedad» (Lc 13:12). El jefe de la sinagoga se indignó porque Jesús había sanado en el día de reposo. Jesús le contestó con esta tajante reprimenda:

—¡Hipócritas —les dijo—. ¿Acaso no desata cada uno su buey o su burro en sábado, y lo saca del establo para llevarlo a tomar agua? Sin embargo, a esta mujer, que es hija de Abraham, y a quien Satanás tenía atada durante dieciocho largos años, ¿no se le debía quitar esta cadena en sábado?

—Lucas 13:15-16

Otras mujeres a las que Jesús vindicó fueron María Magdalena (Lc 8:2), la mujer que ungió los pies de Jesús (Lc 7:36-50), María de Betania (Mt 26:6-13; Lc 10:42) y la mujer sanada del flujo de sangre (Mt 9:20), solo por nombrar a unas pocas. Las mujeres siempre estuvieron incluidas en su ministerio, viajando con Jesús y los discípulos (Lc 8:1-3).

Jesús también se preocupó de los proscritos de la sociedad como el cojo (Jn 5:1-18), el ciego (Jn 9); los leprosos (Mt 8:2-4; Lc 17:11-19) y los poseídos por demonios (Mt 8:28-34; Mr 1:23-28). Él nunca estuvo demasiado ocupado como para no detenerse, escuchar y ministrar.

Como maestros en la iglesia local, es difícil desafiar, exhortar y animar a alumnos que realmente no respetamos. Hablarles con tono de superioridad y regañarlos continuamente, haciendo mofa de ellos bajo el pretexto de solo «estar bromeando», y llamarlos con nombres que son ejemplos de conducta negativa es muestra evidente de falta de respeto.

Respetarlos significa que tenemos compasión de sus circunstancias, apreciamos sus experiencias y damos la debida atención a sus comentarios y opiniones. Necesitamos especialmente respetar a aquellos que son tranquilos y menos llamativos que otros. ¡No sabemos a quién Dios va a usar!

———

Cuando enseñé a la clase de intermedios, ciertos alumnos siempre demandaron mi atención, haciéndome preguntas a veces irrelevantes o dando su opinión en cualquier momento. Como pensaba que estos eran los más interesados en asuntos bíblicos, tuve la tendencia a dedicar más atención a ellos, sus necesidades y problemas, descuidando a los estudiantes más callados.

A un lado del salón se sentaban tres alumnas que nunca faltaban a la clase. Estas jovencitas nunca me causaban problemas ni tampoco procuraban atraer mi atención. Eran educadas, tran-

quilas y atentas. Las apreciaba porque eran estudiantes modelo.

Sin embargo, trabajaba con más ahínco con los otros muchachos. Como sabía de algunos de sus problemas en casa, me sentía inclinada a ponerlos bajo mis alas protectoras, yendo la segunda milla para asegurarme que asistirían a los retiros de la iglesia y a otras actividades especiales. Sabía que este trabajo extra produciría frutos. Qué gran desilusión cuando uno de ellos se alejó del Señor para vivir una vida de rebelión y desobediencia, eso que con tanto trabajo había tratado de evitar.

Alabo a Dios por ayudarme a poner el desafío del ministerio en perspectiva. A comienzos de este año, una de las jovencitas del grupo de alumnas tranquilas, ahora ya una mujer y graduada de universidad, vino a verme con una petición. Khala Taylor había decidido entrar al seminario y quería que le escribiera la carta de referencia pastoral. Me dijo que posiblemente no me había dado cuenta de la semilla que había sembrado en su vida y que mi ejemplo la había animado a entrar en el ministerio. ¿Y qué pensaba estudiar? ¡Educación cristiana!

Dios sabe a quién va a usar aunque nosotros no lo sepamos. No siempre es el alumno más hablador. Esta es la razón por la que debemos tratar respetuosamente a cada uno de ellos. Como maestros, tendemos a juzgar por las apariencias, por el rendimiento académico y por una serie de otros criterios superficiales. Pero Dios conoce el corazón (1 S 16:7).

El respeto y el valor por el alumno también están presentes en la forma en que enfocamos el ambiente en nuestro salón de clases. Respetar a los estudiantes significa que estamos conscientes de que ellos tienen diversos grados de dones y debilidades, y reconocemos y aplaudimos a cualquiera por lo que él o ella es capaz de contribuir al proceso de aprendizaje-enseñanza.

Jesús premia al alumno

Cuando sus alumnos respondían a las preguntas en forma correcta, Jesús los recompensaba. ¿Recuerda a Simón Pedro en Cesarea de Filipo? Cuando Jesús preguntó: «Y ustedes, ¿quién dicen que soy yo?» Simón Pedro respondió: «Tú eres el Cristo, el Hijo del Dios viviente» (Mt 16:15-16). Jesús recompensó a Pedro con esta bendición:

«Dichoso tú, Simón, hijo de Jonás, porque eso no te lo reveló ningún mortal, sino mi Padre que está en el cielo. Yo te digo que tú eres Pedro, y sobre esta piedra edificaré mi iglesia, y las puertas del reino de la muerte no prevalecerán contra ella».

—Mateo 16:17-18

Claro está, solo unos pocos versículos más adelante Jesús tuvo que disciplinarlo. A menudo, recompensa y disciplina van de la mano, pues ofrecer recompensas hace la disciplina más efectiva. Imagínese la satisfacción de Pedro al recibir aquella alabanza verbal de parte de Jesús. Y luego imagínese lo humillado que debe haberse sentido cuando respondió incorrectamente justo después de haber hablado con tanta sabiduría (Mt 16:23). (Más adelante en este libro vamos a analizar con más detalles las diversas formas de disciplina.)

Recompensar a los alumnos los anima a participar. Es vital conocer las respuestas, aun cuando no se digan exactamente en la forma que se podría esperar. Repetir sus respuestas, asintiendo en señal de aprobación y agradeciéndoles por sus sugerencias son formas de recompensar al que está aprendiendo.

Las recompensas también vienen en forma de regalos. A los niños les encanta ganarse marcadores de libros o cualquier premio aunque sea pequeño, como lápices o estrellas de colores pegadas cerca de sus nombres en un cuadro en la pared. A los niños de las guarderías les encantan las calcomanías en sus manos como muestra de buena conducta.

Los adultos también saben apreciar las recompensas. A un estudio bíblico para adultos llevé, para los madrugadores, botones impresos para la solapa con Pr 8:17: «A los que me aman, les correspondo; a los que me buscan, me doy a conocer». La idea era animar a la clase a que se levantara temprano y pasara tiempo con el Señor leyendo y orando. Tenían que hacerlo por lo menos una semana en forma consistente para ganarse un botón. Se motivaron tanto que pronto no quedó ni un botón.

Las recompensas dan resultado. ¿Acaso no nos gustan también a nosotros?

¡Hiciste bien, siervo bueno y fiel! En lo poco has sido fiel; te pondré a cargo de mucho más. ¡Ven a compartir la felicidad de tu señor!

—Mateo 25:21

Una ocasión perfecta para dar recompensas es durante la Escuela Bíblica de Vacaciones. Cada noche, niños y adultos por igual pueden ganarse «dólares de la EBDV» si cumplen con los requisitos del día. Al término de la semana estos «dólares» se pueden canjear y comprar artículos de la Tienda de Regalos de la Escuela Bíblica de Vacaciones. A continuación, un ejemplo de cómo pueden ganarse dólares como premio:

Cómo ganarse «dólares» de la EBDV

Lunes,	Traer la Biblia
Martes,	Saber el pasaje bíblico de memoria
Miércoles,	Traer a un amigo
Jueves,	Usar una camiseta con motivos cristianos
Viernes,	Asistencia perfecta a la EBDV

Recuerde: las recompensas son *excelentes* motivadores.

Billetes de la Escuela Bíblica de Vacaciones

Jesús relaciona nuevas ideas

Para ayudar a los alumnos a aprender conceptos nuevos, a menudo Jesús usaba las preguntas como un puente para relacionar las nuevas ideas a lo que los alumnos ya sabían. ¡Imagínese a Dios encarnado haciendo preguntas! Obviamente, él no hacía preguntas porque necesitara conocer las respuestas. Para Jesús, las preguntas eran una poderosa herramienta de enseñanza, no como un examen sobre los conocimientos de los alumnos, sino como una forma de estimular en ellos el hábito de pensar. Sus preguntas escarbaban por debajo de la superficie, revelando a veces motivos impuros o agendas ocultas.

Por ejemplo, cuando los fariseos, para probarlo, le preguntaron a Jesús acerca del divorcio, él respondió a la pregunta con otra pregunta: «¿No han leído...?» (Mt 19:4). Luego, clarificó el asunto del divorcio y dejó callados a los acusadores.

Cuando el joven rico se acercó a Jesús con su pregunta, Jesús respondió con otra que apuntaba a su propia deidad. El joven, intentando justificarse como perfecto ante Dios, siguió presionando al Maestro. Al final de esta corta lección, sin embargo, el rico se dio cuenta de que espiritualmente estaba en bancarrota.

Sucedió que un hombre se acercó a Jesús y le preguntó:

—Maestro, ¿qué de bueno tengo que hacer para obtener la vida eterna?

—¿Por qué me preguntas sobre lo que es bueno? —respondió Jesús—. Solamente hay uno que es bueno. Si quieres entrar en la vida, obedece los mandamientos.

—¿Cuáles? —preguntó el hombre.

Contestó Jesús:

—«No mates, no cometas adulterio, no robes, no presentes falso testimonio, honra a tu padre y a tu madre», y «ama a tu prójimo como a ti mismo».

—Todos ésos los he cumplido —dijo el joven—. ¿Qué más me falta?

—Si quieres ser perfecto, anda, vende lo que tienes y dáselo a los pobres, y tendrás tesoro en el cielo. Luego ven y sígueme.

Cuando el joven oyó esto, se fue triste porque tenía muchas riquezas.

—Mateo 19:16-22

En este diálogo, Jesús desvía el foco desde una adhesión externa a la ley hacia una disposición interna del corazón de este hombre: jactancia, orgullo y autojustificación. El joven rico no se dio cuenta de que contrario a su autoevaluación, estaba lejos de ser perfecto a la vista de Dios. Preocupado por *hacer* lo bueno, Jesús en cambio lo enfrentó con la necesidad de *ser* bueno, lo que es imposible conseguir alejado de Dios.

En otra sesión de preguntas y respuestas, Jesús iba saliendo de Jericó con una multitud que lo seguía cuando dos ciegos que estaban en la puerta de la ciudad le pidieron que tuviera misericordia de ellos. Jesús se detuvo y procedió a hacerles una pregunta que parecía demasiado obvia:

—¿Qué quieren que haga por ustedes?

—Señor, queremos recibir la vista.

Jesús se compadeció de ellos y les tocó los ojos. Al instante recobraron la vista y lo siguieron.

—Mateo 20:32-34

¿Por qué Jesús haría una pregunta tan obvia? Ahí estaban, dos ciegos, sentados junto al camino, probablemente pidiendo limosna, y Jesús les pregunta qué quieren que él haga por ellos. Su respuesta a esta pregunta —un ruego para que su vista fuera restaurada— concluye en su sanidad.

Solo unos cuantos versículos antes, una madre se había acercado a Jesús con una solicitud imprudente. Con sus dos hijos a su lado, le pidió que les permitiera que uno se sentara a la derecha y el otro a la izquierda de Jesús.

Entonces la madre de Jacobo y de Juan, junto con ellos, se acercó a Jesús y, arrodillándose, le pidió un favor.

—¿Qué quieres? —le preguntó Jesús.

—Ordena que en tu reino uno de estos dos hijos míos se siente a tu derecha y el otro a tu izquierda.

—No saben lo que están pidiendo —les replicó Jesús—. ¿Pueden acaso beber el trago amargo de la copa que yo voy a beber?

—Sí, podemos.

—Ciertamente beberán de mi copa —les dijo Jesús—, pero el sentarse a mi derecha o a mi izquierda no me corresponde concederlo. Eso ya lo ha decidido mi Padre.

—Mateo 20:20-23

¡Qué solicitud más insensata! Estos dos hijos quizás hayan tenido bien su vista, pero parecía que no veían. Inmediatamente después, Jesús encuentra a dos hombres que son físicamente ciegos. Les dice que le digan lo que quieren que haga por ellos, y en lugar de pedirle una insensatez, le piden que les ayude en su necesidad. Aunque ciegos, ellos «veían» y entendían.

Los Evangelios tienen muchos otros ejemplos de cómo Jesús hizo —y contestó— preguntas. Como un método de enseñanza, hacer la pregunta correcta es un recurso poderoso. Las preguntas pueden ayudar a los alumnos a descubrir la verdad al tomarlos desde donde están y llevarlos a donde necesitan estar. Estructurar preguntas adecuadamente es como subir los escalones de una escalera.

Primer escalón

Al principio de la escalera hay preguntas relacionadas con lo que los alumnos conocen o entienden. Estas preguntas de *conocimiento* son básicas y a menudo las respuestas se derivan de la memoria. Quién, qué, dónde, cuándo y cómo son todas preguntas de conocimiento. Este nivel de preguntas es apropiado para las primeras etapas al adquirir información nueva o para la enseñanza de niños. A continuación, algunos ejemplos:

- ¿Qué pasó en Pentecostés?
- ¿Quién es María?
- ¿Cuántos libros tiene la Biblia?

Segundo escalón

En el siguiente escalón de la escalera haga a los alumnos una prueba con preguntas de *comprensión*. Estas piden a los alumnos que repitan lo que leyeron, estudiaron o aprendieron, que parafraseen o pongan la información en sus propias palabras, o que comparen, contrasten o expliquen la idea principal. Para responder a estas preguntas, los alumnos deben comprender lo que han aprendido. Ejemplos:

- Repita en sus propias palabras el relato bíblico del nacimiento de Jesús.
- Explique lo que Jesús quiso decir en la parábola del sembrador.
- Compare y establezca un contraste entre el sacerdote y el samaritano en la parábola del buen samaritano, trasladando esta historia a la época actual.

Tercer escalón

El siguiente escalón concierne a preguntas de *aplicación*. Estas requieren que los estudiantes hagan una selección o den una respuesta correcta. Pueden elegir entre varias opciones: escribir un ejemplo, resolver un problema, aplicar u organizar información. En este paso de aplicación, hay solo una respuesta correcta. Algunos ejemplos:

- ¿Cómo quiere Jesús que recordemos su muerte y resurrección? ¿Al ser bautizados, al tomar la comunión o al ir a la iglesia?
- Clasifique por categorías los libros del Antiguo Testamento.
- Haga una lista de los acontecimientos más importantes que ocurrieron antes de la crucifixión.

Cuarto escalón

Un nivel de preguntas más alto en el escalón de *análisis* le pide a los alumnos que respondan a la pregunta «¿por qué?» Aquí los alumnos deben distinguir o analizar y para esto deben tener la capacidad de pensar hipotéticamente. Según la lección, algunos niños desde preescolar hasta quinto grado quizás puedan responder «¿por qué?», pero por lo general, los alumnos en esta edad todavía no han desarrollado la capacidad de pensar en sentido abstracto. Es más eficaz usar preguntas de análisis con estudiantes maduros. Estas preguntas piden identificar razones, buscar causas, llegar a conclusiones, encontrar evidencias de apoyo, y analizar y encontrar motivos. Algunos ejemplos son:

- Analice la parábola de las cinco vírgenes prudentes y las cinco vírgenes insensatas.
- ¿Por qué José decidió huir de la esposa de Potifar? Según el relato bíblico, ¿cuál fue el motivo principal?
- Analice la oración que Jesús enseñó a sus discípulos. ¿Qué debe tener cada oración?

Quinto escalón

Más arriba en esta escalera de preguntas, llegamos al escalón de *síntesis*. Aquí se les puede pedir a los alumnos que planifiquen, diseñen, desarrollen, lleguen a una conclusión o encuentren una solución. Deben ser capaces de resolver problemas o producir algo original basado en lo que han aprendido. Puede haber varias formas de responder una pregunta de síntesis. Aquí hay algunos ejemplos:

- Planifique su propia lección sobre el libro de Jonás
- Diseñe una declaración de misión para su proyecto de grupo pequeño
- Bosqueje el libro de Rut

Sexto escalón

En el nivel más alto de la escalera está la *evaluación*. Aquí, los alumnos deben tomar una decisión. Se les pide que juzguen, que decidan qué es lo mejor, que den sus propias opiniones o acepten que es preferible cierto curso de acción. Los alumnos toman sus decisiones sobre la base de la evaluación que hacen de las opciones. Algunos ejemplos son:

- ¿Qué es mejor: aceptar o rechazar a Cristo como Salvador?
- Tomando como ejemplo el relato de Sadrac, Mesac y Abednego de Daniel 3, ¿cuál sería una decisión que usted tomaría para hacer frente a la presión de sus compañeros en la escuela?
- Basado en 1 Juan 3:9, ¿cómo evaluaría a una persona que practica el pecado de forma habitual, continua y deliberada?

En la arena educacional estos seis niveles de preguntas se conocen como la «Taxonomía de Bloom». Estos pasos tienen el propósito de ayudar a los alumnos a descubrir información a través de responder preguntas y encontrar soluciones. Más adelante vamos a ver cómo planificar una lección usando estos pasos.

Taxonomía de Bloom

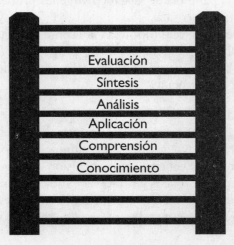

| Evaluación |
| Síntesis |
| Análisis |
| Aplicación |
| Comprensión |
| Conocimiento |

Como dijimos previamente, hacer las preguntas correctas permite a los alumnos descubrir la información por ellos mismos. Cuando profundizan en las Escrituras, las verdades ocultas no quedarán sepultadas en el olvido. Alimentar a los alumnos en la boca crea dependencia en el maestro. En lugar de prepararles y servirles la comida, ¿por qué no dejarlos que la preparen?

Desequilibrio y aprendizaje de descubrimiento

Jesús sabía que los alumnos aprenden cuando tienen que descubrir información por ellos mismos. Quizás experimenten *desequilibrio* —un sentimiento bastante incómodo que se produce cuando se ha desestabilizado su percepción de la realidad— ¡pero van a aprender! Dejarlos que busquen por ellos mismos la información que necesitan es lo que se conoce como *aprendizaje de descubrimiento*.

Cuando Jesús anduvo sobre el agua, usó el aprendizaje de descubrimiento. ¿Recuerda la escena? Durante las primeras horas de la mañana, en medio de la tormenta, los discípulos vieron a Jesús caminando sobre el lago hacia su bote. Estaban muy asustados porque creían que estaban viendo a un fantasma.

> Subió entonces a la barca con ellos, y el viento se calmó. Estaban sumamente asombrados, porque tenían la mente embotada y no habían comprendido lo de los panes.
>
> —Marcos 6:51-52

¿Cuál fue el propósito de esta lección? A través de la sanidad sobrenatural, la provisión de alimento y el control de la naturaleza, Jesús estaba enseñando a los discípulos que él es Dios. Lentamente, ellos empezaron a entender. Cuando finalmente aprendieron esta verdad, estos hombres trastornaron al mundo (Hch 17:6). ¡Nadie pudo disuadirlos! ¡Nadie pudo detenerlos! ¿No sería maravilloso que nuestros alumnos tuvieran esta misma experiencia?

El aprendizaje de descubrimiento trabaja hoy día como lo demuestra el siguiente ejemplo. ¡Imagínese el desequilibrio que experimentaron estos alumnos cuando de repente toda la mañana del domingo estaba llena de tiempo libre!

La congregación se quedó pasmada cuando después de unos momentos muy espirituales de alabanza y adoración, Steve West,

pastor de la A.W.A.N.A. Bible Fellowship en Los Ángeles, canceló lo que quedaba del culto esa mañana.

«Hoy no vamos a tener predicación. Vayan y hagan lo que han estado aprendiendo», les dijo. «Quizás tengamos culto el domingo que viene».

Con ese anuncio, despidió a la congregación. Para los afroamericanos, acostumbrados a servicios de adoración larguísimos, aquello fue traumático.

El pastor explicó. Durante varias semanas había estado enseñando una serie sobre evangelización. Sus miembros habían aprendido cómo compartir su fe con los no creyentes, cómo testificar y cómo guiar a las personas a Cristo. Domingo tras domingo habían venido a la iglesia, tomado notas y regresado a sus casas. Finalmente, este domingo en particular, cuando el pastor miró a la congregación y no vio ni siquiera un rostro nuevo, se dio cuenta de que su congregación no estaba practicando lo que estaban aprendiendo.

«¿Para qué seguir dándoles más información si no ponen en práctica lo que ya saben?», dijo. Al domingo siguiente, hubo varios rostros en la congregación.

———

El aprendizaje de descubrimiento demanda disposición por parte del maestro para arriesgarse. Es clave conocer bien a los alumnos. Hacer lo que comúnmente se conoce como «ser el abogado del diablo» y usar la actuación son métodos de aprendizaje de descubrimiento adicionales.

———

La clase de secundaria acababa de aprender cómo compartir su fe basándose en las «Cuatro Leyes Espirituales». Habían aprendido numerosos versículos para guiar a un amigo a Cristo y estaban preparados para una «prueba».

Dentro de la sala, un hombre deambulaba aparentemente perdido. Estaba vestido a la usanza musulmana y llevaba en sus manos un volumen del Corán. Se presentó como Makungu Akinyela y pidió si podía sentarse en la clase por un momento. Los alumnos le dijeron que sí.

Cuando empezaron a hacer un repaso, el visitante les hizo algunas preguntas y con toda delicadeza confrontó sus afirmaciones basado, por supuesto, en los escritos del Corán. Los alumnos se alborotaron buscando en sus Biblias los versículos correctos para defender el Evangelio. Algunos se sintieron frustrados porque no podía hallar con la rapidez que querían las respuestas que sabían que estaban en la Biblia, información que habían estudiado.

Hacia el final de la clase, este «visitante» volvió a hablar para decirles que, en realidad, no era musulmán, sino un buen amigo del maestro. Se le había pedido que hiciera de «abogado del diablo» para probar lo que los alumnos habían aprendido. Su consejo final a la clase fue este: Cuando traten de compartir su fe, cuenten su testimonio personal. La gente puede argumentar y discutir todo un día, pero lo que no pueden confrontar es el cambio personal que Jesucristo ha hecho en la vida de una persona.

Aunque estos jóvenes no podían creer que este «visitante» los hubiera derrotado completamente, estuvieron de acuerdo en que esta fue una lección que nunca olvidarían. Por medio del desequilibrio y el aprendizaje por descubrimiento, aprendieron la clave de compartir su fe: la meta de toda la serie de lecciones.

Estos métodos son creativos y poderosos, similares a aquel cuando Jesús permitió que Pedro se hundiera cuando intentó caminar sobre las aguas (Mt 14:25-33). Obviamente, el Señor no iba a dejar que Pedro se ahogara, pero al permitir que se mojara lo ayudó a evaluar su fe. Estas técnicas de enseñanza, aunque no es posible ni recomendable usarlas con demasiada frecuencia, son herramientas valiosas en el momento correcto.

Un marco para nuestra lección

Jesús también sabía que los discípulos aprenderían efectivamente si tenían un *marco* donde «colgar» sus lecciones. Por ejemplo, al darles el «cuadro completo» y resumir anticipadamente qué esperar antes de su pasión y crucifixión, les dio un *marco* para que pudieran analizar estos difíciles sucesos cuando realmente ocurrieron (Jn 12:23).

Al comienzo de nuestras lecciones podemos dar a los estudiantes un cuadro completo enmarcando nuestras lecciones con un bosquejo. Ejemplo: «Hoy vamos a comenzar nuestro estudio en el capítulo uno del libro de Juan. Vamos a analizar a Jesús, su deidad y su eternalidad».

O si vamos a estudiar libros de la Biblia como Hechos, podemos enmarcar nuestras lecciones dando a los alumnos un cuadro completo de cómo se divide el libro. Con este bosquejo, los detalles en los capítulos adquieren mayor relevancia. Por ejemplo: «Aquí está la clave para todo el libro de Hechos, el que empezaremos a estudiar hoy día».

> Pero cuando venga el Espíritu Santo sobre ustedes, recibirán poder y serán mis testigos tanto en Jerusalén como en toda Judea y Samaria, y hasta los confines de la tierra.
>
> —Hechos 1.8

Este marco también puede incluir un bosquejo escrito del libro:

Hechos 1:7,	Jerusalén
Hechos 8-12,	Judea y Samaria
Hechos 13-28,	Los confines de la tierra

El cuadro general puede resultar aun más claro si los alumnos reciben un diagrama, una representación visual que puedan recordar.

Organización progresiva de Hechos

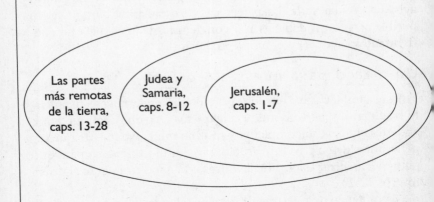

Las metáforas o cuadros hablados son formas excelentes para relacionar nuevas ideas o conceptos a lo que ya han aprendido los alumnos. De nuevo, Jesús es nuestro modelo. Él entendía que la información nueva es más fácil de captar cuando se experimenta en una forma que resulta familiar.

Volvamos al ejemplo que acabamos de usar al explicar el cuadro global donde Jesús alertó a sus discípulos por anticipado de su inminente crucifixión. Para dibujar un cuadro de la naturaleza reproductiva de su muerte —las muchas almas que resultarían de su sacrificio— Jesús usó la metáfora de un «grano de trigo» que produce muchas semillas una vez que cae en la tierra y muere (Jn 12:24). Más adelante los discípulos entenderían el significado completo de estas palabras. Pero a lo menos ahora tenían una ilustración en sus mentes, un ejemplo que recordarían.

En otra ocasión, Jesús usó cuadros hablados para enseñar a Pedro y a su hermano Andrés, que eran pescadores, importantes verdades. «Vengan, síganme —les dijo—, y los haré pescadores de hombres» (Mt 4:19). Usando una metáfora y comparando la pesca con el ministerio de pescar personas, Jesús ayudó a estos alumnos a entender su propósito al seguirlo. A través de su ministerio, él usó metáforas para ayudar a sus alumnos a que entendieran su deidad. El cuadro a continuación destaca algunas de ellas.

Jesús usó metáforas para enseñar acerca de su deidad

Jesús, la Palabra Viviente, se hizo carne.

Jesús, el Agua Viva, transformó el agua en vino.

Jesús, la Luz del Mundo, abrió los ojos a un ciego.

Jesús, el Pan de Vida, alimentó a las multitudes.

Jesús, el Médico de los médicos, sanó a los enfermos.

Jesús, el Buen Pastor, dio su vida por las ovejas.

Jesús, la Resurrección y la Vida, resucitó de entre los muertos.

Al pintar imagenes con palabras y al hablar dentro del contexto de la vida diaria de los alumnos, las metáforas constituyen formas de conectar lo nuevo con lo familiar.

Para explicar a una clase de adultos que «pecado» significa «errar el blanco», compré un juego para que me ayudara con la ilustración. Estaba diseñado como un tablero con un pequeño punto en el centro. Las bolas plásticas, aproximadamente del tamaño de una pelota de golf estaban cubiertas de material adherente de modo que pudieran quedar pegadas en el tablero cuando se lanzaran.

Antes de iniciar la clase, colgué el tablero en una pared del salón. Cuando llegó el momento de proceder a la ilustración, pedí que algunos voluntarios intentaran pegar las bolas en el círculo del centro del tablero. Todos apuntaron al centro pero ninguno acertó. A cada tiro errado, sin importar cuán lejos o cuán cerca del centro hubiera quedado pegada la bola, hacía que toda la clase gritara: «¡Pecado!» Estos adultos se divirtieron tratando de acertar en el punto del centro. Los hombres, con su sentido atlético de competición, fueron los que más disfrutaron el ejercicio.

Después de eso, les dije: «Pecado significa errar en el blanco. Todos hacemos el mayor esfuerzo por ser buenos, pero no importa cuánto nos esforzemos, "todos hemos pecado y estamos privados de la gloria de Dios" (Ro 3:23). No importa cuán bueno sea usted, como tampoco importa cuán cerca de la marca central haya llegado con la bola. Si no dio en el centro, es pecado, como también es pecado si la bola hubiera caído completamente fuera del tablero. Acertar muy cerca de la marca como lejos de ella es lo mismo: pecado. Por esto es por lo que necesitamos un Salvador».

Piense en las metáforas que se usan frecuentemente en la fe cristiana para ayudar a entender conceptos importantes. Está el caminar por fe a través de recorrer el cuarto con los ojos vendados para ilustrar la verdad de que «andamos por fe, no por vista» (2 Co 5:7).

Y luego está la mariposa. El feo gusano, que representa nuestra naturaleza vieja, se transforma en una de las criaturas de Dios más hermosas que existen. No hay mejor cuadro de la tan notable transformación que ocurre en la vida del creyente que el del gusano que se convierte en mariposa (Ro 12:1-2).

Debido a que estos conceptos, fe y transformación, están vinculados a ideas ya presentes en nuestras mentes, podemos comprender verdades bíblicas profundas. Es esencial relacionar los nuevos conceptos a ideas que los alumnos ya tienen.

Los gusanos viejos pasaron, ¡todos son hechos mariposas!

Por lo tanto, si alguno está en Cristo,
es una nueva creación. ¡Lo viejo ha pasado,
ha llegado ya lo nuevo!
(2 Co 5:17)

Repita para recordar

La repetición es la madre de la enseñanza. La repetición ayuda a los alumnos a recordar. Jesús repitió tipos de milagros, sus amonestaciones a fariseos y saduceos, y sus enseñanzas sobre el reino.

¿Por qué no echa un vistazo a las Escrituras y busca otros ejemplos de temas que Jesús repitió?

Además de la repetición, podemos ayudar a los alumnos a recordar información a través de usar objetos que ayuden a ejercitar la memoria, o técnicas de memorización tales como la aliteración. La aliteración usa palabras que empiezan con la misma primera letra del abecedario. Los puntos más importantes en este capítulo han sido ordenados según este principio: Respeto a los alumnos; Recompensas a los alumnos; Relacionar nuevas ideas; Repetir información.

El acróstico es otro ejemplo de una técnica que ayuda a los alumnos a recordar. En el primer capítulo usamos este acróstico para resumir la misión de la educación cristiana: EDUCA

> **E** ntrenar maestros
> **D** esafiar para la excelencia
> **U** na satisfacción de las necesiddes globales
> **C** apacitar a los padres
> **A** firmar y evaluar los ministerios existentes

Según la edad del grupo, las rimas y los *raps* son también excelentes técnicas de memorización que ayudan a los alumnos a recordar la información bíblica. Por ejemplo, Don Stabler, un maestro voluntario de niños en la iglesia, escribió el siguiente *rap* para ayudar a los alumnos a recordar la lección sobre Samuel (1 S 1-3). Toda la clase aprendió este *rap* y emocionaron a la congregación recitándolo un domingo durante el servicio de adoración de la mañana.

¿Dios te está llamando?

Escucha, mi niñito, y seguro vas a oír
La historia de Samuel, un querido chiquitín
Crees que eres pequeño y no sabes mucho más
Pero Jesús es la respuesta, ven y lo descubrirás
(*Coro*)
> Oh, oh, ¿Dios te está llamando?
> Oh, oh, ¿sabrás qué hacer con lo que te está inquietando?
> Oh, oh, ¿oirás la voz de Dios?
> Oh, oh, ¿tomarás una buena decisión?

Samuel era solo un niño que llamaron por su nombre
Dedicó su vida a Cristo hasta que se hizo hombre

Dios llamó a Samuel para hacer su voluntad
Y a Israel pudo llevar la palabra de verdad
(Coro)
Piensas que eres muy joven para que te entiendan
Pero nunca estás solo, no dejes que te mientan
Tu mejor amigo es Jesús; sí, él es el que es
Vive por su ley y sé lo mejor que puedas ser
(Coro)
Sé como Samuel, dedicado a Jesús
Dile: «Señor, estoy listo para ir donde digas tú»
Dios estuvo con Samuel mientras en edad crecía
Y si lo hizo con él, lo hará también por ti el resto de tu vida.
(Coro)

—Don Stabler

Destacar las primeras palabras, usar un humor creativo, y revisar periódicamente lo que ha cubierto en su enseñanza y al final de cada lección, son ayudas adicionales para que el alumno recuerde lo que ha aprendido. Haga que ellos se visualicen participando en la acción. Ayúdeles a crear cuadros mentales. Para memorizar un versículo, haga que lo repitan en voz alta. Recuerde, los maestros creativos se aseguran de que están enseñando. Vamos a usar nuestro acróstico otra vez, ahora para demostrar cómo ayudar a nuestros alumnos a recordar.

E xplíquelo en diferentes formas
D iseñe afiches y medios visuales a color
U bique los puntos importantes y enfatice las palabras claves
C on metáforas y cuadros verbales
A nime a sus alumnos a participar

¿Lo recuerda?

En este capítulo seguimos el modelo de Jesús y nos enfocamos en cómo aprenden nuestros alumnos. A continuación, un resumen de los puntos más importantes que debemos recordar.

• *Respete a sus alumnos.* Valorice a sus alumnos y tráteles con un cuidado especial... especialmente a los que son callados.

• *Recompense a sus alumnos*. Repita sus respuestas para que toda la clase pueda oír. Dé algo como recompensa y anime a sus alumnos a participar.

• *Relacione las nuevas ideas*. Relacione las nuevas ideas con lo que sus alumnos ya saben. Haga preguntas para estimularlos a pensar (use la escalera). Anime a sus alumnos a descubrir información por ellos mismos (aunque esto les provoque *desequilibrio*). Al comenzar la clase, *enmarque* la lección mediante la presentación de un «cuadro global». Use metáforas como una forma de conectar la nueva información a la información que los alumnos ya conocen.

• *Repita la información*. Use técnicas para la memorización tales como la aliteración, los acrósticos y rimas para ayudar a sus alumnos a recordar. Resuma y repita la información.

Sugerencias para los líderes

En sus seminarios para la preparación de maestros, haga una lista y analice la forma en que Jesús ayudó a aprender a los discípulos. Dé ejemplos y referencias de las Escrituras.

Respete a sus alumnos
Recompense a sus alumnos
Relacione las ideas nuevas
Repita la información

Ahora, divida a sus alumnos en grupos pequeños de modo que puedan hacer solos algún trabajo de descubrimiento. ¿La tarea? Encontrar en los Evangelios ejemplos donde Jesús *repitió* la información.

Unión de todas las piezas

Cada aspecto en el proceso enseñanza-aprendizaje encaja en su sitio como las piezas de un rompecabezas. ¡Ahora es el momento de unir todas las piezas! En la Parte 2 de este libro, vamos a estudiar la planificación de la lección y cómo enseñarla de acuerdo a la edad de cada alumno: niños, jóvenes y adultos.

¿En sus marcas? ¿Listos? ¡*Fuera*!

Sugerencias para los líderes

Escriba en papeles de colores llamativos las tareas de memorización que aparecen abajo. Corte el papel en franjas, según se indica; divida el grupo en cuatro, y entregue una franja a cada grupo. (Dos grupos pueden tener la misma tarea, dependiendo del tamaño de su clase.) Pregunte:

Cómo podemos ayudar a los alumnos a recordar...

Conceda diez minutos para el trabajo en grupo. Cada grupo debe presentar un informe a la clase entera.

1. ¿Los nombres de los doce discípulos a una clase de sexto grado?

- -

2. ¿El orden cronológico de los hechos de la Semana Santa (la semana anterior al domingo de resurrección) al grupo de intermedios?

- -

3. ¿Los libros del Nuevo Testamento a una clase de estudiantes de tercer grado?

- -

4. ¿Los siete días de la Creación a un grupo de estudiantes en primer año de universidad?

- -

5. ¿El fruto del Espíritu a una clase de estudio bíblico de adultos solteros (edad 25-35)?

Segunda Parte

Práctica para el ministerio

Capítulo 6

Ore... Planifique... Prepare
Oración, preparación de la lección y
desarrollo del currículo

Objetivo
Al final de este capítulo, usted decidirá enseñar
creativamente mediante la evaluación de la importancia de la oración, el planeamiento y la
preparación en el diseño de las lecciones.

La enseñanza creativa no ocurre por accidente. Es el resultado
de mucho tiempo dedicado a la oración, la planificación y la
preparación. Cuando estas son nuestras prioridades, el Espíritu
Santo sopla vida en nuestras lecciones... y en nuestros alumnos.

El canal de la oración

Los canales de aprendizaje son los medios por los que los alumnos reciben información. La oración es el canal a través del cual el
maestro recibe poder, fuerzas y dirección de parte de Dios. Al planear nuestras lecciones, nos alienta recordar que aunque Dios
completó el proceso de revelación en su Palabra escrita y en su Hijo viviente, continúa hoy día personalmente guiando a hombres y
mujeres. Cuando pedimos la guía y la dirección divinas, Dios nos
provee creatividad y habilidad para desarrollar lecciones que siem-
bren su verdad en las vidas de sus seguidores.

¿Qué vamos a enseñar? ¿Cómo vamos a enseñar? ¿Cómo vamos
a conseguir la atención de nuestros alumnos? ¿Cómo vamos a efec-
tuar la transición de un punto a otro? ¿Qué ilustración sirve mejor?
¿Cómo vamos a concluir nuestras lecciones? ¿Cómo vamos a hacer
que nuestros alumnos vuelvan a la clase siguiente? Como este es el
trabajo del Señor, debemos pedirle a él ayuda y asistencia.

Orar regularmente con alguien que comparta su pasión por el
ministerio le dará ánimo y respaldo. Una vez en el salón de clases,

usted tendrá la confianza de que su compañero de oración habrá susurrado su nombre en el oído del Padre. Tal oración activa el poder del Espíritu Santo en su cuerpo, mente y espíritu para fortalecerlo, protegerlo y capacitarlo. Separar regularmente un tiempo para orar por su ministerio crea la conciencia de que es el trabajo de Dios. Nosotros enseñamos en concordancia con su voluntad.

De modo que el primer paso en la enseñanza es caer sobre nuestras rodillas. Como nada es tan poderoso como el arma liberadora de la verdad de Dios, las fuerzas demoníacas se movilizan cuando enseñamos. El enemigo no quiere que la verdad penetre en las mentes y corazones de nuestros alumnos pues él sabe lo que produce el conocer la verdad.

> Si se mantienen fieles a mis enseñanzas, serán realmente mis discípulos; y conocerán la verdad, y la verdad los hará libres.
>
> Juan 8:31-32

Por medio de la oración destruimos las fortalezas que podrían mantener cautivo el proceso de pensar de nuestros alumnos.

> Pues aunque vivimos en el mundo, no libramos batallas como lo hace el mundo. Las armas con que luchamos no son del mundo, sino que tienen el poder divino para derribar fortalezas. Destruimos argumentos y toda altivez que se levanta contra el conocimiento de Dios, y llevamos cautivo todo pensamiento para que se someta a Cristo.
>
> 2 Corintios 10:3-5

Subestimar la seriedad de nuestra misión de enseñar es como caminar ante las filas enemigas desarmados. Minimizar el poder que reside en el ministerio de la enseñanza es ser tan descuidado como lucir joyas en un depósito de chatarra.

¿Recuerda lo que ocurre cuando la verdad de Dios entra en la personalidad? Hay transformación. Los alumnos llegan a ser más como Cristo. Ah, el poder de la enseñanza. ¡Debemos orar!

Estaba desesperada. Mi clase de secundaria estaba más fuera de control que lo habitual. La dinámica del grupo hacía que la enseñanza fuera casi imposible, literalmente.

Una mañana en que me aprestaba a preparar mi clase, pasé frente al salón de consejería. Me detuve a observar, cuando noté

que la persona que era líder de ese ministerio estaba orando mientras caminaba alrededor del cuarto. Mientras oraba, tocaba las sillas y las paredes del cuarto. *Qué bueno*, pensé, mientras seguía hacia mi salón de clases.

Una vez adentro, me espanté al pensar lo que me esperaba para esa mañana. En realidad, mis alumnos no eran «malos». Después de todo, muchos de ellos venían solos a clases. Ningún padre los acompañaba. Y por esto, estaba agradecida. Pero eran muy indisciplinados. No podían escuchar o trabajar juntos sin estarse tirando papeles y haciendo payasadas. Sencillamente era imposible hacer que se concentraran.

Sin embargo, estos eran precisamente los que necesitaban la realidad de la palabra de Dios en sus vidas. Aplastados por la opinión de una sociedad que los veía como afroamericanos, necesitaban verse desde el punto de vista de Dios. Su verdad necesitaba penetrar en sus mentes, pero la mayor parte del tiempo la clase se desintegraba en medio del caos.

Recordé la escena que había visto hacía unos momentos. Ahora, sin embargo, en lugar de parecerme «buena» me pregunté si la oración realmente ayudaría en mi situación. Decidí cambiar mi acostumbrada y breve oración de intercesión por lo que acababa de ver en la sala de consejería. Aunque tenía mis dudas al principio, también me puse a caminar por mi sala de clases.

Inmediatamente, el Espíritu Santo trajo a mi mente imágenes que describían las acciones y actitudes de mis alumnos: estupideces, confusión, interrupciones, desobediencia, distracción. Fui diciendo esto en voz alta y pedí al Padre que echara fuera influencias diabólicas del ambiente. Le pedí que liberara su poder, su paz, su presencia y su control en los alumnos de mi clase.

Aquella mañana ocurrió un milagro. Fui testigo del increíble poder de la oración. Digo increíble porque aunque la clase ya había empezado a desarrollarse, yo seguía maravillada. Los alumnos entraron en silencio, se sentaron, y, por primera vez, les pude enseñar. Se mantuvieron así durante *toda* la clase.

Me maravillé ante aquel cambio. Nunca más subestimé el poder de la oración. Y nunca más minimicé la seriedad con que el diablo trata de impedir que enseñemos con efectividad la verdad de Dios, la Biblia, al pueblo de Dios.

———————

Por último, fortalézcanse con el gran poder del Señor. Pónganse toda la armadura de Dios para que puedan hacer frente a las artimañas del diablo. Porque nuestra lucha no es contra seres humanos, sino contra poderes, contra autoridades, contra potestades que dominan este mundo de tinieblas, contra fuerzas espirituales malignas en las regiones celestiales.

—Efesios 6:10-12

Mientras planeamos y nos preparamos, debemos orar. Dios va a pelear en el reino espiritual para dispersar las fuerzas del mal que tratan de distraer a nuestros alumnos. Esta es su voluntad. Durante la clase, si advertimos alguna forma de oposición, debemos detenernos y orar. La oración no tiene que ser ni larga ni audible. Basta con que sea en silencio y expresada con tranquilidad, recordando que «el que está en ustedes es más poderoso que el que está en el mundo» (1 Jn 4:4).

Al orar frente a nuestros alumnos, ya sea para estar en control de la clase, para pedir sabiduría, o por sus necesidades, estamos expresándoles que nuestra confianza está en Dios. Tomamos el asiento del lado del conductor y reconocemos que Dios está al volante. Así, cuando ellos se encuentren en dificultades, recordarán que también pueden orar.

Heung había crecido en Corea. Su madre era una budista devota. Su padre también era budista, pero no era tan creyente como su esposa. Un día, un amigo de Heung lo invitó a la iglesia y él, sin pensarlo mucho, fue. Aquel día aceptó a Cristo como su Salvador. Cuando llegó a casa y le contó a su madre la decisión que había hecho, ella se disgustó mucho.

Aunque Heung sabía que asistir a la iglesia iba contra los deseos de su madre, salía a hurtadillas de la casa para ir a la iglesia con su amigo. Durante ese tiempo, Heung se mantuvo muy cerca del pastor de jóvenes, quien lo animó a que orara.

No pasó mucho tiempo antes de que su madre cambiara. De hecho, para la sorpresa de Heung, ella dijo que le gustaría visitar la iglesia. Hoy día, ambos padres son salvos. Y Heung, que aprendió del poder de la oración temprano en su vida cristiana, ahora es pastor.

He aquí un ejemplo más que demuestra el poder de la oración.

———————

Era mi día de voluntaria en el salón de cuna. Para el tercer servicio, ya estábamos exhaustas pero los niños seguían llegando. El ruego silencioso pero desesperado de los padres para que aceptáramos «solo un niño más» hacía muy difícil rechazarlos, pero ya estábamos llegando al límite de nuestra capacidad.

Quizás ellos fueron los últimos dos niños que aceptamos. Sus padres los dejaron, un niño de dos años y su hermanita de tres. Recordé a la familia porque habían visitado la oficina de la iglesia buscando ayuda de nuestro pastor de servicios comunitarios. Estos niños habían sido separados de su madre, una drogadicta, y entregados a su padre. Ambos habían nacido con cocaína en sus sistemas.

Después de cinco minutos, nuestro salón de cuna estaba en completo caos. La pequeña, primorosamente vestida con un trajecito floreado, parecía tener un par de patines invisibles pegados a sus zapatos. Desordenaba los libros de los estantes, le quitaba los juguetes a los demás niños, trataba de quitar la protección de plástico de los tomacorriente, le halaba el pelo a las otras niñas... y su hermano iba detrás de ella imitándola en todo lo que hacía, ¡duplicando el problema!

«¡Ah, Dios!», pensé. «¡Me declaro impotente!» Mi primera intención fue tomarme un descanso y entregar a otra persona el cuidado de esos dos. Pero hacer aquello me pareció una cobardía. De modo que alcé a la niña y la abracé. Ella me agarró los anteojos, trató de quitarme los aretes, me asió del collar, lo que me hizo recordar que de todos modos tenía que quitarme las prendas antes de entrar al salón de cuna.

Esta niña no se estaba quieta ni por un segundo. Quería que la bajara, luego quería quedarse en mis brazos, y luego al suelo otra vez. Estaba frenética. Era como si cada nervio dentro de su cuerpo estuviera enchufado a la corriente. Finalmente, desesperada, la abracé y empecé a orar en voz alta mientras caminaba por el salón. Puse mis manos en su espalda y le pedí a Dios que calmara su espíritu. Sentí una ola de compasión y oré aun más por lo que obviamente era el resultado de haber nacido con droga en su sistema. Acordándome, además, que había sido separada de su madre, me sentí inundada por mi propio instinto maternal para protegerla. No había nada que quisiera más que calmarla con un amor de madre.

Inmediatamente, se tranquilizó. Las otras voluntarias, que habían sido testigos de todo, se maravillaron, como yo, de tan repentina transformación. Su hermano también se tranquilizó. Pude tenerla en mis brazos por el resto de la clase y pudimos enseñarles la lección.

Cuando su padre llegó, tenía esa mirada en su rostro que parecía querer preguntar: «¿En qué problema se metieron los chicos hoy?» Nosotros sonreímos, le dimos gracias por confiarnos a sus hijos y le pedimos que los volviera a traer.

Ore por sus lecciones. Ore por sus alumnos. Ore durante la clase. Ore durante la semana. Imagínese las ideas que Dios nos dará para nuestras lecciones si tomamos tiempo temprano en la semana para pedírselas.

O remos intercediendo por nuestros alumnos
R oguemos que Dios nos dé su poder para dar nuestra lección
A l Espíritu Santo, pidámosle creatividad y nuevas ideas
R ecordemos que la oración es algo que funciona. ¡Así que, oremos!

Metas y objetivos

Mientras oramos, necesitamos hacernos dos preguntas: ¿Cuál es la meta de nuestra enseñanza? ¿Cuál es el objetivo de nuestra lección?

Una buena lección es un tesoro para usar vez tras vez. Debemos planear nuestras lecciones de tal manera que nuestro esfuerzo tenga sentido. De otra manera, es como lanzar una flecha sin tener la más mínima idea de a dónde va a ir a parar.

Las *metas* nos proporcionan el cuadro global. Los *objetivos* nos proveen los pasos para alcanzar nuestras metas. Es posible que se requieran varios pasos para alcanzar una sola meta. Por ejemplo, al enseñar el libro de Romanos, nuestra meta podría ser enseñar las doctrinas de la fe cristiana. Ese es el cuadro global. Al empezar nuestro estudio en el primer capítulo de Romanos, por ejemplo, nuestro *objetivo* podría ser enseñar la doctrina del pecado (Ro 1:18-32).

La meta de este libro es entrenar maestros en la iglesia local. El objetivo de este capítulo es ayudar a los maestros a diseñar lecciones creativas a través de la oración, la planificación y la preparación.

La meta de nuestras vidas es el cielo. Algunos objetivos de la vida son adorar a Dios, mantener compañerismo con él a través de su Palabra, vivir santamente, hacer discípulos, ser testigos, amarnos unos a otros, ser esposos y esposas fieles, enseñar a los creyentes y pastorear al pueblo de Dios.

Visto desde otro ángulo, los objetivos nos ayudan a alcanzar nuestras metas. La meta es la línea final. Los objetivos son los pasos que se requieren para llegar a la línea final. Por ejemplo, una meta podría ser completar la carrera universitaria. Pero el objetivo podría ser aprobar un semestre. O, el objetivo podría ser llenar una solicitud, matricularse o terminar una clase.

Una meta podría ser tener un matrimonio exitoso. Un objetivo podría ser encontrar un buen esposo o una buena esposa. Otros podrían ser criar hijos que sean temerosos de Dios, mantener la casa ordenada o aprender a cocinar.

Las metas nos dicen qué queremos alcanzar con nuestra serie de lecciones. Los objetivos nos dicen lo que queremos alcanzar con cada lección de esa serie. Con cada objetivo logrado, hemos dado un paso más para alcanzar nuestra meta.

La meta responde la pregunta: «¿Por qué?» ¿Por qué estamos enseñando lo que estamos enseñando? Los objetivos responden la pregunta: «¿Qué?» ¿Qué vamos a enseñar en esta lección que nos ayude a alcanzar nuestra meta?

Establecer metas

Fijar metas claras nos ayuda a definir los objetivos. Como regla, las metas deben ser amplias, pero no demasiado. La meta «enseñar la Biblia» es excelente para toda la vida pero inadecuada para una serie de seis semanas.

META

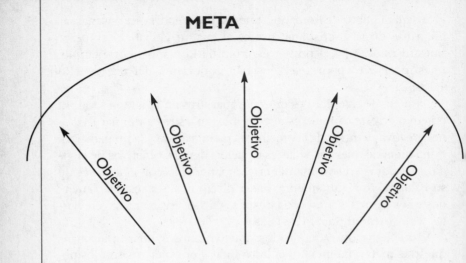

OBJETIVOS

En general, las metas deben referirse a tópicos o temas, libros de la Biblia o personajes bíblicos. Por ejemplo, la meta para una serie de estudio bíblico de seis meses para adultos podría ser una de las siguientes:

- Cómo criar hijos temerosos de Dios
- Un estudio a través del libro de Juan
- El noviazgo en el libro de Rut

Redactar los objetivos

La mayoría de nosotros somos claros en nuestras metas al seleccionar los tópicos o libros que queremos enseñar. Es cuando tenemos que escribir el objetivo que nuestro propósito a veces se hace un poco confuso.

Posiblemente no haya nada más frustrante que escuchar maestros que pasan de un tema a otro durante su lección. Comienzan en Génesis y terminan en Apocalipsis pero al final, la lección no tuvo ningún enfoque. Esa falta de claridad es el resultado de no tener los objetivos escritos claramente.

También es frustrante el maestro que no sabe qué ha logrado cuando termina la clase. Ha pasado una hora enseñando, pero ¿qué han aprendido sus alumnos realmente? ¿Qué ha sido sembrado en ellos que les ayude a crecer? ¿Ha marcado la lección alguna diferencia? ¿Se ha alcanzado el propósito de Dios?

Los objetivos nos dan un metro por el cual podemos medir nuestro éxito. Cada objetivo tiene cuatro partes:

La **Parte I** nos dice *la duración de la lección*. ¿Es la clase de cuarenta y cinco minutos, cincuenta minutos o una hora? Por ejemplo, «Al final de una lección de cincuenta minutos...»

La **Parte II** del objetivo nos dice *qué vamos a enseñar*. Nos da la base bíblica. «Al final de una lección de cincuenta minutos sobre Romanos 1...»

La **Parte III** del objetivo nos dice *qué aprenderá el alumno*. «Al final de una lección de cincuenta minutos sobre Romanos 1, los alumnos podrán identificar la doctrina del pecado...»

Parte IV del objetivo nos dice *qué actividad usará el maestro*. «Al final de una lección de cincuenta minutos sobre Romanos 1, los alumnos podrán identificar la doctrina del pecado al hacer una lista de cinco expresiones de la naturaleza pecadora humana».

Parte I: Duración de la clase

Ahora veremos cada parte del objetivo desde un ángulo diferente. La primera parte de la lección se enfoca en la cantidad de tiempo que tenemos para la misma. Recuerde que Jesús fue sensible al tiempo. Los buenos maestros no alargan demasiado la clase simplemente porque están entusiasmados impartiéndola. Cuando los alumnos están demasiado tiempo sentados, es posible que no vuelvan a la semana siguiente. Recuerde siempre, además, que la longitud de la lección depende de la edad de nuestros alumnos.

Quizás la preocupación más importante sea asegurarnos de comenzar la clase *a tiempo*. Algunos maestros prefieren esperar a que lleguen más alumnos, pero esto puede desalentar a quienes se esforzaron por llegar a tiempo. Una buena práctica es empezar a tiempo aunque solo haya un alumno presente. Ya que esa persona se esforzó por llegar a tiempo, comience a dar su clase a la hora programada. Cuando los demás se den cuenta de que la clase comenzará sin ellos, se preocuparán por estar presentes desde el principio.

También es muy importante terminar a la hora. Recuerde que sus alumnos quizás han tenido un día largo en el trabajo o han tenido que recoger a sus hijos de la guardería o han tenido que dar de comer a sus padres ancianos antes de llegar a la clase. Obviamente, no podemos enseñar todo en una noche. Los mejores maestros prestan mucha atención al tiempo y respetan el itinerario de los demás.

Parte II: Pasaje bíblico

El Espíritu Santo nos guía sobre qué enseñar. Como nuestro principal currículo es la Biblia, cada lección debe tener como referencia un pasaje de la Biblia. En otras palabras, en educación cristiana nuestro contenido específico es la Palabra de Dios. Ningún objetivo estará completo si no hace referencia a la Biblia.

¿Y qué ocurre cuando estamos enseñando una clase enfocada en la paternidad? ¿Aun así necesitamos la Biblia? La respuesta es sí. La Biblia nos ofrece principios para cada área de nuestras vidas. Es tarea del maestro buscar estos principios bíblicos y aplicarlos a nuestra situación contemporánea. Esto es lo que hace *cristiana* nuestra educación.

Parte III: Conocimiento de los alumnos

Lo capaces que sean nuestros alumnos para desempeñarse —o lo que sabrán— depende principalmente de su edad. Los chiquitines quizás solo sean capaces de repetir y memorizar. Los alumnos mayores quizás tengan la capacidad de escribir una obra teatral.

La Taxonomía de Bloom nos da la «escalera» que usamos para desarrollar las preguntas que haremos en nuestras lecciones y nos ayuda a seleccionar los términos correctos para escribir nuestros objetivos. Vamos a echarle otra mirada.

Taxonomía de Bloom

Evaluación
Síntesis
Análisis
Aplicación
Comprensión
Conocimiento

Parte IV: Actividad de los alumnos

Los maestros seleccionan actividades que les permiten saber si sus alumnos están o no aprendiendo. En otras palabras, podemos evaluar la efectividad con que estamos enseñando cuando los alumnos son capaces de completar la tarea que hemos bosquejado en nuestro objetivo.

Por ejemplo, en una lección sobre Génesis 1, el maestro puede dividir una clase de intermedios y pedirles que discutan el tema «Creación y evolución». Los niños menores, como de segundo grado, pueden estudiar el mismo capítulo, pero en lugar de analizar pueden colorear dibujos de la tierra y de animales.

Refiérase a las actividades en nuestra lista de los métodos «mostrar, decir, hacer» que se describen en el capítulo 4 bajo «Métodos magistrales». Recuerde considerar la edad y el nivel de desarrollo de los alumnos antes de escoger la actividad.

¿Se ha producido aprendizaje?

Conocimiento. Si los alumnos pueden recordar, el maestro sabrá que han aprendido cuando *repitan o respondan quién, qué, cuándo, dónde.*

Comprensión. Si los alumnos pueden exponer la lección en sus propias palabras, el maestro sabrá que han aprendido cuando *replanteen, describan, parafraseen, expongan en sus propias palabras, comparen, contrasten, expliquen la idea principal.*

Aplicación. Si los alumnos pueden escoger una respuesta correcta para resolver un problema, el maestro sabrá que han aprendido cuando *ofrezcan un relato bíblico seleccionando correctamente los personajes en un flanelógrafo, hagan una selección, den una respuesta acertada, escojan de entre varias opciones, escriban un ejemplo, apliquen u organicen la información.*

Análisis. Si los alumnos pueden identificar razones, motivos o causas, el maestro sabrá que han aprendido cuando *respondan la pregunta ¿por qué?, discutan, distingan, analicen, identifiquen razones, se fijen en las causas, lleguen a conclusiones, encuentren evidencias de respaldo, identifiquen motivos.*

Síntesis. Si los alumnos pueden resolver problemas, el maestro sabrá que han aprendido cuando *escriban su propia historia, completen esta historia, planeen, diseñen algo original, desarro-*

llen, lleguen a conclusiones, encuentren una solución, hagan un bosquejo.

Evaluación. Si los alumnos pueden emitir juicios, el maestro sabrá que han aprendido cuando *decidan qué es lo mejor, den una opinión, aprueben o desaprueben, evalúen la mejor solución a un problema.*[1]

Redacción del objetivo

Parte I: Cantidad. ¿Cuánto dura una clase?
    Al final de una lección de...

Parte II: Material. ¿Cuál es el pasaje bíblico?
    (Referencia bíblica)

Parte III: Destreza. ¿Qué deben aprender los estudiantes basándose en la taxonomía?
    Los alumnos podrán...

Parte IV: Actividad. ¿Cómo sabrá el maestro que sus alumnos han aprendido?
    Por...

En resumen

Usemos la mnemotécnica o técnica de memorización —aliteración— para ayudar a relacionar los nuevos conceptos en este capítulo con información que ya hemos visto. Cada objetivo deberá responder las siguientes cuatro preguntas:

Cantidad. ¿Cuál es la cantidad de tiempo para la lección?

Material. ¿Cuál es la referencia bíblica para la lección?

Destreza. ¿Qué se espera que el alumno aprenda?

Actividad. ¿Qué actividad ha seleccionado el maestro que demuestre lo que los alumnos han aprendido?

---

[1] Adaptado de James M. Cooper, *Classroom Teaching Skills [Destrezas para enseñar en la sala de clases]* (Lexington, MA: Heath, 1992)

Sugerencias para los líderes

Usando el recuadro de arriba, pida a los estudiantes que practiquen escribiendo un objetivo para un pasaje conocido como Daniel 3:8-30, el relato de Sadrac, Mesac y Abednego. Divida la clase en grupos pequeños para que revisen sus objetivos. Cada persona debe poder responder a las siguientes preguntas sobre la lección de su compañero. Escriba estas preguntas en la pizarra o proyéctelas en la pared como puntos para discusión:

1. Si usted estuviera enseñando esta lección, ¿entendería lo que tiene que enseñar? ¿Por qué sí o por qué no?
2. ¿Son la *destreza* y la *actividad* apropiadas para la edad del grupo?

De la misma forma que con cualquier destreza aprendida como montar bicicleta, nadar o hablar en público, la clave para escribir objetivos es practicar, practicar, practicar. Si compra un currículo, tendrá una idea de qué buscar en unos objetivos bien planificados al comienzo de cada lección. Si se escriben correctamente, los objetivos nos dicen con exactitud lo que necesitamos para enseñar nuestra lección. La redacción del objetivo es una parte vital de una lección bien planificada.

El plan de la lección: Anzuelo, Libro, Mirada, Aplicación

La mesa ya está puesta. Llegó el momento de servir el plato principal. Con frecuencia, enseñar y alimentar se usan de forma intercambiable para describir el proceso de nutrición espiritual que resulta del estudio y comprensión de la palabra de Dios. Piense en la planificación como si estuviera preparando una cena. Después de la meta y el objetivo, el siguiente paso es el plan de la lección.

Este patrón de cuatro pasos(Anzuelo, Libro, Mirada, Aplicación) ayuda a estructurar una lección que garantice una enseñanza efectiva para el estudiante según su edad. Al combinar todos los ingredientes de los capítulos anteriores, podemos decidir cómo servir la comida.

Un «anzuelo» para los estudiantes

Cuando los alumnos llegan a la sala de clases vienen con todo el bagaje del día, y sus experiencias son tan variadas como variadas son las personas. El trabajo del maestro es captar su atención para que se concentren en la lección. Es esencial «pescarlos» en los primeros minutos.

Como el pescador que atrapa el pez para obtener la pezca del día, así el «anzuelo» atrapa a los alumnos en una actitud colectiva. Es la parte de la lección donde se consigue la atención de los alumnos.

El anzuelo debe ser tan creativo que borre de la mente de los alumnos cualquiera cosa que les haya ocurrido antes de entrar a la sala de clases. ¿Ha tenido alguno de ellos un día malo en la escuela o en el trabajo? ¿Fue difícil encontrar un estacionamiento? ¿No había con quién dejar a los niños? Un anzuelo creativo ayudará a que pronto desaparezcan estas preocupaciones de sus mentes.

Además de conseguir la atención de los alumnos, el anzuelo fija una meta. En efecto, el anzuelo dice: «Esto es lo que vamos a estudiar hoy día». Con la atención del alumno y establecida la meta, el anzuelo llevará en forma natural a la lección bíblica. ¡Los alumnos están listos para aprender!

Capte su atención usando...

Parodias	Correspondencia
Vídeos	Preguntas bíblicas
Dramatizaciones	Caricaturas
Situaciones de la vida real	Dibujos
Canciones o música	Preguntas de final abierto
Debate	Artes y artesanías
Actividades del tipo de acuerdo	Poesía
o en desacuerdo	Títeres
Asuntos de actualidad	Franelógrafo
Panel de discusión	Pinturas
Temas controvertidos	Lectura al unísono
Maestro silencioso	Solución de problemas
Juegos	Testimonios personales
Entrevistas	Tarjetas con información
Leer una historia	Collage
Grupos de discusión	

Desarrollar anzuelos puede ser interesante, pero… hay algunas pautas que deben seguirse al usarlos.[2]

Los Diez Mandamientos de los «Anzuelos»

1. El anzuelo debe establecer el escenario para la lección.
2. El anzuelo debe «pescar» a la audiencia, consiguiendo su atención.
3. El anzuelo debe inspirar a la clase para que desee más información.
4. El anzuelo debe adaptarse al grupo que está enseñando.
5. El anzuelo debe tener una relación con el pasaje bíblico.
6. El anzuelo debe aplicarse directamente a la lección.
7. El anzuelo debe establecer una dirección para la lección.
8. El anzuelo no debe poner a la gente a dormir.
9. El anzuelo no debe ofender.
10. El anzuelo no debe servir de distracción a la lección.

La Biblia es el «libro»

La parte siguiente de la lección es el «libro»: la porción bíblica. Aquí se explica el pasaje de la Biblia. Es clave que en esta parte de la lección los alumnos se involucren activamente para obtener la información. Recuerde que la mayoría de las personas no aprenden a través del canal auditivo, así que el libro debe enseñarse en otras maneras, además de las palabras. El maestro ayuda a los alumnos a entender la información bíblica usando una variedad de métodos, tales como la disertación, los folletos, o las preguntas y respuestas.

Una «mirada» contemporánea

Cuando hablamos de darle una «mirada» a la lección nos referimos a crear un puente que nos permita cruzar la brecha entre los tiempos bíblicos y hoy día. Esto ayuda a los alumnos a *mirar* con más atención sus circunstancias contemporáneas. Es una mirada de cerca, como mirar a través de un lente de aumento algún aspecto de sus vidas diarias.

Esta «*mirada*» es una parte muy importante de la lección. Muchos maestros sienten que una vez que han explicado la Biblia ya la han enseñado. Pero explicarla no es suficiente. Los alumnos de-

---

[2] «Los Diez Mandamientos de los Anzuelos» es una adaptación de la asignación de un alumno.

ben estar en condiciones de aplicar lo que han aprendido, y esta «mirada» les ayuda a que pasen del contexto bíblico a su realidad contemporánea. Como contesta la pregunta: «¿Qué pasa en nuestro mundo de hoy día?», esto les ayuda a relacionar la verdad bíblica con su vida. Como maestros, guiamos a los alumnos en este proceso ayudándoles a mirar a su alrededor, a su familia, sus compañeros, su iglesia, su vecindario, su comunidad, su país y su mundo.

La «aplicación»

En la «aplicación» retamos a los alumnos a tomar decisiones. Como ya han visto el panorama más amplio, ahora están mejor capacitados para entender cómo la lección se aplica a ellos personalmente.

¡Ninguna lección debe terminar sin que los alumnos apliquen la información! Si la lección termina antes de este paso, ¡se quedó corta! Debemos alentar a los alumnos a responder a la palabra de Dios, sea que lo hagan a través de una oración en silencio, escribiendo un punto de acción, o pasando adelante en respuesta a una invitación.

Como maestros, ayudamos a los alumnos a reconocer la voluntad de Dios para sus vidas. En la «aplicación» ofrecemos la oportunidad para actos de obediencia.

Para un repaso de los conceptos Anzuelo, Libro, Mirada y Aplicación vea el diagrama que aparece en la siguiente página.

«Rincón especial» y «postre»

Las experimentadas maestras Wanda Parker y la Dra. Shelly Cunningham han desarrollado dos porciones adicionales de la lección: el «rincón especial» y «el postre»[3]. Con el «anzuelo», el «libro», la «mirada» y la «aplicación» de Larry Richards[4], el «rincón especial» y el «postre» completan una sabrosa comida.

Según Wanda Parker, el «rincón especial» es el tiempo devocional que precede a la lección. La oración, la alabanza y la adoración ayudan a aliviar nuestras preocupaciones por los alumnos y a enfocar su atención sobre Dios. Esto los hace dirigir su mirada hacia

---

[3] Nota del traductor y editor: Los términos fueron adaptados de los originales en inglés «Nook and Cook» para lograr un sentido apropiado en español.
[4] Los términos fueron adaptados de los originales en inglés «Hook, Book, Look, Took» para lograr un sentido apropiado en español.

arriba, lejos de las distracciones del mundo, y los coloca en la expectativa de recibir exactamente lo que necesitan del Señor.

El «rincón especial» no tiene que ser una parte muy extensa y los métodos de devoción pueden variar. Podría incluir canto congregacional, una grabación, un solista o un grupo de alabanza. La oración puede ser silenciosa: dos personas pueden orar juntas, puede ser oración unida o una persona que ore por todo el grupo.

Según la Dra. Cunningham, el «postre» tiene lugar al final de la lección. Así como un restaurante quiere que sus clientes se vayan con un paladar satisfecho y el deseo de regresar; el maestro, luego de haber servido la Palabra de Dios, quiere que los alumnos vuelvan a la semana siguiente. Dar a los alumnos una «probadita» de lo que va a ocurrir en la próxima clase, lanzando una pregunta intrigante con la promesa de una respuesta la siguiente semana, o anunciar un tema interesante para la próxima sesión son formas de aplicar el «postre».

… CAPTA LA ATENCIÓN DEL ALUMNO Y ESTABLECE EL ESCENARIO DE LA LECCIÓN. LLEVA EN FORMA NATURAL A LA…

… LECCIÓN BÍBLICA. AHORA LOS ALUMNOS ESTÁN LISTOS PARA PROFUNDIZAR EN LA PALABRA DE DIOS PARA DESCUBRIR LA VERDAD DE DIOS DE UNA FORMA PERSONAL.

… FORMA UN PUENTE ENTRE LOS TIEMPOS BÍBLICOS Y EL DÍA DE HOY. RESPONDE A LAS PREGUNTAS: «¿QUÉ ESTÁ PASANDO EN EL MUNDO A NUESTRO ALREDEDOR?» Y «¿CÓMO SE RELACIONA ESTA LECCIÓN CON LAS PERSONAS, ACONTECIMIENTOS O CIRCUNSTANCIAS DE HOY DÍA?»

… ES CONFRONTAR LA VIDA PERSONAL CON LA LECCIÓN. LOS ALUMNOS TOMAN DECISIONES AL RESPONDER A LA PREGUNTA: «¿QUÉ *VOY A HACER* CON LO QUE HE APRENDIDO HOY?»

Muestra de lecciones

Vea el Apéndice A para ejemplos de lecciones que han sido escritas y enseñadas por alumnos y maestros voluntarios en la iglesia local. Estas lecciones muestran cómo usar el Anzuelo, el Libro, la Mirada y la Aplicación, y le ayudarán a diseñar creativamente sus propias lecciones.

¿Debe comprar un currículo?

Escribir nuestras lecciones es una forma de satisfacer las necesidades culturales de las personas a las que ministramos. Pero este no es el único camino que podemos seguir. Hay también excelentes editoriales que escriben y desarrollan materiales que se pueden comprar. A continuación hay algunos puntos interesantes para considerar cuando se selecciona material para las personas a las que usted enseña.

Un currículo que tenga impreso directamente en sus páginas los versículos bíblicos es conveniente y fácil de usar, pero puede desalentar a los alumnos para que lean la Biblia. Anime siempre a sus alumnos a que lean directamente la Palabra de Dios. No queremos que asuman que la Biblia es demasiado difícil de entender. Use versiones que sean apropiadas para la edad del grupo al que está enseñando.

Si el currículo es ilustrado, seleccione uno que tenga dibujos o fotos que reflejen muy bien el grupo étnico y cultural de sus estudiantes. En el material que leen, los niños necesitan ver ilustraciones que se parezcan a ellos para que aumente su autoestima. Durante el período en que los adolescentes se tornan inquisitivos y reevalúan su fe, es necesario alentarles señalándoles que la Biblia también habla de su cultura. Y, desafortunadamente, con la realidad de las presiones y prejuicios sociales, los adultos también necesitan ver ilustraciones de personas de su trasfondo étnico. La sensibilidad cultural de los editores se refleja a menudo en las fotos y dibujos del material que publican. Esta es un área importante que no puede pasarse por alto.

La lista de comprobación de la página 128 puede ser útil para proveer pautas adicionales para seleccionar el mejor currículo para los niños de su iglesia, la Escuela Dominical, la clase de estudio bíblico o su ministerio de discipulado.

Prepare su lección con tiempo

Sea que estudie un currículo comprado o haya redactado sus lecciones, esta es una regla importante: prepare su lección con tiempo. Esperar hasta el sábado en la noche no le deja tiempo para orar o planificar adecuadamente. Si empieza a trabajar con tiempo, le será fácil encontrar materiales y seleccionar actividades para que su lección sea lo más atractiva posible.

Lista de comprobación para evaluar un currículo

Diez preguntas que debe hacerse

- ☐ 1. ¿Usan sus Biblias los alumnos y los maestros?
- ☐ 2. ¿Se presenta la Biblia en un marco histórico adecuado?
- ☐ 3. ¿Apunta el material a la necesidad de una relación personal con Jesucristo?
- ☐ 4. ¿Son los objetivos claros y medibles?
- ☐ 5. ¿Toma en cuenta el material las necesidades culturales de los alumnos?
- ☐ 6. ¿Responden las lecciones a retos reales de sus estudiantes?
- ☐ 7. ¿Son los métodos variados, de modo que sus alumnos puedan aprender a través de los canales auditivo, visual o de movimiento?
- ☐ 8. ¿Involucran las lecciones activamente a los alumnos?
- ☐ 9. ¿Es el material apropiado para la edad de sus alumnos?
- ☐ 10. ¿Son los dibujos e ilustraciones visualmente atractivos?

Asigne un punto a cada pregunta. Si el puntaje del material está por debajo de 8, ¡siga buscando! Sin duda encontrará uno que sea adecuado para su ministerio.

¿Cuándo debe comenzar a prepararse? Un buen tiempo para comenzar es durante su tiempo con el Señor el lunes por la mañana o por la noche. Después de un breve vistazo general, puede tomar unos pocos minutos de martes a sábado para leer porciones de su lección. De esta manera, la estará estudiando cada día. Y durante el tiempo del almuerzo, o cuando se dirige al supermercado, se puede encontrar con ese pequeño detalle que resulta perfecto para ilustrar su enseñanza. Dios puede hablar a su corazón y dirigir sus pasos a encontrar los materiales que necesita si le da a él —y a usted— el tiempo adecuado.

¿Lo recuerda?

En este capítulo evaluamos la importancia de la oración, de la planificación y de la preparación y diseño de sus lecciones. A continuación un resumen de los puntos más importantes para recordar.

- *El canal de la oración*. Orar es el primer paso al planificar una lección. Dios da inspiración. Hay poder en la oración. Recuerde el acróstico: ORAR. Haga oraciones intercesoras por sus alumnos. Libere el poder de Dios en su sala de clases. Pídale al Espíritu Santo, el «Maestro», ideas creativas para su lección. Únase con un compañero de oración que tenga su mismo sentir. Suplique a Dios que lo mantenga lejos de las malas influencias. Recuerde que la oración funciona. ¡Así que, ore!

- *Metas y objetivos*. Las metas nos dan el cuadro global. Los objetivos nos dan los *pasos* para llegar a las metas.

- *Establecer metas*. Fije metas claras que le ayuden a definir sus objetivos.

- *Redactar los objetivos*. Los objetivos nos proporcionan una regla para medir nuestros éxitos. Cada objetivo tiene cuatro partes: duración de la clase, pasaje bíblico, conocimiento de los alumnos, actividad de los alumnos: cantidad, material, destreza y actividad.

- *El plan de la lección*. El «anzuelo», el «libro», la «mirada» y la «aplicación» son las partes principales de la lección. El «rincón especial» y el «postre» son los ingredientes adicionales para terminar la «comida».

- *¿Debe comprar un currículo?* El material debe reflejar el trasfondo cultural y étnico del estudiante. Evalúelo con la lista de comprobación provista para esto.

- *Prepare su lección con tiempo*. Dé a Dios —y a usted— el tiempo para desarrollar la lección. Empiece temprano. ¡El sábado por la noche es demasiado tarde!

Enseñanza a tono con la edad

En el siguiente capítulo examinaremos formas específicas de enseñar a niños del salón de cuna y preescolar, a párvulos y a niños hasta el sexto grado. También haremos sugerencias relacionadas con el ambiente y veremos cómo aplicar la disciplina.

Capítulo 7

¡Hola niños!
Cómo enseñar a los niños desde el salón de cuna hasta sexto grado

Objetivo
Al finalizar este capítulo podrá juzgar los méritos de la enseñanza de acuerdo al desarrollo por medio de la evaluación de las necesidades de los niños en el salón de cuna, preescolar, el jardín infantil y en los grados de primero a sexto.

Es fácil reconocer una iglesia que se está muriendo. Sencillamente, no tiene niños.

¡Qué gran bendición!

Los niños, inagotables en energía, actividad y entusiasmo, son una bendición para cada familia... y para cada iglesia.

He aquí, herencia de Jehová son los hijos; cosa de estima el fruto del vientre. Como saetas en mano del valiente, así son los hijos habidos en la juventud. Bienaventurado el hombre que llenó su aljaba de ellos; no será avergonzado cuando hablare con los enemigos en la puerta.

—Salmos 127:3-5 (RVR1960)

Bienaventurado el hombre... bienaventurado, afortunado, también, es el pastor que tiene su aljaba llena de niños. Con estos pequeños vienen sus padres, abuelos, padrinos, tías, tíos y primos. Los niños son parte de familias y se necesitan familias para levantar iglesias.

Como riquezas dejadas a los herederos, Dios nos da hijos como herencia. No importa las circunstancias del nacimiento, cada hijo nace con un propósito: el propósito de Dios. Con un fundamento bíblico, los niños son la herencia espiritual a través de la cual bendecimos a la siguiente generación.

En el pasaje de Salmos citado arriba, Dios nos presenta un cuadro de una persona fuerte con una aljaba llena. Una aljaba es un estuche para llevar flechas. Sea que se usen para ofensa o defensa, las flechas son misiles muy eficaces. Apuntar una flecha involucra a la persona completa. Los pies están separados y firmes en tierra. Los brazos y las manos sostienen fuertemente el arco y la flecha. La mente está alerta, lista para responder a cualquier roce de una hoja o una rama que se rompe. Los ojos están atentos al más mínimo pestañear del oponente.

Igual que en el proceso de disparar una flecha, debemos estar totalmente involucrados con nuestros niños, confiados en la capacidad de la palabra de Dios para delinear y moldear su carácter, alertas sobre los engaños del mundo que pueden echar por tierra sus planes, atentos a sus necesidades y concentrados en proveer para ellos una educación cristiana relevante. Cuando los armamos con la Palabra de Dios, cuando entretejemos las verdades de la Biblia en sus fibras, cuando sus pensamientos están centrados en la obediencia y en la adoración, nuestros niños cumplen plenamente su propósito y, por lo tanto, asestan un duro golpe en pleno corazón a Satanás, el enemigo.

¿Cuál es la meta de la educación cristiana para los bebés, párvulos y niños? ¿Cómo les enseñamos de manera que se satisfagan sus necesidades? Como siempre, Jesús nos da el modelo.

Sabiduría, estatura y favor

La Biblia nos da pocos detalles sobre la niñez de Jesús, pero lo que sabemos de él cuando tenía doce años es suficiente para establecer un estándar para los ministerios de niños.

> Jesús siguió creciendo en sabiduría y estatura, y cada vez más gozaba del favor de Dios y de toda la gente.
>
> —Lucas 2:52

Jesús crecía en sabiduría, lo que habla de su desarrollo intelectual o cognitivo. También crecía en estatura y en favor. La estatura habla de salud y desarrollo físico. El favor de Dios habla de desarrollo espiritual, mientras que el favor de los hombres se refiere a su desarrollo social. Jesús tenía un buen balance.

En la educación cristiana, nuestra meta es ayudar a los niños a crecer. Los niños crecen sobre una base espiritual (Lc 2:52). El acróstico CRECER presenta una afirmación de misión para los ministerios de niños.

C omparta con amor la verdad de Dios

R elacione sus necesidades con la enseñanza que reciben

E ncamínelos en la obediencia

C ondúzcalos a un encuentro personal con Cristo

E stimule su fe y las buenas obras

R odéelos de amor y cariño cristianos

Comparta con amor la verdad de Dios

La primera letra del acróstico habla de compartir con amor la verdad de Dios. Las personas que trabajan con niños deben amarlos genuinamente. El trabajo es difícil, las horas se hacen largas y, a menudo, las recompensas son intangibles. Para compartir la verdad de Dios no hay nada más inapropiado que maestros malhumorados, irritables e impacientes. Solo los que manifiestan en sus vidas el fruto del Espíritu deberían considerar el trabajo con niños.

El fruto del Espíritu es amor, alegría, paz, paciencia, amabilidad, bondad, fidelidad, humildad y dominio propio.

—Gálatas 5.22

Esta es la evidencia de haber nacido de nuevo. Es como describir un melocotón o durazno. El melocotón es de piel vellosa, dulce, amarillo, anaranjado, suave, firme, delicioso, grato al paladar, maduro. Cada cualidad describe un aspecto de una fruta: el melocotón. No podemos aislar una de las cualidades, como por ejemplo, amarillo y decir que con ella tenemos un melocotón. Mientras no tengamos las nueve cualidades no podemos decir que tenemos esta fruta.

Así también ocurre con la salvación. Hay solo *un* fruto del Espíritu. Sus nueve aspectos son todos parte de la misma fruta. Los tenemos todos o no tenemos ninguno. Cuando no hay fruto, no hay evidencia del Espíritu de Dios. Y sin el Espíritu, no somos de él (Ro 8:9).

Ser salvo, haber nacido de nuevo, es obligatorio para quienes trabajan con niños. Es el primer requisito. No podemos esperar que el amor, la alegría, la paz, la paciencia, la bondad, la fidelidad, la humildad y el dominio propio —cualidades esenciales en el ministerio con niños— emanen de personas que están bajo el control del enemigo.

Aun cuando sean salvos, no todas las personas califican para trabajar con niños. Antes de comprometerse, los nuevos voluntarios deben participar en el siguiente proceso para ver si ministrar a niños es definitivamente donde Dios los ha llamado a trabajar.

- Sea voluntario por un mes. Durante este tiempo ayude repartiendo los materiales, en el tiempo de juego, en la limpieza, sirviendo las meriendas, leyendo y otras tareas.
- Participe con un maestro con experiencia en la preparación de lecciones para entender el proceso.
- Enseñe parte de la lección por una o dos semanas. Pida al maestro con experiencia que opine sobre su trabajo.
- Enseñe una lección completa bajo la supervisión del maestro con experiencia. Pida que ese maestro evalúe su clase.
- ¡Ahora puede hacerlo solo o sola! Ore, planifique y prepare. Enseñe sabiendo que el Espíritu Santo es su ayudador.

Los maestros y voluntarios deben venir vestidos para servir. Lleve «puesta» una sonrisa cálida y afable, y ropa adecuada. Tacones, medias, joyas y vestidos son lo menos adecuado para tirarse en el piso, cambiar pañales y acunar a los niños para que se duerman. Igualmente inadecuados son los trajes completos, camisas blancas y corbatas. Los zapatos deportivos, las faldas, un pantalón cómodo o *jeans* y una camiseta son la vestimenta perfecta para usar y estropear en este trabajo.

Relacione sus necesidades con la enseñanza que reciben

La segunda letra en el acróstico CRECER nos habla de relacionarnos con las necesidades de los bebés y los niños. Entender cómo se desarrollan los infantes, los párvulos y los niños mayorcitos nos ayuda a ministrarles con más eficacia.

Salón de cuna: bebés y niños que empiezan a andar

Para los bebés y los niños que empiezan a andar, cuyas edades van desde el nacimiento hasta los tres años de edad, desarrollar las capacidades motoras es una tarea importante. Enseñarles a tomar y sostener objetos, a gatear, a pararse, caminar y a hablar son hitos importantes en la joven vida de los bebés. Estos niños son muy activos y, por lo tanto, demandan mucha supervisión. Una proporción de un adulto por tres o cuatro niños asegura que cada niño tenga la ayuda adecuada para sus necesidades.

Los bebés y los niños que empiezan a caminar son muy sensibles y se atemorizan fácilmente. A veces, ciertos tipos de animales de peluche o títeres les causan miedo en lugar de entretenerlos. Cuando llega el momento en que sus padres deben irse, los asaltan sentimientos de ansiedad y, por lo general, lloran hasta que logran distraerse con alguna actividad. Los padres que llevan por primera vez a sus hijos al salón de cuna deben quedarse con ellos hasta que se acostumbren a su nuevo ambiente. Una o dos sillas mecedoras en el salón de cuna son una forma excelente de calmar y consolar al niño que llora.

Para los bebés y los niños que comienzan a caminar, el aprendizaje es más efectivo por medio de juegos y menos efectivo usando charlas. Predicar a los niños, algo común en algunas culturas, no hace que aprendan. La actividad es la forma de enseñarles. Les gustan los cantos con movimientos de las manos, y les gusta brincar y palmotear. También les gusta escuchar algunas historias de la Biblia o cantar la misma canción vez tras vez.

Sugerencias para los líderes

El ministerio con los niños es, por lo general, el más necesitado de trabajadores. A menudo, asumimos que todos los que se ofrecen como voluntarios para enseñar a los niños son salvos, pero esto *no* debe darse por un hecho. Una solicitud detallada nos dará la información que necesitamos para evaluar la veracidad de la salvación. Véase en el apéndice B la «Solicitud para voluntarios» y la «Carta de compromiso» como un ejemplo sobre qué preguntar a los potenciales trabajadores con niños, trátese de maestros o encargados de otras tareas.

Pautas para expresar afecto

Dado los tiempos en que vivimos, a los maestros y voluntarios debe orientárseles sobre la forma correcta de expresar afecto a los niños. Cualquiera violación debe ser motivo suficiente para prescindir de los servicios de un voluntario. A continuación algunas pautas:

• Abrace siempre a los niños desde un costado, poniendo sus brazos alrededor de los hombros. A esto se le llama «abrazo de estructura».

- Nunca abrace a los niños de frente. Toque solo las *manos* y los *hombros*.
- ¡Nunca bese a un niño! ¡Nunca, nunca, nunca!
- Nunca le *pegue* o *dé nalgadas* a un niño. Para resolver los problemas de conducta, separe al niño del grupo momentáneamente o regréselo a sus padres.
- Nunca *trate despectivamente a los niños*, como por ejemplo, diciéndole «estúpido» o usando expresiones que los haga sentirse inferiores. Tampoco permita que entre ellos usen sobrenombres despectivos.
- Siempre lleve a un niño al baño acompañado de *otro maestro*. Un adulto jamás debe estar solo con un niño.

Cómo enseñar a los bebés

Como los bebés son capaces de aprender y recordar es importante que establezca una rutina en su clase. Por ejemplo, empiece la mañana con una lectura mientras los niños entran al salón de cuna. Es probable que la mañana haya sido muy atareada para los padres tratando de vestirlos y alimentarlos (sí, ¡pida a los padres que le den la comida a los niños antes de llevarlos al salón de cuna!), así que es probable que ellos estén tan agotados como seguramente lo están sus padres.

Asegúrese de poner una etiqueta de un determinado color en la parte superior de la espalda de cada niño. Por ejemplo, para los niños de dieciocho meses de edad puede usar el amarillo, el verde para los de dos años y el rojo para los de tres. Luego, invite a los niños a tomar un juguete o un libro del estante y que se sienten en sus respectivos grupos: los de dieciocho meses en un círculo, los de dos años en otro y los de tres en otro.

Cuando todos estén tranquilos y se haya terminado el tiempo de juego o lectura, ayúdelos a poner en su lugar los juguetes y los libros. Mientras vuelven a su sección en la sala de clases, empiece a cantar algunas canciones o ponga un vídeo de canciones cristianas que los niños puedan cantar.

Después de este tiempo de alabanza y adoración, se les puede enseñar una breve lección bíblica. Como los más pequeñitos solo pueden prestar atención no más de tres minutos, la lección debe ser muy breve y relacionada con las actividades desarrolladas en la mañana. Elementos tales como los colores, las voces y los movimientos captan su atención.

Cuente las historias bíblicas usando títeres o un franelógrafo. Cuando use el franelógrafo, vaya sacando las figuras de las páginas de la Biblia y así los niños podrán entender que proceden de la Palabra de Dios. Es posible que cuando los niños de uno a tres años se familiaricen con la historia bíblica, ellos mismos puedan poner las figuras en el tablero provisto para esto.

Marionetas, lectura y merienda

Con respecto a las marionetas o títeres, asegúrese de que los niños no las vean hasta que estén a punto de empezar a «actuar» puestas en su mano. Según los profesionales que se especializan en entrenar a personas que trabajan con marionetas en la iglesia local, los niños se decepcionan y pierden motivación cuando ven a los títeres sin vida ni movimiento. Esconda las marionetas detrás de las cortinas o el «escenario» después que hayan terminado su actuación. Los títeres son un método de enseñanza muy efectivo y una forma muy llamativa de enseñar las historias bíblicas.

He aquí una nota importante: Cuando hablamos de «historias» bíblicas no nos estamos refiriendo a «relatos ficticios». Las historias son relatos que corresponden a hechos que ocurrieron y que están registrados en la Biblia. Todo lo que registra la Biblia como que ocurrió, en verdad sucedió. Al usar estas historias, estamos trayendo a nuestro tiempo actual lo que sucedió hace muchísimos años.

Leerle a los niños es, por supuesto, otra manera de enseñarles. Muéstreles las ilustraciones y pídales que señalen los objetos, que digan los colores que ven, que nombren los objetos o que repitan las palabras del maestro. De esta forma, estarán aprendiendo por medio de su participación activa en la lección.

El tiempo de la merienda es también muy importante. Recuerde, Jesús alimentó a sus seguidores. A los pequeñines les da hambre a menudo, así que darles jugos y galletas sin azúcar es imprescindible. Los maestros creativos aprovecharán incluso este tiempo para hacerlo parte de la lección que están tratando de enseñar.

Repaso y recompensa

Antes que los padres vengan a recoger a sus hijos, tómese unos minutos para reforzar la lección. A los niños les encanta que los alaben, y más todavía recibir premios. Aplaudirlos cuando responden correctamente, colocarles *calcomanías* en el reverso de sus manos o darles regalitos son maneras excelentes de hacer más grato el tiempo de su clase.

Explique brevemente la lección a los padres, o deles un folleto para que refuercen la lección en casa. A continuación le presentamos el programa para el salón de cuna de Rebecca Hedgepath, que coincide con un servicio de la iglesia de dos horas.

Programa para el Salón de Cuna

1. Juguetes o libros
2. Limpieza
3. Canciones de inicio
4. Oración
5. Lección
6. Actividad en grupo
7. Ir al baño*
8. Merienda
9. Juego en grupos (con juguetes apropiados para la edad)
10. Limpieza
11. Ir al baño*
12. Cánticos
13. Repaso
14. Historia / música / ritmo y movimiento

*Para todos

Las normas en los salones de cuna pueden variar de ministerio a ministerio. Colóquelas en un lugar visible de modo que todos puedan verlas. He aquí un ejemplo.

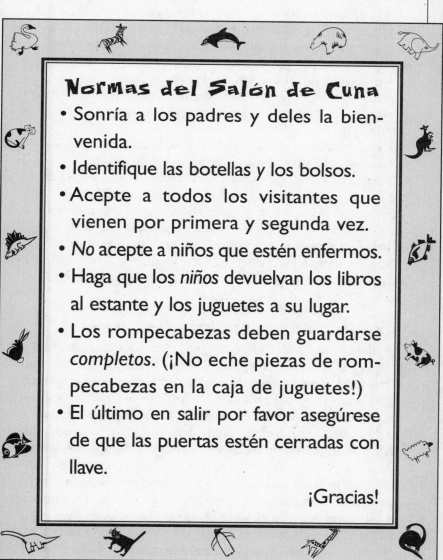

Normas del Salón de Cuna

- Sonría a los padres y deles la bienvenida.
- Identifique las botellas y los bolsos.
- Acepte a todos los visitantes que vienen por primera y segunda vez.
- *No* acepte a niños que estén enfermos.
- Haga que los *niños* devuelvan los libros al estante y los juguetes a su lugar.
- Los rompecabezas deben guardarse *completos*. (¡No eche piezas de rompecabezas en la caja de juguetes!)
- El último en salir por favor asegúrese de que las puertas estén cerradas con llave.

¡Gracias!

Seguridad y limpieza

Recuerde también que debido a que ellos están aprendiendo sobre el mundo que los rodea, los pequeñitos están interesados en cada detalle al alcance de sus ojos. Tome medidas preventivas tales como cubrir los tomacorrientes con protectores plásticos y recoja cualquiera cosa pequeña que los niños puedan llevarse a la boca. A continuación algunas sugerencias adicionales:

- Evite usar alfileres o *clips* en el salón de cuna.
- Los juguetes deben limpiarse regularmente, las sábanas deben cambiarse semanalmente y las alfombras limpiarse tan a menudo como sea necesario.
- Use guantes de goma cuando cambie pañales.
- Lávese las manos todas las veces que sea necesario.
- No debe permitirse que permanezcan en el salón de cuna niños enfermos, que estén tosiendo o con mucosidad.
- Si algún niño padece de alergias, los padres deben notificarlo a los voluntarios y recordárselo cada semana para no darle ninguna bebida o alimento que no haya sido provisto por ellos.
- Si hay niños a los que hay que dar alguna medicina, los trabajadores del salón de cuna no deben aceptarlos. No es sabio darle esta responsabilidad a los voluntarios.

Un servicio, un domingo, una vez en el mes

Se debe animar a los padres a ayudar como voluntarios en el salón de cuna y en la clase de preescolar. En muchas iglesias hace falta ayuda adicional, y los papás y las mamás cumplen su responsabilidad con los niños y los voluntarios ayudando al menos en un servicio dominical al mes. La mayoría de los padres lo hacen gustosamente.

Los padres deben firmar cuando dejan a sus hijos y cuando los van a buscar. ¡Verifique las firmas! Debe ponerse una etiqueta visible a cada bolso, botella o pieza de ropa. Tenga etiquetas en blanco disponibles para los padres que han salido precipitadamente de casa olvidando este requisito. Pídale a los padres que no traigan a sus hijos con juguetes al salón de cuna. Esto le ayudará a evitar problemas entre los niños.

En iglesias grandes con capacidad limitada en el salón de cuna, debe recibirse *primero* a los hijos de personas que sirven como voluntarios. Si hay una fila, saque a los padres de ella y llévelos al frente. O tenga una fila separada para voluntarios regulares o para aquellos que han ayudado en el último mes. Atienda primero a los padres que han trabajado como voluntarios. Esto le mostrará a los otros padres que hay recompensa al servir. (Véase Apéndice B para el «Registro de Ingreso al Salón de Cuna».)

Sugerencias para los líderes

Las «Normas del Salón de Cuna» y el «Programa para el Salón de Cuna» servirán para recordar a sus colaboradores lo que usted espera de ellos. Además, considere las siguientes sugerencias prácticas.

Vigile actitudes, rote voluntarios

La actitud es fundamental cuando se trabaja con niños. Rotar a los voluntarios para evitar el agotamiento físico y mental es esencial para que su personal mantenga la cordialidad. El cansancio excesivo produce un voluntario gruñón. Preocúpese por las necesidades de su personal y asegúrese de que haya domingos en los que puedan asistir al servicio general de la iglesia.

Casetes

Los padres y voluntarios se sienten especialmente agradecidos cuando se les regalan casetes del servicio general de la iglesia. Incluya este gasto en su presupuesto anual o busque otra forma de recompensar a sus colaboradores.

El cuarto de descanso

¡Recuerde que Jesús alimentó a la gente! Cuando las salas de clases estén adecuadamente supervisadas, invite a los maestros a tomar un descanso en un cuarto destinado a eso, donde haya café, jugos y merienda.

Preescolar y jardín infantil: Niños de cuatro y cinco años

Varios de los principios mencionados en la sección anterior también se relacionan con niños de preescolar y jardín infantil. Como son mayores, sus destrezas motoras, de coordinación y de expresión han mejorado. Además, los niños de esta edad han desarrollado más sus movimientos y memoria. Un poco más independientes que en las etapas anteriores, no sufren tan a menudo de ansiedad de separación y la sala de clases les resulta más familiar.

Los preescolares necesitan menos supervisión por parte de los adultos, pero claro, siempre la necesitan. Un maestro para cinco o seis niños puede ser suficiente. Aun muy activos, estos niños necesitan ser guiados en sus juegos, hay que enseñarles a compartir y a que resuelvan sus pleitos sin pelear.

En esta edad, se aprende mejor a través del juego. Los juegos y las actividades en grupos o individuales les permiten aprender a compartir y a cooperar con los demás. Estos niños pueden permanecer un poco más tiempo sentados que los del salón de cuna, pero no se puede esperar demasiado de ellos en este sentido. Disfrutan de la misma variedad de actividades, incluyendo las figuras en el franelógrafo y los títeres, los libros con muchas ilustraciones, arte y manualidades, y les gusta vestirse como los personajes bíblicos.

Los niños a esta edad tienen una imaginación muy viva, al punto que puede ser difícil para ellos separar la fantasía de la realidad. El pasado y el futuro pueden presentarse confusos ya que los niños de esta edad solo están conscientes del hoy. Las historias que cuentan pueden parecer «mentiras», pero no están tratando de engañar a nadie. Sin embargo, sí entienden la diferencia entre decir la verdad y decir una mentira. En general, recuerde que estos niños tienen una tremenda imaginación.

Centros de actividades

Debido a que sus lapsos de atención todavía son muy cortos (de solo cinco a diez minutos) una excelente manera de enseñarles es arreglar la sala de clases en centros de actividades. Esto les permite ir de una sección de la sala a otra. Cada vez que la actividad cambia, los niños están aprendiendo la misma historia bíblica pero a través de un método distinto. Con suficientes voluntarios, los centros de actividades son un medio excelente para enseñar y su instalación no es complicada.

Designe una sección de la sala como «el rincón de lectura». Mientras un adulto, sentado en el piso pero en una posición que domine todo el lugar, lee, por ejemplo, la historia de Noé, los niños pueden moverse y caminar mientras escuchan. En otra sección de la sala, pueden haber marionetas actuando la misma historia que se lee en el rincón de lectura. En una tercera sección de la sala de clases, los niños pueden trabajar en arte y manualidades, como pintar o colorear los animales que iban dentro del arca. Y en una cuarta sección de la sala los niños pueden sentarse y servirse una merienda que consista de galletas con figuras de animales y jugos. Al comienzo de la clase, los niños se pueden sentar juntos para un tiempo de alabanza y adoración antes de ser «repartidos» a los diferentes centros de actividades.

En una sala de clases como esta, puede parecer que hay demasiada conmoción para que los niños realmente aprendan, pero este no es el caso. Los preescolares son espontáneos y están moviéndose constantemente. Con la sala de clases organizada para su nivel de desarrollo, los niños se sienten animados a escoger la actividad que mejor refleje su estilo de aprendizaje. Lo bueno es que pueden oír la lección en maneras diferentes, lo que refuerza el aprendizaje. Una cuidadosa planificación proveerá una experiencia emocionante y atractiva para maestros, voluntarios y alumnos.

Los niños más pequeñitos siempre quieren agradar al maestro. Recuerde premiarlos con calcomanías y estrellitas adhesivas para animarlos a aprender.

Para tener más tiempo para una clase tradicional, adapte el programa del salón de cuna y use las mismas normas. (Véase el apéndice B para hojas de ingreso para preescolar y el jardín infantil.)

Grados 1-3

En primero, segundo y tercer grado los niños están en la escuela primaria, donde aprenden a leer y a escribir. Sus músculos se están desarrollando, de manera que sujetar un lápiz, tizas de colores y tijeras son tareas un poco difíciles para ellos. Entre los niños, el desarrollo ocurre en grados diferentes y sus niveles de habilidad pueden ser tan variados como lo son los propios niños. Los voluntarios deberían ayudar a los niños a completar sus tareas de modo que sientan que han tenido éxito.

El aprendizaje cooperativo es efectivo con los niños de primaria por lo que las actividades en grupos, como los juegos, son muy apreciadas en esta edad. Debido a que están aprendiendo a comunicarse, los niños disfrutan hablando. Las lecciones que los animan a responder preguntas o a hablar los unos con los otros son formas magníficas para enseñar.

El amor, la aceptación y la seguridad son necesidades muy especiales para los niños pequeños. Una clase con un ambiente cálido y favorable, con maestros que vean lo mejor de ellos en lugar de sus errores y faltas, es un ambiente maravilloso para el proceso de enseñanza-aprendizaje. Para alentarlos y enseñarles, busque tareas nuevas y diferentes que les den confianza y ánimo. Debido a que los niños de entre seis y ocho años de edad son todavía muy pequeñitos, asegúrese de que los padres firmen cuando los traen y cuando los recogen. (Véase el apéndice B para «Registro de Ingreso a la Iglesia Infantil».)

Grados 4-6

A medida que los niños siguen desarrollándose, en los grados cuarto, quinto y sexto se vuelven más competitivos. Les gustan los juegos y recibir premios como estrellas junto a sus nombres en el cartel de la pared. ¡No tenga niños favoritos! Si alguno se da cuenta de que no se le trata tan bien como a otro, se puede desalentar y poner de mal humor.

Quizás lo más importante para este grupo sea recordar que los niños de esta edad y menores perciben su mundo en términos concretos. En otras palabras, aun no están capacitados para pensar en abstracto o hipotéticamente. Por ejemplo, hablar a un niño de los grados elementales sobre «caminar con Dios» no tiene el mismo significado que tiene para un adulto. Para los niños pequeños, caminar con Dios literalmente significa andar; es decir, poner físicamente un pie después del otro y así, ir dando pasos. Ellos no están capacitados para conectar la frase abstracta «caminar con Dios» con vivir la vida cristiana.

Como los niños están en esta etapa literal, algunos términos cristianos pueden parecerles confusos. Por ejemplo, pedirle a Jesús que «entre a su corazón» puede que no sea la mejor manera de ofrecer la salvación. ¡Imagínese pidiéndole a alguien que abra literalmente el pecho para llegar al corazón! En cambio, pedirle a Jesús que sea «su mejor amigo» o pedirle que sea su «Salvador» (explicándole qué quiere decir la palabra *Salvador*) es una mejor forma de invitar a los niños a nacer de nuevo. En general, evite usar clichés cristianos cuando está enseñando.

Los niños en esta edad se identifican con modelos y les fascinan los héroes. Sienten gran simpatía por las personas con problemas y están dispuestos a hacer lo que sea por ayudarlos. También entre ellos pueden ser crueles, señalando la menor falta en los demás y riéndose de cualquier error. Como están menos dispuestos a aceptar las diferencias, necesitan que se les enseñe a ser amables con los que no lucen, hablan o actúan como ellos.

Durante estos años, los niños prefieren actividades con niños, y las niñas prefieren estar con niñas. Les gusta mucho reunirse en clubes y formar parte de equipos de juego, de ahí que sea tan evidente la facilidad que tienen para formar pandillas. Los grupos de la iglesia, equipos y clubes son alternativas importantes.

Encamínelos en la obediencia

La tercera letra en el acróstico CRECER habla de encaminarlos en la obediencia. Enseñar a los niños obediencia a Dios y a sus padres es imprescindible para ayudarles en su crecimiento. La forma en que disciplinamos en la iglesia permitirá a los niños aprender que el pecado tiene consecuencias y que hay recompensas por las acciones correctas.

Ayudar a los niños a ser obedientes es la meta de cada maestro. Juntos, alumnos y maestros, deben discutir las normas del salón de clases. Además, deben hablar de las consecuencias por desobedecer. Coloque las normas en lugares visibles de la sala de clases, refiérase a ellas con frecuencia y hágalas cumplir. La maestra Demetra Pearson sugiere escribir las normas en términos positivos en lugar de negativos. Por ejemplo, en lugar de decir: «No golpear» o «No pelear», ofrézcales alternativas positivas:

- Sean amables al hablar unos con otros.
- Alce la mano para hacer o responder a una pregunta.
- Mastique chicle solo antes o después de clases.

En general, los maestros que llegan temprano al salón y que han preparado bien su lección tienden a experimentar menos problemas de disciplina entre sus alumnos. Tener un buen sentido del humor nos ayuda a no tomar cada ofensa como algo personal.

Disciplina

Cuando un niño es desobediente, separarlo de la actividad que esté haciendo —un minuto por cada año de edad que tenga— es una forma efectiva de disciplina. Si tiene dos años, entonces el tiempo de separación no debe ser mayor de dos minutos. Si tiene diez años, entonces, el tiempo no debe exceder los diez minutos. Pídale al estudiante que se siente o se pare en un lugar designado para este propósito hasta que haya completado el tiempo del castigo.

Cuando se reintegra al grupo, es importante acoger al niño con palabras que lo inspiren a una buena conducta. Los maestros deben descubrir formas de ayudar a los niños a que cooperen. Detecte rápido cuando hagan algo correcto y coméntelo con el resto de la clase. Recuerde, los niños *quieren* comportarse bien.

Si un niño presenta un problema constante de disciplina que llega a interrumpir la clase, debe informarse a los padres. En algunos casos, será necesario llevarlos donde sus padres al servicio. Claro está, hacer esto puede causar distracción en la iglesia, por lo que esta medida debe reservarse solo para los casos extremos. Algunas iglesias tienen un sistema de intercomunicador para llamar a los padres, lo que es un medio eficaz para contactarlos en forma rápida.

Condúzcalos a un encuentro personal con Jesús

La letra C de nuestro acróstico nos recuerda que el propósito central de nuestra enseñanza es llevar a nuestros niños a tener un encuentro personal con Jesús. La Escuela Dominical y la iglesia infantil son el ambiente ideal para que aprendan la palabra de Dios a medida que van creciendo.

La iglesia infantil

La Escuela Dominical y la iglesia infantil son cosas diferentes. Si la Escuela Dominical se reúne antes del culto de la iglesia, por lo general se espera que los niños se integren al servicio, sentándose con sus padres.

La iglesia infantil difiere en que tiene lugar al mismo tiempo que el servicio de adultos. Antes de dirigirse al servicio, los padres llevan a sus hijos a sus respectivas salas de clases. Después que están todos los niños en sus salas, los maestros y voluntarios los llevan a un salón grande donde se reúnen para unos momentos de alabanza y adoración.

Aquí, los niños recogen su ofrenda, oran los unos por los otros y, en general, llevan a cabo un «servicio» en el que ellos mismos son los líderes. Durante este tiempo, cada maestro puede revisar el currículo del mes anterior. El primer domingo de cada mes, algunas iglesias tienen un programa especial con un equipo que presenta de forma creativa lo que los niños han estado estudiando. Después de su reunión, los niños vuelven a sus clases individuales para recibir una lección más profunda, hacer algunos trabajos manuales y tener un tiempo de merienda.

Como dijimos antes, las lecciones se centran en la Biblia. Los niños deben leer los pasajes bíblicos directamente de sus Biblias en lugar de hacerlo del material que estén usando. Esto es necesario pues de lo contrario pueden acostumbrarse a *no* leer sus Biblias.

El material que se use debe ser culturalmente apropiado. Los niños pueden confundirse al ver ilustraciones de Jesús y entender que él los ama si Jesús no se parece a ellos. La memorización de versículos bíblicos debe enfatizarse y premiarse. Todos los niños deben conocer estos pasajes:

- Los Diez Mandamientos
- El Salmo 23
- El Padrenuestro
- La armadura de Dios
- El fruto del Espíritu

Un *currículo en espiral* presenta una lección del mismo pasaje bíblico para cada nivel. Las lecciones se desarrollan apropiadamente y tienen como blanco las necesidades de cada grupo según su edad. A medida que los niños crecen se les repite la información que aprendieron en los grados anteriores pero ahora con más detalles. ¡El currículo en espiral es excelente! Reintroduce y refuerza las lecciones previamente aprendidas y es una excelente forma de ayudar a los niños a que no olviden lo aprendido.

Estimule su fe y las buenas obras

La letra E del acróstico nos recuerda que desde pequeños, y a medida que se va sembrando en ellos la semilla del Evangelio, hay que guiarlos a vivir una fe práctica, la que en la vida cristiana se manifiesta de muchas maneras. Una de ellas es a través delas buenas obras. Buenas obras no para ganar la salvación, sino como resultado de la salvación. Hay personas, fuera del ámbito de la iglesia, que creen que la salvación se gana haciendo «cosas buenas». La Palabra de Dios enseña una cosa muy diferente. La salvación se recibe por gracia, como un regalo de Dios, pero a partir del nuevo nacimiento, las buenas obras cuentan como fruto del Espíritu, como se ha enseñado antes en este libro.

Rodearlos de amor y cariño cristianos

La última letra de nuestro acróstico nos enfatiza una vez más la importancia de rodear a nuestros niños de amor y cariño cristianos. El amor de Dios manifestado en los maestros, voluntarios y otros adultos que trabajan con ellos, se hace práctico a través de acciones amables y de cariño. Estas manifestaciones de cariño parecen ser las ruedas que hacen que el amor «se mueva». El amor de Cristo, manifestado a través de las acciones rutinarias de quienes aman al Señor, puede conseguir mucho más que cualquier otro recurso en el proceso de trabajar con niños. Ellos no esperan nada que no sea amor y cariño. Dé ese amor y cariño cristianos que solo pueden dar los que han conocido al Maestro de maestros: Jesús.

La salvación y el bautismo

Al cierre de cada clase, se debe invitar a los niños a aceptar a Cristo como su Salvador.

Jesús dijo: «Dejen que los niños vengan a mí, y no se lo impidan, porque el reino de los cielos es de quienes son como ellos.»

—Mateo 19:14

Una manera de hacer esto es por medio de una corta oración que todos los niños puedan entender y pedirles que la repitan con usted. Como conocen la diferencia entre lo correcto y lo incorrecto, los niños tienen una conciencia clara acerca del pecado. Ellos quieren agradar a Dios. Y quieren ser salvos. Deles esta oportunidad en cada clase.

Oración para la salvación de un niño

Querido Padre celestial:
Gracias por enviar a Jesús a morir por mí. Estoy triste por mis pecados. Gracias por perdonarme. Pido a Jesús que sea mi amigo y Salvador. En el nombre del Padre, Hijo y Espíritu Santo. Amén.

Bautismo de niños

En el ministerio de nuestra iglesia hablamos personalmente con cada niño que pide ser bautizado. Así descubrimos si están conscientes de lo que es pecado al preguntarles si alguna vez han hecho algo malo. Como no les decimos que son «malos», los niños que no pueden aceptar que han hecho algo malo posiblemente sean demasiado pequeños para entender el verdadero significado de la salvación. Estar conscientes del pecado es un prerrequisito para la salvación.

Se les anima a explicar en sus propias palabras su experiencia con Dios. Si alguno no entiende, le sugerimos a los padres que esperen hasta que sea mayorcito antes de ser bautizado. Con demasiada frecuencia, y más bien por razones de tradición, padres y madres ansiosos presionan a sus hijos para que se bauticen. Es importante que no se haga esto porque, desafortunadamente, cuando sean adultos, muchos van a pedir que los vuelvan a bautizar porque cuando lo hicieron la primera vez no entendían lo que estaban haciendo. Una voz objetiva puede ayudar a los padres a entender la importancia de esperar hasta que el niño esté listo. Hace poco, una de nuestras voluntarias, Janice Webb, contó la siguiente experiencia.

Para seguir nuestra política con los niños que se van a bautizar, una madre pidió una cita conmigo y trajo a su hijo. Durante nuestra conversación, ella se sentó al borde de la silla mientras yo le hacía al niño algunas preguntas.

El pequeño entendía quién era Jesús, pero cuando le pregunté si había aceptado a Jesús como su Salvador, empezó a llorar. «No», dijo. Le pregunté si quería aceptar a Cristo ahí mismo. Dudó debido a la presión que sentía por parte de su mamá. Siguió llorando. «No», dijo. Le aseguré que Dios se agradaba cuando nosotros éramos sinceros con él y le dije que volviera a hablar conmigo cuando sintiera que estaba listo. Su madre parecía muy disgustada, pero le dije que fuera paciente y que permitiera que el Espíritu Santo trabajara en la vida de su hijo.

Durante la Semana Santa pasada, en la iglesia de niños, este pequeño vino corriendo donde mí. «Estoy listo para pedirle a Jesús que sea mi Salvador», me dijo. Oramos juntos y pude ver su sinceridad. Esta vez, quien lloró fui yo. Cuando su madre llegó para llevarlo a casa, le conté lo que había pasado y entonces ella lloró. Le agradecí por haber tenido paciencia y por permitir que su hijo hiciera esta importante decisión por sí mismo y sin ningún tipo de presión.

Debido a su proceso de desarrollo, puede que los niños no sean capaces de entender que el bautismo es como ser sepultado con Cristo y ser resucitado con él a una vida nueva. Sin embargo, entender este simbolismo no es vital. Una vez que los niños han orado y están en condiciones de responder las siguientes preguntas, consideramos que están listos para el bautismo.

1. ¿Quién es Jesús?
2. ¿Has hecho alguna vez algo malo?
3. ¿Le has pedido a Dios que te perdone?
4. ¿Es Jesús tu Salvador? ¿Quieres que sea tu mejor amigo?
5. Si haces algo malo hoy, ¿sigue él siendo tu amigo?

El bautismo y la primera comunión

El bautismo de niños y la primera comunión que toman luego del bautismo son las ordenanzas que siguen a la confesión de Cristo como Salvador. Debido a que el bautismo y la primera comunión son asuntos importantes en la vida de los creyentes, los padres sensibles esperarán hasta que sus hijos entiendan la importancia de esto y expresen el deseo de ser bautizados. (Cuando se sirve la Comunión, debido a que creen que lo que están sirviendo es una merienda, por lo general los niños están ansiosos de comer el pan o la galleta y beber el jugo, lo que tanto el pastor como los padres deberían tratar de evitar amablemente.)

Las clases de educación cristiana que enseñan el significado de estas ordenanzas son de mucha ayuda para la familia entera. A los adultos se les da información y se les enseña cómo responder las preguntas de sus hijos, y a los niños se les explica de una manera que puedan entender. Después que los padres y sus hijos asisten a dos clases de una hora cada una para aprender sobre el bautismo y la cena del Señor, los niños son bautizados y reciben la comunión en un servicio vespertino especial durante la época de Semana Santa.

Según uno de mis ex alumnos que es director de Educación Cristiana en una iglesia multicultural grande en California, el domingo cuando los niños toman su primera comunión es uno de los favoritos entre los miembros de la iglesia. Además de reconocer a aquellos niños que han aceptado a Cristo durante el año, el domingo de la primera comunión satisface las necesidades de las familias que aprecian una ceremonia así para recordar estos tiempos tan especiales en las vidas de sus hijos.

Los niños son bautizados en un servicio especial. Luego, en un momento determinado del servicio vespertino del domingo de la primera comunión, los padres se unen a sus hijos cerca del altar y allí le sirven el pan y el jugo a sus hijos.

¡Es una escena impresionante! ¡Los niños —la mayoría vestidos de blanco— tomando la comunión que le ofrecen sus padres! Es un momento que ninguno de ellos va a olvidar jamás. (Véase el apéndice B para información sobre la primera comunión.)

Un fundamento firme

Ministrar a los niños —y a sus padres— es muy importante. Al hacerlo se está construyendo un fundamento firme para una vida dedicada al Padre. Y es una magnífica oportunidad para entrenar a futuros pastores, maestros, predicadores, misioneros, evangelistas y ministros. No sabemos qué serán estos niños cuando lleguen a adultos, por eso debemos verlos como seres que Dios nos ha enviado y usar cada oportunidad para enseñarles con excelencia.

A menudo el ministerio con los niños parece ser el del trabajo más duro y con menos beneficios. No todos los pastores principales reconocen la labor de los que trabajan detrás del escenario. Los maestros no ven los resultados inmediatos de su trabajo, lo que hace que se desanimen con mucha facilidad. Los pastores sabios, los directores y los superintendentes aprovecharán cada oportunidad para felicitar y alentar a estos voluntarios.

Algo que ayuda a mantener alta la motivación son las cenas de gratitud en Navidad y otras ocasiones especiales, como retiros de verano llevados a cabo con el apoyo de la iglesia.

Sugerencias para los líderes

Pida a sus maestros que completen la siguiente asignación: Basándose en lo que hemos estudiado sobre las necesidades de los niños en el salón de cuna, preescolar, jardín infantil y grados de primero a sexto, complete la tabla «¿Qué necesitan saber los niños sobre...?»

¿Qué necesitan saber los niños sobre...?

	El Padre	Jesucristo	El Espíritu Santo	La Biblia	La iglesia
Salón de cuna					
Preescolar					
Jardín infantil					
Primero a tercer grado					
Cuarto a sexto grado					

Una nota sobre decoración

Los niños se sienten importantes para Dios cuando el ambiente de sus salas de clases es brillante, alegre, cómodo y limpio. Decore su sala de clases con motivos cristianos y con personajes y animales de historias para niños. Las sillas y mesas pequeñas y coloridas, las cajas de juguetes brillantes, ganchos para abrigos y suéteres, y adornos al nivel de la vista de los niños hará que estos —y sus padres— sientan que se les valora.

¿Lo recuerdas?

En este capítulo evaluamos los méritos de la enseñanza según el desarrollo al evaluar las necesidades de los niños desde el salón de cuna hasta sexto grado. A continuación, un resumen de los puntos más importantes para recordar.

• *Los niños son una bendición.* Una iglesia sin niños es una iglesia que se está muriendo; por lo tanto, cuide a cada uno de los niños que tiene en su ministerio. Siembre la Palabra de Dios en sus corazones enseñándoles según su edad usando juegos y actividades divertidas.

• *Crecer en sabiduría, estatura y favor.* Según Lucas 2:52, los niños CRECEN sobre un fundamento espiritual. Por lo tanto, les damos amor, nos preocupamos por sus necesidades y les enseñamos obediencia a la Palabra, a su voluntad y a los planes de Dios. Este es el propósito del ministerio de los niños.

• *Dar amor.* Los voluntarios deben amar verdaderamente a los niños y exhibir el fruto del Espíritu. El afecto a los niños debe expresarse en una forma apropiada. Abrácelos de lado y tóqueles solo las manos y los hombros.

• *Preocupación por sus necesidades.* Entender a los niños en su desarrollo significa que somos capaces de ministrarles más efectivamente.

Salón de cuna. Los niños son muy activos y requieren mucha supervisión. Es vital mantener una proporción de un adulto por cada tres o cuatro niños. Los niños aprenden con juegos, títeres, canciones, lecturas y la repetición, y además les encanta recibir regalos como *calcomanías.*

Preescolar y jardín infantil. Aunque un poco mayores y algo más independientes, estos niños también necesitan mucha supervisión. Se recomienda un adulto por cada cinco o seis niños. Ellos también aprenden jugando. Tienen una imaginación muy despierta. Los centros de actividades son excelentes para enseñar a los niños de esta edad.

Primero a tercer grado. El desarrollo ocurre en diferentes grados porque cada niño es diferente del otro. Como los músculos están todavía desarrollándose, los voluntarios deberán ayudarles a cumplir ciertas tareas de modo que los niños sientan que han tenido éxito. El aprendizaje cooperativo, preguntas y respuestas, y un ambiente cálido y de apoyo son formas efectivas de enseñar.

Cuarto a sexto grado. A esta edad los niños son más competitivos. Practicar algunos juegos es una excelente actividad y concederles premios los motiva tremendamente; sin embargo, aún están en la etapa literal y tienen dificultad para entender los conceptos abstractos. En general, evite usar con ellos clichés cristianos al momento de enseñar.

• *Obediencia.* La disciplina es importante para enseñar a los niños obediencia. Emplee las separaciones breves —un máximo de un minuto por cada año que tenga el niño— cuando ocurran los problemas. Si es necesario, notifique a los padres.

• *Conducirlos a un encuentro personal con Cristo.* La iglesia infantil es una manera de enseñar a los niños la palabra de Dios. Llevan a cabo un servicio de iglesia completo, con alabanza y adoración donde ellos mismos son los líderes. Después se dividen en pequeñas clases para una lección más detallada, trabajos manuales y merienda. El currículo en espiral, que presenta una lección del mismo pasaje bíblico para cada grado, reintroduce información en varios niveles y es una manera excelente de reforzar el material previamente aprendido.

• **Salvación y bautismo.** En cada clase debe invitarse a los niños a aceptar a Cristo como su amigo y Salvador. Deben bautizarse y recibir la comunión solo cuando entiendan lo que significan estas ordenanzas. El domingo de la primera comunión durante la Semana Santa es una manera de resaltar estos momentos especiales tanto para los niños como para sus padres.

• **Decoración.** Es importante tener un ambiente alegre para los niños. Decore la sala con temas bíblicos o con personajes y animales que les sean familiares. Tener sillas y mesas pequeñas, de acuerdo al tamaño de los niños, y adornos al nivel de sus ojos, hará que los niños y sus padres se sientan valorados.

¿Qué viene a continuación?

Según los niños van creciendo, sus necesidades se hacen más complejas y la educación cristiana debe variar de acuerdo a esto. En el siguiente capítulo veremos cómo atender las necesidades de un grupo muy especial: preadolescentes y adolescentes.

Capítulo 8

Gánese el derecho a que lo escuchen
Cómo enseñar a preadolescentes y adolescentes

Objetivo

Al finalizar este capítulo usted decidirá cómo ganarse el derecho a que lo escuchen evaluando las necesidades de los preadolescentes y los adolescentes.

¿Qué rayos realmente quieren? Observamos a los preadolescentes y a los adolescentes y nos sorprendemos por su brusca conducta, su aparente indiferencia hacia la autoridad y la actitud apática que a veces se refleja en sus rostros. Vemos el gran esfuerzo que hacen para vestirse con colores extravagantes y usar ropa escandalosa. ¿Por qué? ¿Qué rayos es lo que realmente quieren?

Alguien se preocupa

Los preadolescentes y los adolescentes quieren que se fijen en ellos. Quieren saber que son importantes. Quieren saber que alguien se preocupa por ellos. Y quieren que los aceptemos por lo que son.

Durante los años de la adolescencia, la búsqueda de la identidad es una tarea importante. El sentido de pertenencia es una fuerza insaciable donde sus pares son lo más importante. A través del espejo de sus compañeros, el adolescente busca definición y pertenencia. Si fracasa en este intento, entonces se hunde en un mar de confusión sobre quién es él y cuál es el papel que debe jugar en la sociedad.

Con imágenes conflictivas superpuestas por los medios de

comunicación, la escuela, el gobierno y los promotores de un relativismo moral, no es sorpresa para nadie que nuestra juventud, casi en silencio, clame por ayuda. Sabemos que Cristo Jesús es la respuesta. ¿Pero cómo hacemos para que nos escuchen?

El regalo del tiempo

En el ministerio con la juventud, no hay sustituto para el regalo del tiempo. Pasar horas en la pista de patinaje, en la cancha de básquetbol, en un parque de diversiones, en las escuelas, en campamentos y retiros, son formas de ganarse el derecho a que nos escuchen. A cambio, los muchachos responden apareciéndose en masa en las actividades de la iglesia e invitando a sus amigos.

Un proceso educacional exitoso puede ser *formal, no formal o informal*. La sala de clases ofrece el ambiente tradicionalmente *formal* donde tiene lugar la enseñanza con escritorios, sillas, pizarrones, proyectores y computadoras. El ambiente *no formal* lo constituyen las reuniones de grupos pequeños que por lo general ocurren en la intimidad de una sala o en los salones pequeños de la iglesia. La educación *informal* tiene lugar en cualquier parte, a cualquier hora, todo el tiempo. De hecho, esta es la forma en que los padres han sido instruidos para enseñar los mandamientos de Dios a sus hijos.

> Grábate en el corazón estas palabras que hoy te mando. Incúlcaselas continuamente a tus hijos. Háblales de ellas cuando estés en tu casa y cuando vayas por el camino, cuando te acuestes y cuando te levantes.
>
> —Deuteronomio 6:6-7

Mientras que los ambientes formal y no formal son procesos valiosos de forma inherente, encarnar las Buenas Nuevas —ser ejemplos vivientes de lo que significa ser cristiano— es especialmente visible a través del proceso informal. En un momento cuando los jóvenes están buscando dónde pertenecen y quiénes son, «pasar el rato» con ellos y enseñarles informalmente es uno de los métodos más efectivos de enseñanza o discipulado. A través del proceso informal los líderes modelan el estilo de vida cristiano.

Jesús y el adolescente

¿Dedicó Jesús tiempo a los adolescentes? Hay una pequeña indicación en la Biblia de que el joven Marcos pudo haber estado en la compañía del Señor. Por lo general, la historia bíblica no se refiere al Marcos que escribió uno de los evangelios como un testigo ocular del ministerio de Jesús. En lugar de eso, se dice que el joven viajó con Pedro, de quien recibió la información que después incluyó en su escrito. Pero una mirada de cerca al texto sugiere que este adolescente sin duda fue un testigo al menos de algunos de los acontecimientos más importantes en la vida de nuestro Señor.

Durante la noche de la traición, los discípulos estaban con Jesús en el huerto de Getsemaní. Atemorizados y alarmados por su arresto, todos huyeron. Luego, leemos esta interesante anécdota en el evangelio de Marcos:

> Cierto joven que se cubría con solo una sábana, iba siguiendo a Jesús. Lo detuvieron, pero él soltó la sábana y escapó desnudo.
>
> —Marcos 14:51-52

Como todos los discípulos ya habían huido, ¿quién estaba ahí para ser testigo de esta escena? Ninguno de los otros tres evangelios tiene registrado este incidente, lo que hace pensar que es una nota autobiográfica del autor. Aunque demasiado joven para ser su discípulo, Marcos probablemente siguió de cerca en varias ocasiones al grupo que acompañaba a Jesús. Y a su corta edad, fue un fiel seguidor y, de hecho, el último en salir huyendo ¡y corrió solo cuando los soldados trataron de arrestarlo! Gracias a la amistad con Jesús, Pedro y los otros discípulos, Marcos llegó a ser un creyente y el escritor de uno de los evangelios.

El primer verano en mi nueva iglesia me rompió el corazón. Miré a mi alrededor y vi docenas de adolescentes asistiendo fielmente a los servicios, algunos con sus padres, la mayoría solos. Lo que me entristeció fue que aparte del servicio del domingo en la mañana, no había ninguna otra actividad para ellos. Recordé lo vital que había sido para mí como adolescente el ministerio para jóvenes.

Mi vida familiar fue caótica. Con una madre mentalmente enferma, la vida en mi hogar era inestable, por no decir mucho más. Recuerdo haber estado triste y asustada la mayor parte del

tiempo. Lo inesperado era lo que más me asustaba, y anhelaba la tranquilidad y la estabilidad de una rutina. Mi padre se las arreglaba lo mejor que podía. Un día decidió que lo mejor para nuestro bienestar era regresar a casa de sus padres —mis abuelos— y nos llevó a nosotros con él.

Cerca de la casa de mis abuelos había una pequeña iglesia. ¡El ministerio de jóvenes de aquella iglesia rescató mi vida! Cada sábado, Philip y Steven se reunían con nosotros para ensayar para un ministerio de drama llamado la «Asociación de Drama». Gladys, la hija del pastor, dirigía el coro de jóvenes que también ensayaba los sábados. ¡Con qué ansias esperaba esas reuniones semanales! Descubrí que Jesús era el amigo fiel que tan desesperadamente necesitaba.

Al recordar los efectos que aquel ministerio de jóvenes tuvo en mi vida, decidí que tenía una magnífica oportunidad de retribuir en parte lo que por gracia había recibido. Con el apoyo económico de la iglesia, alquilé autobuses escolares durante el verano, conseguí más adultos voluntarios y llevé a los muchachos a patinar, a nadar y a los parques de diversiones. Cuando había que pagar alguna admisión, los padres asumían esa responsabilidad, pero la iglesia patrocinaba a los que no tenían los medios. Feliz de tener algo que hacer durante sus días de verano, los muchachos invitaron a sus amigos y nuestro pequeño grupo comenzó a crecer.

Después de varios de estos viajes, decidí que era tiempo de tener una reunión de jóvenes el viernes por la noche. Aquella primera noche, la capilla estaba abarrotada con más de cien adolescentes, muchos más de los que habían estado saliendo los sábados. A partir de ahí floreció, para sorpresa de muchos, un ministerio regular para jóvenes.

Amábamos a esa juventud, y lo demostrábamos pasando un tiempo valioso con ellos. Durante las vacaciones de verano y otros días festivos, como Navidad y Semana Santa, siempre se planificaba algo emocionante para ellos. Los muchachos sabían que sus líderes se preocupaban de ellos. A cambio, cuando planificábamos servicios para jóvenes, llegaban en masa. Invitaban a familiares, amigos y, en algunos casos, ¡a todo su equipo de atletismo!

Estos muchachos respondían por una razón y solo una. Al darles el regalo de nuestro tiempo, nos habíamos ganado el derecho a que nos escucharan.

La escuela intermedia

En séptimo, octavo y noveno grado la palabra clave es *diversión*. Entre a cualquiera sala de clases de escuela intermedia y es fácil ver que estos estudiantes tienen un asombroso sentido del humor. Les gustan las bromas pesadas y aprovechan cualquiera ocasión para actuar como tontos. Son capaces de estar serios por breves períodos de tiempo pero son rápidos en calificar de «aburrida» hasta la mejor de las intenciones si no alcanza su estándar de diversión. Ya son capaces de pensar hipotéticamente y entender conceptos abstractos, por lo que hablar y discutir encabezan la lista de sus formas preferidas para aprender.

Como están comenzando a sentir atracción por el sexo opuesto, los adolescentes están muy conscientes de su apariencia física. Parte de su sentido de pertenencia tiene que ver con ser como sus pares, de modo que la conformidad en el vestuario es crucial. No lograrlo puede ser para ellos la peor de las pesadillas. Su autoestima gira sobre factores externos tales como el cabello y la ropa, por lo que los líderes deben ayudar a estos jóvenes a identificar sus dones y talentos para poder sentirse bien sobre algo más que simplemente lucir bien.

Tanto las jovencitas como los jovencitos son emocionalmente inestables. El cambio de humor puede ser drástico e intenso, yendo en un segundo de lo más alto a lo más bajo. Aunque acostumbran tomar muy seriamente las ofensas personales, la mayoría están dispuestos a perdonar si les parece que han sido tratados en forma justa. La capacidad para resolver conflictos es esencial para quienes ministran a personas de este grupo de edad.

Tiempo de recordar

Antes de que comience a estudiar a los diferentes grupos según su edad y características, podría resultar muy favorable que piense un poco en sus años de adolescente. ¿Cuáles eran sus miedos? ¿Cuáles eran sus retos? ¿Cómo era la vida en su hogar? ¿Cómo era su relación con sus hermanos y hermanas? ¿Podía hablar con sus padres? ¿Cómo era su aspecto físico? ¿Le gustaba vivir en su cuerpo? ¿Tenía espinillas? ¿Era popular? ¿Era atlético? ¿Era parte del grupo de chicos y chicas? ¿Consideraba que su iglesia era su familia? ¿Cómo suplían ellos sus necesidades «famosos»? ¿Qué le hubiera gustado que la comunidad de la iglesia hubiera hecho diferente? ¿Qué preguntas les respondieron? ¿Cuáles no? Cierre sus ojos y recuerde...

La escuela secundaria

De noveno grado a cuarto año gran parte del enfoque es terminar la escuela secundaria y decidir a qué universidad ir y qué profesión seguir. En general, los jóvenes de secundaria disfrutan muchísimo de la música, y la adoración a su héroe está en su punto máximo.

Estos chicos tratan de ajustar lo que conocen del mundo a lo que entienden sobre Dios. Son muy idealistas y quieren que el mundo sea justo. Por lo tanto, en sus preguntas acerca de Dios frecuentemente dicen: «¿Por qué Dios permite tal cosa?» Además de experiencias confusas que pueden crear dudas en ellos, otros estudiantes con trasfondo religioso diferente al cristianismo desafían a estos jóvenes con preguntas sobre la Biblia, lo que los obliga a reevaluar su fe. Indiscutiblemente, cuando ven una conducta inconsistente o hipocresía, son rápidos en criticar y condenar. Los padres que traspasar los límites y que viven vidas diferentes de lunes a sábado a la que viven los domingos en la mañana es probable que sean el obstáculo más grande para que sus hijos adolescentes abracen su fe de todo corazón.

Aunque no estén, necesariamente, demandando perfección, exigen sinceridad. Los líderes de jóvenes que hablan con sinceridad de sus angustias y sus éxitos son los que sus alumnos consideran «auténticos». Es imposible tener un ministerio efectivo sin respeto, y los adolescentes no respetarán a alguien a quien consideren un falso.

Un modelo del siglo veintiuno

Parece que el ministerio de jóvenes en el siglo veintiuno tiene serios rivales en la Internet, el correo electrónico y MTV[1]. El mun-

---

[1] Nota del editor: MTV es un canal de televisión por cable en los Estados Unidos que transmite videos musicales y programas relacionados las veinticuatro horas del día.

do está tan complicado y se mueve tan aprisa que podríamos estar preguntándonos en nuestras iglesias: «¿Cómo vamos a competir con todo esto?»

Pero le puedo asegurar que las pantallas de computadora jamás podrán sustituir el contacto personal. Y las relaciones son las que producen discípulos.

Dejar que los jóvenes confronten sus preguntas difíciles —y darles la libertad para que hagan preguntas— ayuda a integrar las verdades bíblicas a las realidades diarias de estos muchachos. Este método demanda un acercamiento del ministerio de jóvenes que no está centrado en el maestro sino en el alumno. Por ejemplo, en lugar de ser oyentes pasivos de una conferencia o un sermón, los alumnos deben participar activamente en el proceso de aprendizaje. En este modelo, el maestro es el que facilita, es quien provee medios creativos para ayudarles a hablar, a analizar, a hacer preguntas, a investigar la verdad, a resolver problemas y a llegar a conclusiones. Los jóvenes deben «excavar» en sus Biblias, memorizar versículos y pasajes enteros, investigar y analizar los asuntos de su diario vivir a la luz de la palabra de Dios; es decir, ¡aprender en la iglesia de la misma manera que aprenden en la escuela!

La predicación, la enseñanza y las charlas son necesarias, pero no son los únicos métodos. Si los líderes no están escuchando lo que los alumnos están pensando, si no hay forma en que puedan introducir asuntos que consideran importantes en su ambiente de aprendizaje, entonces el ministerio no está rascando donde le pica a los estudiantes.

Bernadette, una jovencita bastante inquisitiva, asistía a una iglesia bautista filipina. Daba la impresión de estar siempre «llevando la contraria» pues cada vez que la lección llegaba a su fin, preguntaba: «¿Y cuál es el punto?» El maestro, después de haberse esforzado por dar su clase, se sentía tremendamente frustrado y con ganas de halarse todos los pelos de la cabeza.

Su asistente, Diosdado Portugal, era un maestro con un grado académico en Educación Cristiana. Con lo que había aprendido en la clase, empezó a analizar las dificultades que estaban teniendo con Bernadette cada domingo. Le explicó al maestro titular que la chica no estaba aprendiendo solo oyendo. De alguna manera, ella y los demás alumnos necesitaban una oportunidad para ver cómo estas lecciones encajaban en su realidad.

Entonces, el maestro empezó a invitar a los alumnos a contarle lo que estaba ocurriendo en sus vidas, y la participación de los jóvenes aumentó dramáticamente. Al tener la posibilidad de hacer más preguntas, se interesaron más en lo que la Biblia tenía que decir. Como resultado, experimentaron un excelente tiempo de enseñanza-aprendizaje y los maestros se sintieron satisfechos.

«La sinceridad de Bernadette nos obligó a cambiar nuestro estilo de enseñanza», dijo el maestro asistente. «Nuestras lecciones tenían que ser más interactivas».

Sugerencias para los líderes

Antes que los alumnos hagan un viaje, los padres deben firmar una hoja autorizando a los voluntarios a sacarlos de la propiedad de la iglesia. La hoja de permiso también debe contener información sobre alergias o enfermedades que puedan padecer. Los padres tienen la responsabilidad de revisar con sus hijos el reglamento de la iglesia y firmar como constancia de que lo han hecho. (Véase el apéndice B donde encontrará una muestra del «Formulario de permiso para viajar» que puede ser un ejemplo para preparar el suyo.)

Entrenamiento

La *interacción*, otra manera de ganarse el derecho de que nos oigan, representa lo que podría ocurrir en cada ministerio de jóvenes. Los líderes y los maestros necesitan practicar el arte de oír a sus alumnos. Y los líderes de jóvenes deben tener entrenamiento en esto. Punto.

B.O.S.S. y Juventud para Cristo

Al y Hattie Hollingsworth, una dinámica pareja cristiana con un ministerio multifacético localizado en el sur de California, han desarrollado un programa intensivo que es uno de los mejores para entrenar a personas que trabajan con jóvenes y líderes de estudiantes. Basado en sólidos principios bíblicos, «Building On Spiritual Substance» [B.O.S.S. por sus siglas en inglés, *Construir sobre una firme base espiritual*] enfatiza un estilo de liderazgo cristiano, honesto y responsable. Una vez que han completado el curso en forma satisfactoria, los líderes de jóvenes reciben un diploma que los certifica para enseñar el curso en sus iglesias locales[2].

Además de proveer entrenamiento, «Youth for Christ» [Juventud para Cristo], un ministerio nacional que evangeliza en las escuelas secundarias, ofrece actividades ministeriales durante todo el año. Ellos hacen los planes. Usted solo lleva a los muchachos. Actividades como YFC's OVERTIME [Tiempo Extra con Juventud para Cristo] es un ejemplo. Los jóvenes pasan toda una noche sin dormir, de ahí el nombre del programa. Van a parques de diversiones, conciertos, pistas de patinaje, y otras cosas por el estilo, de una actividad en otra. A una determinada hora de la noche (¡o de la madrugada!) se sientan a escuchar un mensaje que los desafía a hacer una decisión por Cristo. OVERTIME y programas como estos son formas creativas de mezclar diversión y ministerio.

Internado hispano

Es posible que todos estemos de acuerdo en que el mejor entrenamiento ocurre en el trabajo directo. Los programas de internado ofrecen precisamente eso al permitirles a los líderes la oportunidad de aprender de los expertos a través de un entrenamiento en el trabajo mismo. Uno de los mejores que este país tiene para ofrecer es *KIDWORKS*, un ministerio para niños y adolescentes sostenido por el *Hispanic Ministry Center* dirigido por Larry Acosta[3].

Los internos viven en los barrios donde tiene lugar el ministerio, participando en *KidsClub* [Club de Niños], un programa para niños de la escuela elemental, y formando grupos mentores para enseñar currículos basados en los valores cristianos. Para el ministerio con jóvenes, los internos trabajan junto a otros líderes juveniles para organizar torneos deportivos, comenzar o ayudar con estudios bíblicos y pasar tiempo con los adolescentes para demostrarles que se les ama y se les aprecia. Es una experiencia de misiones que ha demostrado cambiar vidas, y la iglesia local se beneficiará una vez que los líderes de jóvenes vuelvan a sus hogares.

---

2 Para más información sobre B.O.S.S., llame al (909) 861-3846.
3 Si desea más información contacte a los codirectores David Benavides y John Lewis llamando al (714) 554-7500.

Esto es solo un ejemplo de las posibilidades de entrenamiento que existen. Varias denominaciones y otros ministerios también entrenan a voluntarios en el ministerio de la juventud por medio de conferencias locales, regionales y nacionales. Separar una parte del presupuesto para que estos líderes se entrenen mejor bien vale la pena la inversión. Para los que asistan, el mayor beneficio es aprender sobre nuevos modelos de ministerio, establecer contactos y compartir ideas. Si alguien desea dedicarse a un ministerio de tiempo completo con niños y jóvenes, estudiar y graduarse de cursos especializados de estudio en una universidad cristiana o seminario, aumenta la pericia y maximiza las posibilidades.

Participación de los padres

Los años de la adolescencia son tan desafiantes para los padres como lo son para los muchachos. A menudo, los problemas se pueden evitar si los padres saben qué esperar y están preparados para reaccionar. Los líderes deben proponerse involucrar a los padres en estos años tan importantes porque, idealmente, la iglesia debe reforzar lo que se está haciendo en el hogar. Desarrollar las habilidades para la comunicación, la educación sobre abstinencia y la preparación para estudios universitarios son unos pocos ejemplos de temas de seminarios que preparan mejor a los padres y a sus hijos adolescentes.

No obstante nuestros esfuerzos de hacer participar a los padres en la educación cristiana de sus hijos, es una falacia asumir siempre que lo que se enseña en la sala de clases será reforzado en el hogar. A continuación un ejemplo de una maestra de jovencitos de escuela intermedia que demuestra que los padres a veces pueden malinterpretar los asuntos de doctrina. Por lo tanto, debe ser la responsabilidad del maestro comunicar con efectividad a los alumnos las verdades bíblicas. La maestra voluntaria, La Roya Jordan, explica:

Estaba enseñando el tema de la salvación según Romanos 10:9. Habíamos estudiado este pasaje durante varias semanas y había insistido en que cuando aceptamos a Cristo como Salvador, él nos cambia y nos hace nuevos.

Un domingo después de la clase, un alumno pidió hablar conmigo. Se veía nervioso y muy preocupado. Le pregunté qué le pasaba.

«Mi padre me dijo que yo nunca podría ser salvo», dijo. Aparentemente, este muchacho había tenido un problema en la escuela y su padre, que era fiel en traer a su hijo a mi clase, había decidido que la salvación era únicamente para los que merecían ser salvos. Le había dicho a su hijo en repetidas ocasiones que para él no había esperanza.

Le pedí que se sentara y volvimos juntos al pasaje de Romanos 10:9. «¿Qué está diciendo Dios aquí? Lee el versículo en voz alta».

«Que si tú confiesas con tu boca que Jesús es Señor, y crees en tu corazón que Dios lo levantó de los muertos, serás salvo», leyó.

«¿Crees que ese tú te incluye a ti?», le pregunté. Le ayudé a ver que ese «tú» se refería a él. Le dije que sentía mucho que su padre no entendiera cuánto nos ama Dios que acepta a cualquiera que cree en él. Aquella mañana, él oró ansioso por recibir a Cristo como su Señor y Salvador. Nunca olvidaré ese momento.

Enseñar lo básico

Es probable que cuando enseñemos sea mejor asumir inicialmente que los alumnos saben muy poco de la fe cristiana, incluyendo la salvación. Esto es especialmente importante en nuestra cultura contemporánea. Muchos adultos han decidido «no forzar» a sus hijos a ir a la iglesia; por lo tanto, algunos adolescentes y adultos jóvenes crecen sin el beneficio de una rica herencia cristiana.

En muchos casos estamos enseñando a una generación de gente joven sin iglesia. No podemos asumir que conocen el relato de Noé, Moisés ante el Mar Rojo, o cualquier otro pasaje familiar a quienes asisten a la Escuela Dominical. Debemos enseñar y explicar estos pasajes como si estos muchachos estuvieran escuchándolos por primera vez, porque en muchas ocasiones así es.

Una vez al año acostumbrábamos llevar a nuestros alumnos de secundaria a un retiro de invierno. Este viaje era tan esperado por nuestros chicos que los padres lo aprovechaban para negarles el permiso si no habían alcanzado un buen rendimiento durante la primera mitad del año escolar. Desesperados, los muchachos llamaban pidiendo ayuda. A mi vez, yo telefoneaba a sus padres y les rogaba que los autorizaran, solo por esta vez.

«¡Este no es el momento de impedir que su hijo vaya al retiro!», era mi ruego. «Si lo deja ir, le aseguro que va a volver diferente». Los padres confiaban en mí y cedían. Así, con los muchachos obligados a portarse muy bien, partíamos.

El campamento al que íbamos era una garantía de un ministerio que cambiaría vidas y tendríamos un final feliz. Maurice Miller, un veterano trabajando con jóvenes, era un genio al momento de planear las actividades y eventos más extraordinarios. Al final del retiro de tres días (jueves a sábado), docenas de muchachos habían entregado sus vidas a Cristo. Los consejeros, exhaustos por el trabajo de aquellos tres días, parecían rebosantes con el fruto de sus oraciones y su trabajo. Era, en verdad, una experiencia maravillosa.

Un año, tuvimos un grupo de jóvenes excepcionalmente grande, que llenaron los autobuses que nos llevaron a las montañas. Y, como era usual, en el campamento había varias iglesias que también habían planificado retiros con su juventud.

Después de la primera sesión, los adultos supimos que algo era diferente, y que no era nada bueno. Nos reunimos y oramos, y el Espíritu Santo nos reveló el problema. Muchos de los muchachos no eran salvos y era casi imposible ministrar. Así es que en lugar de esperar hasta el final de la última noche para hacer la invitación a aceptar a Cristo, decidimos hacer la invitación al comienzo del retiro.

¡Qué diferencia! Fue como una brisa de aire fresco, la brisa del Espíritu Santo. Las actitudes cambiaron. Aunque los jóvenes continuaron haciendo decisiones a lo largo de los días del retiro, comenzar con la salvación fue el punto de partida del ministerio aquel año.

Sexo, drogas, licor y suicidio

Los alumnos que tienen una pobre autoestima o que vienen de familias destrozadas pueden terminar flirteando con el sexo, las drogas, el licor, uniéndose a pandillas, o con cualquier combinación destructiva de estas cosas. Por supuesto, la mayoría de los adolescentes, aun los que pertenecen a los mejores hogares, tienen que luchar también contra estos asuntos. La presión de sus pares es lo suficientemente fuerte como para empujar al alumno más allá de los límites de lo seguro, razonable y del simple sentido común.

Los líderes de jóvenes deberían tener al alcance de la mano recursos de agencias de servicio social especializadas en proveer ayuda de emergencia a adolescentes en problemas. El número telefónico de una oficina de ayuda al joven suicida debería estar en un lugar visible en la oficina de jóvenes para una rápida y fácil referencia. Por ley, todos los intentos de suicidio deben reportarse de inmediato a la autoridad. No trate de juzgar la severidad del intento. Deje esta decisión a los profesionales.

Educación sobre abstinencia

En la era del HIV y del SIDA, enseñar la abstinencia sexual debería ser uno de los principales componentes del ministerio de educación cristiana. Hay estudios que muestran que los jóvenes que asisten a la iglesia una o más veces en la semana son menos propensos a estar sexualmente activos. Esta es una tremenda noticia, pero asistir a la iglesia no lo es todo. Necesitamos hacer más. Y podemos.

Se habla de sexo en todas partes menos en la iglesia. Pero es aquí donde deberían fijarse los estándares y discutirse el tema. La abstinencia comienza con la obediencia a la palabra de Dios. La base bíblica para un acercamiento positivo a la educación sobre la abstinencia es que Dios creó el sexo, que es bueno porque él lo creó, y que es mejor disfrutarlo dentro de los límites de una amorosa relación matrimonial.

Mientras la mayoría de las clases de educación sexual en la secundaria enseñan a los alumnos cómo tener «sexo seguro», la educación sobre abstinencia enseña la importancia de hacer decisiones saludables que son esenciales en todos los aspectos de la vida, no solamente de posponer las relaciones sexuales hasta el matrimonio. Los programas de castidad cristiana donde los adolescentes hacen votos de abstinencia son una forma excelente para capitalizar positivamente la presión de sus pares. La responsabilidad se crea cuando los alumnos hacen compromisos en presencia de sus amigos. Es un cuadro visual poderoso... un momento memorable.

Otra forma en que la educación cristiana puede satisfacer las necesidades de los adolescentes es preparando a los alumnos que asisten a escuelas públicas como «modelos» que actúen en debates en la sala de clases o en discusiones en el tiempo del almuerzo. También se puede entrenar a estos alumnos modelos para que enseñen recursos de resistencia: cómo decir no a sus amigos y compañeros de estudio. A quienes completen satisfactoriamente este entrenamiento y se mantengan en abstinencia, se les pueden dar premios especiales por parte de la iglesia local o la denominación, tales como becas para proseguir sus estudios a nivel superior. La abstinencia está experimentando un resurgimiento en los Estados Unidos. Qué mejor grupo que la juventud de la iglesia local para influir en la práctica de la abstinencia.

Sugerencias para los líderes

Cuando hay suicidio

Asegúrese de que todas las personas que trabajan con jóvenes estén al tanto de las políticas de la iglesia para reportar intentos o amenazas de suicidio. Analice detalles con el ministerio de consejería, o llame a la línea de emergencia para que le indiquen qué hacer. Revise periódicamente las políticas en las reuniones del personal. La política más segura es reportar inmediatamente a las autoridades cualquier intento de suicidio.

Cuando hay abuso físico o sexual

Debe notificarse cualquier sospecha de abuso físico o sexual. El respeto a la confidencialidad no aplica en casos donde hay menores en peligro. Llame a la policía o a servicios sociales para conocer las políticas del estado para informar tales ofensas.

Ritos de paso[4]

En las iglesias afroamericanas, un rito de paso, o un entrenamiento de masculinidad para niños, es una excelente ocasión para desarrollar el carácter cristiano en los jóvenes. Esta tradición data de muchos siglos atrás, cuando los niños eran sacados de sus aldeas por los hombres adultos. Lejos del confort diario, se les enseñaban habilidades que los capacitaran para asumir sus responsabilidades en su

[4] Ceremonias o ritos que se celebran para marcar el paso de una etapa de la vida a otra como, por ejemplo, la mayoría de edad, el matrimonio, etc.

comunidad. Cuando volvían a sus casas, volvían convertidos en hombres.

En las iglesias, el ministerio de ritos de paso enseña a los hombres jóvenes autorespeto, respeto por los demás y su propiedad, y responsabilidad hacia ellos mismos, sus familias, su comunidad y su iglesia. Los hombres maduros espiritualmente que han sido disciplinados y entrenados actúan como mentores y modelos. La enseñanza tiene lugar en clases formales y a través de actividades informales tales como competencias deportivas, viajes misioneros, visitas a museos, juegos y conciertos.

Este es un ministerio muy valioso para todos los niños de entre once y catorce años. Mi esposo instituyó en nuestra iglesia un rito de paso al completarse un año. Los niños se reúnen un sábado por la mañana y pasan todo el día con sus líderes, que reciben el nombre de *campeones*. El éxito de este programa ha llamado la atención de la ciudad entera, incluyendo al alcalde. No solo los niños han sido influenciados positivamente sino también los campeones.

Como respuesta a un desafío en un retiro para que se involucrara en el ministerio, Reggie Varra se unió a un rito de paso y se comprometió a servir como campeón durante un año. Completó su entrenamiento y se esforzó por cumplir sus responsabilidades como mentor.

Después de varios meses, se le ofreció un ascenso en su trabajo para que fuera el responsable de un grupo de trabajadores en una importante planta manufacturera. Esto significaba que sería el responsable de coordinar el comienzo de una instalación de 500 mil pies cuadrados. El aumento en su salario era importante. El sueño de su carrera hecho realidad.

Reggie, sin embargo, tenía un problema. Esta promoción lo obligaba a mudarse a tres mil millas de Nueva York. En lugar de decepcionar a sus alumnos del rito de paso, declinó la oferta. Lo que habría sido un tremendo sacrificio para otros (sin duda que Dios entendería) a Reggie no le tomó ni un segundo pensarlo. Estaba sembrando en la vida de estos niños, y dejar el trabajo sin terminar —pese a lo justificable que pudiera ser— ni siquiera fue una opción para él.

Meses después de haber declinado la oferta, le ofrecieron otra posición, pero esta vez sin que necesitara mudarse. Y el aumento

salarial fue aun mayor que el que le habían ofrecido antes. Al decidirse a honrar su compromiso, Reggie experimentó la verdad que dice que Dios honra a los que le honran.

No es contra seres humanos

Para los jóvenes sin el beneficio de tales programas, a menudo las pandillas llegan a constituir su razón de existir. Desde Nueva York a California lamentamos todos los jóvenes que han tenido que ser sepultados antes de tiempo debido a las guerras que libran las pandillas de las ciudades. Por eso, un ministerio efectivo a los jóvenes debe incluir la enseñanza de la realidad de la guerra espiritual, y que ellos pueden ganar esta guerra con la ayuda del Señor. Los dramas son un recurso que educa a la vez que entretiene. A continuación, una anécdota sobre una obra titulada «No es contra seres humanos».

Un verano sepultamos a tres jóvenes adolescentes. Dos habían muerto como consecuencia de peleas entre pandillas. El tercero, había muerto accidentalmente. Este último era un buen estudiante, un atleta estrella, pero acostumbraba andar con un revólver para protegerse de quienes se burlaban de él porque decían que era un estúpido. Como era un muchacho inteligente se había convertido en el blanco de muchos.

Una noche, decidió jugar a la ruleta rusa delante de sus pares y perdió. Al apuntar el cañón de su revólver a su sien, los demás se reían y se burlaban de él. No se imaginaban que el arma estaba cargada.

¿Por qué estos muchachos se están matando? ¿Cómo podemos ayudarles a entender que es el diablo quien los incita a apretar el gatillo? Mediante oraciones de intercesión e inspirados en la novela de Frank Peretti, _Esta patente oscuridad_ [5], nació la obra teatral «No es contra seres humanos».

Comenzó así. Después de varias semanas de oración, una mañana desperté con la idea de crear una obra teatral basada en este pasaje: «Porque nuestra lucha no es contra seres humanos,

---

[5] Editorial Vida, 1989.

sino contra poderes, contra autoridades, contra potestades que dominan este mundo de tinieblas, contra fuerzas espirituales malignas en la regiones celestiales» (Ef 6:12).

La trama es simple. Hay dos pandillas: una femenina y otra masculina. Una de las muchachas en la pandilla femenina resulta embarazada y tiene que decidir qué hacer. Uno de los muchachos de la pandilla de varones trata de salirse de la pandilla y lo matan en el intento. A lo largo de la obra intervienen los ángeles hablándoles a los jóvenes e inspirándoles a hacer la decisión correcta. Los demonios, por su parte, usan el halago, las burlas y la incitación para tratar de destruir a esa juventud. Los ángeles, por supuesto, usan hermosos trajes blancos. Los demonios, por su parte, visten horriblemente, con máscaras aterradoras y trajes de colores oscuros. Sin estar conscientes de su presencia, los actores reaccionan ante lo que les dicen estos espíritus y sus decisiones llevan la trama a su clímax.

La obra termina con el funeral del personaje principal. En la iglesia, cuando se predica el sermón fúnebre, los miembros de la pandilla aceptan a Cristo.

Para convertir esta obra en un libreto le pedí a un amigo que me preparara un borrador con la versión completa de mis notas de modo que luego pudiéramos preparar un guión. No teníamos idea de si la gente se interesaría en esta producción así que decidimos hacer un sesión abierta de audiciones.

Aunque especificamos que necesitábamos adolescentes, los actores aspirantes en nuestra audiencia incluían adultos y unos pocos que podían cantar. Afortunadamente, teníamos más que suficientes actores y actrices para el reparto, pero todavía faltaba un pequeño detalle... ¡el libreto!

Dios, el Maestro, a quien llamo el «Santo contacto» nos envió a un par de escritores, Lester Griffin y Levaniel Griffin, quienes también compartían nuestra carga por rescatar a la juventud. Les entusiasmó la idea de asumir el reto y desarrollar los diálogos de la obra. Primero dividimos a los actores: los muchachos y las muchachas serían nuestros miembros de pandillas y los adultos harían de ángeles y demonios. Empezamos los ensayos de inmediato.

La expresión «acabado de salir de la imprenta» seguramente

fue acuñada para nosotros. Cada sábado el guión salía fresco de la computadora y comenzábamos a trabajar. Cada ensayo lo empezábamos con un devocional de unos quince minutos en el que enseñábamos una verdad presentada en la obra. Los «actores» aprendieron sobre la guerra espiritual y sobre la autoridad que tenían en Cristo Jesús. Luego nos cubríamos con oración y ensayábamos.

Luego de cuatro semanas estábamos tan listos como un grupo de aficionados podía estar. Teníamos tramoyistas que trabajaban tras bastidores con el escenario (realmente reclutamos esposos y esposas para esto). Un diseñador de vestuario y un maestro de la iglesia infantil confeccionaron el vestuario para los ángeles y encontraron las máscaras más horripilantes para los demonios. Imprimimos hojas sueltas, oramos y se las dimos a los actores y colaboradores para que las distribuyeran. El estreno fue programado para una semana después, un viernes por la noche.

No estábamos preparados para la respuesta que tuvimos. El auditorio de nuestra iglesia, con capacidad para 450 personas, estaba repleto con más de 700 adolescentes. Procuramos que todos estuvieran cómodos así que pusimos sillas plegables en los pasillos. Sentamos a los más pequeños en el piso, prácticamente al borde del escenario.

Los expertos en iluminación y técnicos de sonido de nuestra iglesia hicieron milagros con el pequeño presupuesto con el que contábamos. Animados porque sus amigos estaban entre la audiencia, los actores estuvieron fenomenales. Durante la última escena, el personaje encargado de la exhortación, que realmente era un predicador, extendió la invitación a la audiencia tal como lo habíamos ensayado.

Adolescentes de ambos sexos empezaron a ponerse de pie y pasar adelante. Cuando el predicador dijo: «No dejen que ningún demonio los mantenga atados a sus asientos» se abrieron las compuertas de nuevo y el altar se llenó. No quedó ningún espacio vacío en los pasillos. Aquella noche, cuatrocientos adolescentes aceptaron a Cristo. ¡Fue realmente maravilloso!

Ministerio poderoso

«No es contra seres humanos» se presentó de nuevo al mes siguiente. La asistencia fue similar a la primera vez. Si hay un área del ministerio cristiano que es poderosa para cambiar vidas es la del drama.

El teatro es un método creativo y efectivo para llevar la verdad de Dios. También da la oportunidad de enseñar contenido que es relevante para el alumno. Los métodos creativos proveen frescura y actualidad a nuestro ministerio. Nunca deberíamos dirigir el ministerio de jóvenes de la misma manera que lo hicimos años atrás.

En nuestra iglesia, el ministro de jóvenes ha implementado una nueva idea ganadora: entrenar líderes que dirijan fraternidades y clubes femeninos de estudiantes cristianos. En lugar de imitar las que habitualmente se encuentran en las universidades, estas fraternidades y clubes femeninos se centran en la Biblia y sus principios espirituales. Desafían a la juventud a evaluar la música que están escuchando y a adoptar hábitos sanos en sus vidas diarias. ¡Y está funcionando! Tremendo ejemplo para hacer frente a los tiempos que estamos viviendo.

¡Nunca, nunca, nunca se dé por vencido!

En el ministerio de jóvenes es fácil darse por vencido. Cada maestro sabe lo que significa entrar a la sala de clases semana tras semana y enfrentar a ese muchacho tan *especial*. Nos decimos que este muchacho nunca será alguien que valga la pena. Estamos convencidos de que nunca podrá absorber nuestra enseñanza porque nunca se está quieto ni presta atención a lo que tratamos de enseñarle.

El tiempo y la experiencia nos enseñan una valiosa lección: ¡Nunca, nunca, nunca se dé por vencido!

Cada semana tenía que expulsar a Travon de mi clase de intermedios. No era un mal chico, solo era travieso. Siempre hacía reír a sus compañeros con sus payasadas y sus chistes y en un dos por tres se las arreglaba para agotar hasta el último de mis nervios. Por lo general, le pedía que saliera no bien habían transcurrido diez minutos de iniciada la clase.

A pesar de su comportamiento, Travon conocía su Biblia. Ha-

bía crecido en nuestro ministerio y también en la casa había sido instruido en la Palabra cuando era un niño. Si hubiera podido mantenerse quieto el tiempo suficiente para revisar la porción de la lección, otros muchachos habrían aprendido de él. Siempre conocía las respuestas a cada pregunta y era excelente memorizando versículos. ¡Ah, y cómo oraba!

Pero cuando no estaba hablando, estaba riendo, y hacía que los demás compañeros cayeran en lo mismo. Con él en la clase, enseñar parecía una pérdida de tiempo. En nuestras reuniones de maestros, cuando nos tocaba mencionar al alumno que más dolores de cabeza nos producía, siempre salía su nombre. No es necesario decir que nadie esperaba que hiciera algo serio para el Señor.

Estábamos equivocados. Hoy día, Travon es uno de los jóvenes adultos más dinámicos en nuestro ministerio. A la mitad de sus estudios universitarios, decidió asistir al seminario para ser un ministro del evangelio.

Recientemente, predicó un breve sermón en nuestra cena anual de Navidad para maestros. Y nos hizo llorar. Nuestro pastor, que estaba presente en la celebración, lo invitó a predicar en uno de los servicios del domingo en la mañana. Como puede imaginar, el auditorio estaba lleno de… maestros.

Travon es una de nuestras historias más exitosas. Enseña la clase de intermedios y regularmente ministra a nuestros alumnos. Comprometido con la santidad y la pureza personal, Travon es un testimonio de la verdad de que nunca, nunca, nunca debemos darnos por vencidos, sin que importe lo frustrados que nos podamos sentir.

¿Lo recuerda?

En este capítulo analizamos la importancia de ganarnos el derecho a que nos escuchen cuando ministramos a preadolescentes y a adolescentes. A continuación un resumen de los puntos más importantes que debemos recordar.

• *El regalo del tiempo.* La clave en el ministerio con jóvenes es dar el regalo del tiempo. El estilo de enseñar puede ser formal (sala de clases), no formal (grupos pequeños) o informal (aprender a través de las relaciones interpersonales). El proceso informal provee un ejemplo vivo al modelar lo que significa ser cristiano.

• *Escuela intermedia.* La palabra clave es «diversión». La juventud rechaza cualquier cosa que puedan catalogar como «aburrida». Tienen que sufrir la presión de sus pares y tienen gran necesidad de «pertenecer» a algo. Capaces de pensar hipotéticamente y entender conceptos abstractos, les encanta hablar y debatir. Están muy conscientes de su apariencia y están empezando a sentir atracción por el sexo opuesto.

• *Escuela secundaria.* Apasionados por su música, los alumnos de secundaria tienden a adorar a sus héroes. Son idealistas y tienen preguntas sobre Dios y su fe. Critican la hipocresía o a aquellos cuyo comportamiento no es consistente con lo que profesan. Exigen sinceridad antes de manifestar respeto.

• *Un modelo del siglo veintiuno.* La influencia de la alta tecnología en nuestros días modernos no es competencia para la relación que resulta cuando el líder de jóvenes dedica tiempo a sus muchachos. En la sala de clases, la enseñanza efectiva alienta a los alumnos a la discusión y a la interacción.

• *Entrenamiento.* El entrenamiento es clave para un líder de jóvenes efectivo. Iglesia y denominaciones ofrecen seminarios que proveen modelos ministeriales y oportunidades en cuanto a contactos. Las personas que trabajan con jóvenes que piensen dedicarse a esto a tiempo completo deben hacer planes para estudiar en una universidad cristiana o en un seminario.

• *Participación de los padres.* Un ministerio de jóvenes que sea exitoso involucra y prepara a los padres. Lo ideal es que la iglesia refuerce los valores cristianos que se están enseñando en el hogar, aunque no podemos asumir que todos los jóvenes tienen este fundamento.

• *Enseñar lo básico.* No asuma que los jóvenes conocen lo básico, como la salvación. Comience siempre aquí.

• *Sexo, drogas, licor y suicidio.* Hay políticas establecidas de antemano que tienen que ver con estas emergencias. Llame a la línea local de suicidios para notificar sobre un intento de suicidio, y notifique a la policía y a las oficinas de servicio social de todos los casos de abuso físico y sexual.

• Enseñanza para la abstinencia. Hay estudios que muestran que los niños que asisten a la iglesia una o más veces en la semana están menos propensos a ser sexualmente activos. La iglesia debe ser agresiva en su enseñanza de la abstinencia.

• *Ritos de paso, dramas, fraternidades y clubes femeninos.* Los métodos creativos de enseñanza dan frescura y actualidad a nuestros ministerios. Nunca deberíamos dirigir el ministerio de la juventud en la misma manera que lo hicimos años atrás. No tenga miedo de intentar algo nuevo.

• *Nunca, nunca, nunca se dé por vencido.* No importa cuán perdida parezca la causa con un estudiante, nunca se dé por vencido.

Otro desafío

Si el ministerio con los jóvenes no es una tarea fácil, enseñar a los adultos también tiene sus retos. La clave es aprovechar los mejores momentos para enseñar. Esto es lo próximo que discutiremos.

Capítulo 9

Los mejores momentos para enseñar
Cómo enseñar a los adultos

Objetivo

Al final de este capítulo usted podrá juzgar los méritos de aprovechar al máximo los mejores momentos para enseñar al evaluar cómo se motiva a los adultos para que aprendan.

El mejor momento para enseñar a los adultos es cuando están más listos para aprender. Actividades especiales tales como bautismos, matrimonios y nacimientos son ocasiones cuando la nueva información es sinceramente recibida y muy apreciada. Estar ahí, en las intersecciones más importantes en la vida de los adultos, capitaliza lo que los educadores llaman *los mejores momentos para enseñar*.

Alumnos voluntarios

Los adultos son alumnos voluntarios. Los padres sabios van a insistir en que sus hijos asistan a las reuniones de niños o de jóvenes, pero después de terminada la secundaria, la decisión de ir a un estudio bíblico por lo general queda al criterio de la persona.

Con el tiempo más y más restringido, los adultos tienen que dividir la asistencia a la iglesia con el trabajo, la familia, los amigos y la recreación. A menos que sean espiritualmente maduros, la mayoría de los adultos solo entrarán al ambiente del aprendizaje —estudio bíblico o la sala de clases— cuando tengan una necesidad. Si la nueva información les va a ayudar a alcanzar sus metas personales o familiares, entonces están listos para aprender.

La disposición para aprender es clave para los *mejores momentos para enseñar*. El aprendizaje es más efectivo cuando los adultos tienen una necesidad de información. El maestro puede ayudar a *motivar* a los alumnos para que aprendan, pero el maestro no puede *hacer* que los alumnos aprendan. Por supuesto, el Maestro de maestros fue un experto en los *mejores momentos para enseñar*.

Lo ordinario y de todos los días

Jesús aprovechó los *mejores momentos para enseñar* en las experiencias ordinarias y de todos los días de sus alumnos para encontrarse con ellos en el punto de sus necesidades. Como en el caso de la mujer en el pozo, a menudo Jesús enseñó verdades profundas a través de los episodios rutinarios de la vida.

Ella necesitaba agua. Allí estaba Jesús, esperando en el pozo. Él era el agua que ella realmente necesitaba para apagar su sed en el alma.

—Todo el que beba de esta agua volverá a tener sed —respondió Jesús—, pero el que beba del agua que yo le daré, no volverá a tener sed jamás, sino que dentro de él esa agua se convertirá en un manantial del que brotará vida eterna.

—Señor, dame de esa agua para que no vuelva a tener sed ni siga viniendo aquí a sacarla.

—Juan 4:13-15

En medio de las tareas ordinarias, de todos los días, esta mujer halló la vida eterna. Los *mejores momentos para enseñar* ocurren también en las vidas ordinarias y de todos los días de nuestros alumnos adultos. Además de ofrecer los estudios bíblicos tradicionales, nuestra responsabilidad es diseñar un material que apunte a las necesidades y experiencias de sus vidas.

¿Cuáles son algunas de esas necesidades?

Estudiantes en edad universitaria

Cuando los jóvenes completan la secundaria enfrentan muchos retos. Ir a la universidad, encontrar el trabajo o la carrera correctos, y empezar a vivir en forma independiente de sus padres son algunas de las cosas más importantes en las que tiene que pensar el joven que termina la secundaria. La iglesia puede ayudarles a escoger opciones que constituyan un fundamento sólido para sus vidas.

Con los que deciden continuar su educación, la educación cristiana puede jugar un papel muy importante. Ofrecer cursos para ayudar a los jóvenes a aprobar exámenes que son prerrequisitos, proveerles becas y ayudarles a llenar las solicitudes son unas pocas formas en que la iglesia puede probar que es importante en las vidas de los jóvenes a los que sirve.

Enseñar a los adultos jóvenes cómo orar en el proceso, cómo depender de Dios y cómo memorizar pasajes de las Escrituras que los animen durante los tiempos de presión emocional son formas de integrar los principios bíblicos. Ofrecer el ejemplo de santidad les da un modelo a seguir en el tiempo en que más y más van tomando decisiones por ellos mismos. Una vez en la universidad, mantener el contacto con los jóvenes a través de cartas y sermones grabados ayuda a que mantengan la conexión con su iglesia.

¿Pero qué hacer con aquellos adultos jóvenes que se han dado por vencidos y dejaron la escuela? Arrinconados por su incapacidad de luchar con los problemas familiares o de la escuela, y víctimas de falta de motivación y baja autoestima, algunos pueden requerir rehabilitación por consumo de alcohol o drogas. La iglesia puede reorientarlos. Clases especializadas basadas en el amor perdonador y redentor de Cristo Jesús les ayudarán a recuperarse.

Un entrenamiento en computación es otro servicio que el Departamento de Educación Cristiana puede proveer a los adultos jóvenes. Establecer un laboratorio de computadoras es un ministerio conveniente para la iglesia que desea servir a su comunidad también. ¡Y piense en esto! Las computadoras darán a los no miembros una razón para entrar, quizás por primera vez, a una iglesia.

Adultos en edad postuniversitaria

Entre las edades de veintidós a treinta y cinco años los adultos en edad postuniversitaria tienen la responsabilidad de escoger una carrera, encontrar un trabajo y establecer relaciones estables. La educación cristiana puede responder a estas necesidades ofreciendo consejería y asistencia para elegir una carrera con posibilidades de empleo. Para ayudar con las relaciones interpersonales, podemos ofrecer clases que enseñen el punto de vista bíblico del noviazgo y el matrimonio. Enseñar a los adultos cómo desarrollar relaciones interpersonales estables se centra en ayudarles a entender quiénes son ellos en Cristo y saber que Dios tiene un propósito para sus vidas. ¡Qué excelente oportunidad para impartir las verdades espirituales!

Los estudios bíblicos para solteros, retiros y actividades donde los solteros puedan conocerse son maneras de atender sus necesidades en formas prácticas. Si los cristianos tienen que casarse con cristianos (¡y así tiene que ser!), entonces la iglesia es el lugar para que los cristianos solteros conozcan a otros cristianos solteros. Los estudios bíblicos que no ofrecen un tiempo durante la clase para que las personas hablen entre sí están perdiendo una gran oportunidad. ¡Imagínese! Los solteros pueden conocer a sus parejas en un ambiente donde puedan estar cerca, como pequeños grupos de discusión.

Las necesidades de los padres solteros también se pueden satisfacer en sus *mejores momentos para enseñar*. Pueden necesitar ayuda para encontrar un lugar seguro donde dejar a sus hijos mientras ellos van a trabajar. La iglesia puede ofrecer algunos servicios en este sentido. Existen ciertos subsidios gubernamentales designados específicamente a las iglesias para que desarrollen servicios de guarderías para ayudar a las madres a que busquen trabajo en lugar de vivir de la asistencia pública. La oficina local de servicio social es la agencia donde puede comenzar a buscar información sobre estos recursos.

Las clases para padres, la consejería prematrimonial, los ministerios para parejas y la planificación financiera son formas adicionales de trabajar con los adultos en sus tareas diarias y rutinarias. Inculcar principios de las Escrituras en estas áreas vitales da a los hombres y mujeres un marco bíblico que les ayudará a desarrollar una perspectiva cristiana del mundo.

Adultos de mediana edad

Entre los 35 a los 55 años los adultos están comenzando a poner su atención en el mundo que los rodea para dejar una herencia a la generación que viene tras ellos. La mayoría ha completado su educación y busca profundizar en su relación con Cristo.

Debido a que los adultos en esta edad gozan de libertad personal y cuentan con recursos financieros para viajar, muchos desarrollan interés por la obra misionera. Una forma sabia de expandir el evangelio son los viajes misioneros breves combinados con vacaciones. Esto anima a la interacción con culturas diferentes. Y reunir a estos adultos con adolescentes permite alcanzar dos metas en forma simultánea.

La combinación entre adultos y adolescentes también funciona bien en otras áreas. Unir parejas de matrimonios con recién casados en un ministerio de orientación matrimonial es otra oportunidad para la educación cristiana. En realidad, este ministerio pudiera ser una extensión del ministerio de consejería, pero es una idea que vale la pena explorar sin importar bajo qué sombrilla se cobije.

Mientras algunas parejas casadas están buscando nuevas y mejores perspectivas, es posible que otros se estén recuperando de un divorcio o de la muerte prematura de su cónyuge. Una vez más, la iglesia puede suplir sus necesidades. Los grupos pequeños que se concentran en estos asuntos específicos guían a las personas a través de estas experiencias traumáticas proveyéndoles compañerismo, esperanza y sanidad.

Tampoco hay que olvidar a los que cuidan a enfermos y a sus padres ancianos. Seguramente aprecian el respaldo y la camaradería de otros con responsabilidades similares. Además de ayudarse mutuamente con información y recomendaciones, estos adultos pueden orar juntos pidiendo fuerzas y sabiduría mientras pasan por la etapa de la vida cuando los hijos se convierten en los padres.

Sugerencias para líderes

¿Cuándo fue la última vez que usted revisó la afirmación de misión de su iglesia? Hacer estas revisiones periódicas lo ayudarán a mantener la sintonía con la visión pastoral. Al evaluar los propósitos de su iglesia, piense en el ministerio de adultos actualmente en acción. ¿Qué está bien? ¿Qué está mal? ¿Qué se ha olvidado? ¿Si hubiera que fijar un ideal, cómo se vería el de su iglesia? ¿Qué está impidiendo que ocurra?

Para empezar, hable con el liderazgo de su iglesia. Mientras el ministerio se mueve en pos de alcanzar su meta, ¿cuáles son los siguientes pasos? ¿Qué necesitan saber los adultos de su iglesia para llegar allí? Por ejemplo, ¿necesita entrenamiento en evangelización? ¿Necesita la iglesia ofrecer una clase para ayudar a la gente a descubrir sus dones espirituales y equiparlos para su ministerio? ¿Deben los grupos pequeños mejorar la interrelación? ¿Se requiere mayor responsabilidad en el discipulado para que las personas puedan aprender a vivir la vida cristiana?

Hable a los hombres y a las mujeres de la congregación. ¿Cuáles son sus necesidades? ¿Qué les gustaría aprender? ¿Cómo podría la iglesia servirles mejor? ¿Y cómo podrían ellos servir mejor a la iglesia?

Al evaluar a su congregación, ¿en qué nivel espiritual cree que se encuentran los adultos? ¿Son bebés en Cristo con una necesidad de un fundamento bíblico más fuerte? ¿Qué es lo que quisiera que ellos supieran de la Biblia y que no saben? Ahora, ore. Dios le *dará* dirección para su ministerio.

Adultos mayores

Las personas con 55 años o más tal vez puedan tener algunos de los retos de los adultos más jóvenes, tales como redefinir la carrera o la familia, pero a esta edad necesitan cambiar de perspectiva ya que comienza la etapa de jubilación. Algunas de las tareas más importantes de las adultos en esta edad es ajustarse a los cambios físicos, prepararse para el retiro y ayudar a cuidar a los nietos.

Aunque la madurez espiritual no es cosa que llegue necesariamente con la acumulación de años, algunos de estos adultos pueden estar en condiciones de enseñar, aconsejar y ministrar. Se sienten valorizados al mantenerse activos y trabajando en la edificación del reino.

Mantenga la visión

Es obvio que pocas iglesias pueden desarrollar cada idea para el ministerio de educación cristiana sugerida por los adultos. Y algunas de estas ideas, tales como grupos de apoyo, podrían ser la responsabilidad de los ministerios de discipulado o consejería. Cuando decida cómo organizar sus clases, recuerde que los ministerios de educación cristiana deben fluir de la visión del pastor principal.

Estudio bíblico

Mientras tratamos de hacer de nuestras clases algo creativo, el estudio bíblico tradicional sigue ocupando un lugar necesario en la educación cristiana. El material debe elegirse de tal modo que satisfaga las necesidades de la congregación. Las clases bíblicas semanales, incluyendo una a medio día para los que están retirados, los que trabajan por las noches o los que quieren estudiar la Biblia en el tiempo del almuerzo, son indispensables en cada ministerio.

Clases para nuevos miembros

Si los adultos quieren llegar a ser miembros de una iglesia local o involucrarse en sus ministerios, este es uno de esos *mejores momentos para enseñar.* Una forma oportuna de maximizar la disposición de aprender puede ser ofrecer clases para nuevos miembros, clases que deberán completarse para llegar a ser miembro.

Para integrar a los nuevos creyentes dentro del cuerpo de la iglesia, el currículo debe enseñar doctrina básica junto con la filosofía ministerial de la iglesia. Al completar la serie (que puede extenderse por cuatro, ocho, diez o doce semanas, dependiendo de la iglesia) se pueden otorgar certificados de membresía. Los que dejen de asistir a una o dos clases podrán reponerlas en el próximo ciclo.

Recuerde que las personas trabajan, viajan y, en general, mantienen un estilo de vida agitado, por lo que debe programar las clases para permitir cierta flexibilidad. He aquí una sugerencia. Planifique la primera semana en su currículo para el domingo por la mañana (antes o inmediatamente después del servicio de la iglesia) y enseñe la misma lección en una o dos noches durante la semana. Luego, enseñe la siguiente lección comenzando el domingo de la segunda semana y repita esta lección durante las noches de la semana. Tal programación permite que los alumnos ajusten sus horarios diarios cuando no puedan asistir a algunas de las clases programadas.

Una vez terminen el curso, se le puede permitir a los alumnos que participen en ministerios tales como el coro, el cuerpo de ujieres o como voluntarios en la iglesia infantil. ¡Lo más importante es que se aprovechen al máximo *los mejores momentos para enseñar!* Los nuevos miembros entienden lo que creen y ahora tienen un fundamento sólido y están al mismo nivel que el resto de la congregación.

Se dice que cuando las personas pertenecen a una iglesia pero se mantienen inactivas por más de un año es poco probable que lleguen a ser activos y se unan a un ministerio. Quizás esta sea la razón por la que las iglesias tienen una proporción 20-100: ¡viente por ciento de la gente hace el cien por ciento del trabajo! Usar clases diseñadas para ayudar a los creyentes a identificar sus dones espirituales e integrarlos en los ministerios apropiados en su iglesia puede ser ideal como el siguiente paso luego de una clase para nuevos miembros.

Seminarios y talleres

Los talleres y seminarios son formas adicionales de trabajar con los alumnos adultos en el contexto de sus vidas diarias y ordinarias. Los seminarios «Walk thru the Bible»[1] [A través de la Biblia] que estudian el Antiguo y el Nuevo Testamento ofrecen una excelente visión general de la Biblia y los animan a estudiar la Palabra de Dios.

Los seminarios sobre alabanza y adoración explican cómo comunicarse con Dios y apropiarnos de su poder en nuestras vidas. Los seminarios sobre la oración enseñan cómo orar según las Escrituras, de modo que nuestra fe se desarrolle y fortalezca. Ofrecer estos seminarios y talleres periódicamente a todo el cuerpo de la iglesia sin que estén dedicados a un grupo de edad específico permite que participe quienquiera que se sienta motivado.

Desequilibrio

Recuerde que en los *mejores momentos para enseñar* las personas están listas para aprender. ¡Implícita en esta actitud está la urgencia! Los alumnos quieren resolver un problema, aliviar un dolor o incomodidad, o responder preguntas que quizás les están haciendo sentir confundidos. En los círculos educacionales, esta tensión o perturbación se conoce como *desequilibrio*. Ocurre cuando los alumnos sienten que su realidad está alterada o que su mundo ha perdido su balance.

A veces se experimenta el desequilibrio cuando los alumnos se encuentran con algo inesperado. Hay desequilibrio cuando la vida no encaja en categorías precisas, cuando las cosas ocurren fuera de sincronización, cuando los patrones sufren alguna alteración. A menudo, Dios permite estos momentos precisamente para enseñarnos algo. Y como queremos recuperar cuanto antes el estado normal en nuestras vidas, estamos listos para aprender. Él, definitivamente, tiene nuestra atención.

Nicodemo experimentó un momento como este. Debido a que Jesús era tan poco popular entre los fariseos, decidió hablar con él

[1] Para más información sobre *Walk Thru the Bible Ministries*, llame al (770) 458-9300.

cuando no hubiera nadie cerca. La oscuridad de la noche le ofrecía esa oportunidad perfecta.

Aparentemente, sus encuentros anteriores con Jesús habían dejado a Nicodemo sintiéndose bastante curioso. Algo había quedado sin respuesta. Tenía que descubrir más. Jesús parecía no darle importancia a esta ansiedad. De hecho, él creó más tensión al maximizar la lección que su nuevo alumno estaba a punto de aprender.

En el proceso de desbordarse en elogios para Jesús, Nicodemo no estaba preparado cuando Jesús le dijo que no vería el reino de Dios a menos que naciera de nuevo. Intrigado y tenso, trató de confrontar esta nueva información con lo que ya sabía sobre nacer de nuevo.

—¿Cómo puede uno nacer de nuevo siendo ya viejo? —preguntó Nicodemo—. ¿Acaso puede entrar por segunda vez en el vientre de su madre y volver a nacer?

—Juan 3:4

Su desequilibrio es evidente. Aunque nacer de nuevo era un concepto familiar para los judíos, Nicodemo no podía visualizar cómo se podía aplicar esto a él en esta etapa de su vida. Él no preguntó: «¿Cómo puede un hombre nacer de nuevo?» sino «¿Cómo puede un hombre nacer de nuevo *siendo viejo*?»

En el judaísmo farisaico había seis formas diferentes de nacer de nuevo. Cuando los gentiles se convertían al judaísmo, se decía que «nacían de nuevo». Cuando a un hombre se le coronaba rey, se decía que había «nacido de nuevo». Nicodemo no cualificaba en ninguna de estas dos categorías, pero sí calificaba en las otras cuatro.

Cuando un niño judío alcanzaba la adolescencia a los trece años de edad, se decía que había «nacido de nuevo». Nicodemo había «nacido de nuevo» por primera vez cuando había llegado a la adolescencia. Cuando un hombre judío contraía matrimonio, se decía que «nacía de nuevo». Una de las reglas para los miembros del Sanedrín era que tenían que estar casados y Nicodemo era miembro del Sanedrín, de modo que había «nacido de nuevo» por segunda vez cuando se había casado. Cuando un judío era ordenado como rabino, «nacía de nuevo». Como Nicodemo era fariseo, había sido ordenado rabino y, por lo tanto, había «nacido de nuevo» por tercera vez. Y había «nacido de nuevo» por cuarta vez cuando fue nombrado jefe de la escuela rabínica. El término «maestro de Israel» es el título para el director de la escuela rabínica (Jn 3:10).[2]

Nicodemo había experimentado todos los renacimientos posibles como judío. Había hecho todo correcto, pero ahora se le decía que algo faltaba en su vida. ¡Qué desequilibrio!

Este es un ejemplo perfecto de cómo el Maestro de maestros sacude la realidad de sus alumnos para presentarles el concepto del nacimiento espiritual. Es evidente que Nicodemo puso su fe en Cristo como Mesías de acuerdo a los acontecimientos que siguieron a la crucifixión, cuando José de Arimatea vino por el cuerpo de Jesús.

> También Nicodemo, el que antes había visitado a Jesús de noche, llegó con unos treinta y cuatro kilos de una mezcla de mirra y áloe.
>
> —Juan 19:39

Los maestros no deben tener miedo ni evitar las tensiones. Debemos identificar los mejores momentos para enseñar y conducir sabiamente a nuestros alumnos a través de los estados de desequilibrio para conectarlos con la verdad de Dios.

Como pastor de Educación Cristiana, uno de los ministerios que heredé fue coordinar y organizar la dedicación de bebés. En la iglesia afroamericana el nacimiento de un bebé es un acontecimiento celebrado por todos los miembros de la familia que, sean salvos o no, llegan en tropel a las iglesias que ofrecen este ministerio. Los domingos en que se dedican a los bebés, las madres, padres, padrinos, abuelos, tías, tíos, sobrinas, sobrinos y primos se reúnen para participar en la ceremonia.

¿Cómo esta ceremonia tradicional puede transformarse en un buen momento para enseñar?, me preguntaba. Oré pidiendo guía y dirección. El Espíritu Santo dio respuestas claras a través de las preguntas que daban vueltas en mi mente.

¿Por qué los padres dedican a sus hijos? ¿Son los dos padres salvos? ¿Son los padrinos salvos? Si no, ¿por qué están devolviendo sus hijos a Dios si primero no lo conocen ellos? ¿Por qué todo este esfuerzo si no saben por qué están haciendo lo que están haciendo?

La respuesta, por supuesto, es que lo hacen por tradición. La

[2] Arnold G. Fruchtenbaum, *Nicodemus, A Rabbi's Quest* [Nicodemo: La jornada del rabino] (Tustin, CA: Ariel Ministries, 1983).

mayoría de las familias son ignorantes del precedente bíblico detrás de la dedicación de bebés tal como lo encontramos en I Samuel 1:27-28. Pero han aprendido que cuando un bebé nace, esto es lo que hay que hacer.

Mientras me hacía todas estas preguntas, Dios me prestó una de sus ideas creativas. ¿Por qué no ofrecer una clase como prerrequisito para todos los padres y padrinos que quisieran dedicar sus bebés en nuestra iglesia? Creo que el currículo fluyó directamente del corazón de Dios y tenía un solo propósito: descubrir si los padres y padrinos eran o no salvos de acuerdo con Romanos 10:9-10.

A la primera clase asistió solo una familia: una abuela con su hija, que era madre soltera. Nunca había visto a esta hija antes, y me pareció percibir que la abuela estaba agradecida por la oportunidad de que su hija hubiera asistido a la iglesia. Después de hablar sobre el bebé, nos enfocamos en el material que ahora estaba en forma de folleto. Debido a que las preguntas ya estaban impresas, esta joven madre no tenía que tomar ninguno de estos puntos en forma personal.

Leí las preguntas y le pregunté sobre su relación con Dios. Ella se tragó su sorpresa, pero casi pude oír: «Creí que estábamos aquí para hablar de bebés». Le respondí su pregunta no formulada diciendo: «Dios arregló el nacimiento de su bebé para que usted pudiera estar aquí hoy y escuchara sobre el maravilloso plan que Él tiene para su vida».

Al final de la clase, ella había orado y aceptado a Cristo como su Salvador. ¡Qué maravilloso! ¡Un convertido en la clase para la dedicación de bebés!

Después de eso, me fui a la oficina a regocijarme, pero en lugar de eso, mi rostro se bañó en lágrimas. Pensé en los cientos de familias que han pasado frente al altar de las iglesias para dedicar a sus hijos. Pensé en los muchos esposos no convertidos cuyas vidas pudieron haber sido cambiadas si hubiéramos aprovechado esta excelente oportunidad para enseñar. Desde entonces decidí que nunca excusaría de este requisito a las madres, los padres, las madrinas y los padrinos.

Un promedio de entre veinte y treinta personas asisten a estas clases cada mes. Antes de reunirnos siempre recibimos una o dos llamadas de padres o padrinos pidiéndonos que los excusemos de participar en las clases, pero insistimos en que la asistencia es obligatoria. Creemos que tenemos que hacer todo lo que podamos para que las personas conozcan a Cristo. Y por lo general, en cada clase, alguien lo acepta como su Salvador.

Clase de dedicación de bebés

La asistencia a las clases de dedicación de bebés es obligatoria para los padres que quieren dedicar sus bebés. Debido a que juegan un papel tan decisivo en las vidas de los niños, también deben asistir los padrinos. Si hay una excusa legítima, como una obligación ineludible de trabajar, el maestro puede reunirse con los padres en forma individual. Si los padrinos están de viaje y fuera de la ciudad, pueden asistir a una sesión el mismo día antes de la ceremonia.

Sin embargo, se insiste en la asistencia a la sesión general debido a que la clase entera participa en ganar a los perdidos para Cristo. Por lo general, se invita a los hombres a dar sus testimonios si la persona no salva es un varón. En aquellos casos en que los esposos no salvos pueden resistirse a asistir a la iglesia, por lo general tienen que asistir a una clase de dos horas si en realidad quieren dedicar a su hijo o hija.

La clase la enseña un pastor o uno de los ancianos. Esto es importante porque el currículo tiene la leve tendencia de provocar confrontación. Una persona que tiene autoridad y que es respetada tiene «permiso» para confrontar.

Cada persona que asiste a la clase lleva en la solapa una etiqueta con su nombre para que así el maestro pueda dirigirse a ellos de una manera personal. Primero, los padres llenan el formulario con los datos para el certificado y luego el maestro o un asistente revisa la información para asegurarse que todo esté escrito de forma clara y legible.

Acto seguido, oramos y comienza la clase. A modo de introducción, los padres y los padrinos dicen sus nombres, su relación con el bebé, si han aceptado o no a Cristo como su Salvador personal, y un pasaje bíblico que les asegure su salvación. Este inicio fija la agenda de la noche y da al maestro una muy buena idea de quiénes son los que necesitan la salvación. Hay una serie de decisiones adicionales que pueden tomar los padres y los padrinos y que se les anima a hacer: solicitar su membresía, asistir al estudio bíblico semanal, pasar tiempo con Dios en oración y vivir vidas piadosas.

Al usar esta metodología la ceremonia mensual de dedicación de bebés adquiere un nuevo significado, como lo indica la carta que reproducimos a continuación. Profundiza el compromiso de la familia en criar al bebé en un hogar cristiano. También, toda la congregación ora con y por la familia y promete ser ejemplo de santidad ante estos pequeñitos. (Véase el apéndice B para muestras de materiales relacionado con la dedicación de bebés.)

7 de octubre de 1997

Querida Dra. Tolbert:

¡A Dios sea la gloria por las grandes cosas que Él ha hecho! No podría dejar pasar esta oportunidad de expresar mi sincero reconocimiento a usted por su ayuda. Su visión y pasión en alcanzar a las familias al dedicar a sus bebés al Señor es extraordinaria.

Dios la está usando en una forma poderosa para enseñar a otros sobre cómo desarrollar un ministerio de dedicación de bebés realmente efectivo. Y lo que usted hace será de un prolongado beneficio para el bebé tanto como para los padres, padrinos, abuelos y la familia completa.

El material que tan generosamente compartió con nosotros ha sido una valiosa herramienta para llegar al corazón de muchos. A través de este material he experimentado las clases de dedicación de bebés como otra manera de compartir el evangelio de Jesucristo. Me ha dado la oportunidad de educar a los padres sobre la seriedad de la ceremonia de dedicación de bebés, inculcar principios cristianos e iluminarles sobre su responsabilidad como padres.

Hemos estado usando por varios meses el material que usted nos proporcionó. Y debo decir que me sentí realmente conmovido al ver cómo el Espíritu Santo se movía en cada sesión. Como resultado, la familia de *Prosperity* ha visto a tres personas aceptar a Cristo como su Salvador personal. Cinco personas han rededicado sus vidas y dos han pasado a ser miembros. Alabado sea Dios por todo lo que ha hecho y va a seguir haciendo a través de las clases para la dedicación de bebés.

En su amor,
Ray Rodgers, Pastor principal
Prosperity Baptist Church

Bautismo

El bautismo es otro excelente momento para enseñar. Repetir el *propósito* del bautismo (obediencia), el *prerrequisito* para el bautismo (la salvación), el *cuadro* del bautismo (la muerte, sepultura y resurrección de Cristo Jesús), y la *confesión pública* del bautismo (ante familiares y amigos) ayuda a los nuevos convertidos a entender lo que están por hacer.

La meta de la clase de bautismo es exhortar a los creyentes a vivir santamente. Se les enseña que como el bautismo los identifica con la iglesia universal tanto como con la iglesia local, tenemos una responsabilidad con los cristianos dondequiera que estemos de vivir vidas obedientes. «¡No avergüence el nombre de la familia!»

En esta clase, también se enseña a los creyentes sobre la ordenanza de la comunión. Aquí aprenden por qué tomamos la comunión y qué representa partir el pan y tomar el vino.

La clase se lleva a cabo la semana anterior al bautismo y dura una hora. Tener la clase varios días antes de la ceremonia del bautismo permite que haya un seguimiento pastoral en caso que surja cualquiera pregunta importante de parte de alguien que se va a bautizar. También permite disponer de suficiente tiempo para preparar los certificados.

Hay un lugar sagrado para la ceremonia, y el bautismo es una de esas ceremonias que debemos atesorar. Presenta el más hermoso cuadro de identificación con Cristo. Los niños deben sentarse en la congregación junto con los adultos para ser testigos y celebrar este acontecimiento.(Véase el apéndice B para muestras de material relacionado con el bautismo.)

Escuela Bíblica de Vacaciones

A menudo pensamos que la Escuela Bíblica de Vacaciones (EBDV) es un tiempo para los niños. Pero a la luz de los *mejores momentos para enseñar*, la EBDV adquiere un sentido diferente. Es uno de los *mejores momentos para enseñar*, un tiempo para conectar a la familia entera: niños, preadolescentes, adolescentes y adultos, en torno a una semana de juegos y aprendizaje.

Las casas editoriales que presentan un material en espiral para la EBDV están apuntando en la dirección correcta. De esta manera, toda la familia estudia la misma lección con variaciones, dependiendo del nivel de desarrollo de cada uno. Toda la semana, los padres y sus hijos pueden dialogar sobre lo que están aprendiendo. Es un tiempo excelente para que todos aprendan y crezcan espiritualmente.

Como quieren traer a sus hijos, los padres que de otra manera no estarían inclinados a asistir a un estudio bíblico lo harán asistiendo a la EBDV. Algo que es especialmente conveniente durante esta semana de clases vespertinas es servir sándwich o una comida caliente en la iglesia para las personas que trabajan. Si el programa de actividades (p.e., alabanza y adoración, clases, manualidades) empieza y termina a tiempo, las familias pueden regresar a sus casas a una hora relativamente razonable. Compartir en torno de la comida además de las actividades de diversión por lo general conforman una semana inolvidable.

El siguiente relato viene de la directora de nuestra EBDV, La Roya Jordan. Muestra que el impacto de esta semana puede extenderse mucho más allá de los niños.

Era nuestro tercer año de la Escuela Bíblica de Vacaciones. ¡La estábamos pasando muy bien! El menú para esa noche era pollo a la BBQ, puré de papas y maíz, y la gente estaba comiendo, charlando y disfrutando tremendamente.

Justo antes que estuviéramos listos para enviar a los alumnos a sus clases, una dama se me acercó y me tomó del delantal. «¿Es usted una de las personas que da los anuncios cada noche?», me dijo. «Tengo que decirle algo».

Dejé lo que estaba haciendo y me apresté a oír lo que temía fuera una queja. Pero no era una queja lo que quería decirme. Lo que oí nunca lo voy a olvidar.

«¡Quiero agradecerle por la Escuela Bíblica de Vacaciones! No había estado tan cerca de Dios desde que era una niñita en Mississippi», dijo, con una radiante sonrisa.

Casi se me cayeron las cosas que tenía en la mano. Esta dama tenía por lo menos setenta años.

A modo de nota al calce, es gratificante y estimulante oír esos elogios porque con frecuencia no nos percatamos del efecto que nuestro ministerio tiene sobre las personas a las que servimos. En el negocio de las revistas, se dice que una carta representa a nueve personas que no escribieron. ¡Así que multipliquemos por diez cada expresión de agradecimiento!

Otras ideas para sacarle provecho a los *mejores momentos para enseñar* incluyen, aunque no se limitan a solo esto, leer toda la Biblia, comenzar un círculo de lectura, desarrollar clases especializadas para mujeres, enseñar a través del ministerio del canto y desarrollar un ministerio para sordos. A continuación damos una breve explicación de estos ministerios.

Lectura de toda la Biblia

La meta de la educación cristiana es animar a los creyentes a estudiar la Palabra. ¡El estudio comienza con la lectura! En las iglesias que tienen un ministerio de lectura de la Biblia en un año, probablemente lean la Biblia más personas que en las iglesias donde no existe este ministerio.

Ofrecer un plan de lectura y mantener un foro semanal, mensual, trimestral o semestral para responder preguntas es todo lo que se necesita para lanzar este ministerio. Al final del año, como a los adultos también les gustan los premios, es inspirador reconocer a todos los que realmente completaron la lectura. Una manera de felicitar a estas personas por su perseverancia es tener un almuerzo y entregar un certificado «Por haber leído toda la Biblia».

Círculo de lectores

¿Qué libro está en la primera posición en la lista de los más vendidos? Adivinaron… ¡un excelente momento para enseñar! En cada iglesia a mucha gente le encanta relajarse a través de la lectura. Estas son personas a quienes les encantaría ser parte de un «Círculo de lectores» en una iglesia.

Este ministerio identifica libros tanto cristianos como seculares y hace recomendaciones. Entonces, las personas compran sus libros, los leen y luego se reúnen para analizarlos desde una perspectiva bíblica. Toda vez que el conocimiento bíblico es esencial para hacer un análisis y evaluación, se debe desafiar a los lectores para que profundicen aun más en su estudio de la Biblia. Se garantiza que esto provocará discusiones muy interesantes.

Las «Hermanas de Tito 2»

El noviazgo, el compromiso y el matrimonio son momentos en que las mujeres están ansiosas de aprender cómo ser esposas. Este es el ministerio las «Hermanas de Tito 2». De acuerdo con las Escrituras, este ministerio enseña, asesora y aconseja a las mujeres jóvenes que están iniciando una relación amorosa, que quieren casarse, que están casadas o que están separadas de sus esposos.

> A las ancianas, enséñales que sean reverentes en su conducta, y no calumniadoras ni adictas al mucho vino. Deben enseñar lo bueno y aconsejar a las jóvenes a amar a sus esposos y a sus hijos, a ser sensatas y puras, cuidadosas del hogar, bondadosas y sumisas a sus esposos, para que no se hable mal de la palabra de Dios.
>
> —Tito 2:3-5

Las mujeres que dirigen un grupo como este —y se recomienda que sea un liderazgo compartido— deben ser modelos ejemplares de mujeres cristianas que aman a sus esposos y a sus hijos. Para seleccionar maestras y líderes para este grupo es ideal buscar entre las diaconisas de la iglesia.

El ministerio del canto

Como una posdata para identificar los *mejores momentos para enseñar*, tenemos una palabra sobre el ministerio del canto. Aunque a veces subestimamos su capacidad para «enseñar», el canto es quizás uno de los más poderosos recursos disponibles para esta tarea.

A igual que la predicación de la Palabra, el canto nos toca muy adentro de nuestras emociones. Esperamos aprender a través del ministerio de la Palabra, pero también aprendemos a través del ministerio del canto. Por lo tanto, las palabras que cantamos deben tener como fundamento la Palabra de Dios. Dado que la Palabra de Dios nos cambia, los cantos basados en las Escrituras deben tener la virtud de transformarnos.

Cantar la Biblia es algo poderoso. De hecho, las canciones son tan importantes que la Biblia ha reunido alrededor de 150 de ellas:

el libro de los Salmos. Por lo tanto, también podemos enseñar cantando las Escrituras.

Como el siervo

Como el siervo brama por el agua,
¡Así mi alma clama por ti!
Solo tú eres el deseo de mi corazón,
¡Y adorarte anhelo!
Solo tú eres mi fuerza, mi escudo,
Solo ante ti cede mi espíritu.
Solo tú eres el deseo de mi corazón.
¡Y adorarte anhelo!

—Martin Nystrom
Basado en el Salmo 42

Manos santas

Los oídos incapaces de oír también pueden aprender a través del ministerio del canto y la Palabra de Dios. ¡Las manos que hablan a los oídos que no pueden oír son sin duda manos santas!

Esta es una área del ministerio que crecerá por la naturaleza misma de su existencia. Como un anuncio difundido por los tambores de la aldea, todo el mundo se entera rápido cuando hay una iglesia en la comunidad que tiene servicios especializados para los sordos. ¡Qué maravilloso es ayudarles a «oír» el evangelio!

Un ministerio para los sordos demanda cantantes e intérpretes con destrezas especiales. Es mejor no tener ningún cantante o intérprete que tenerlos con destrezas pobres que no se comuniquen de forma apropiada. La persona sorda se frustra y se siente maltratada cuando no puede entender. Hay universidades que ofrecen clases para principiantes, intermedios y avanzados, y que prueban los niveles de destreza.

Cuando comience este ministerio recuerde que el lenguaje de signos es un idioma en sí mismo. Así como se requieren años para que una persona que habla inglés domine el español o el francés, toma años aprender el arte de interpretar.

Un ministerio de Manos Santas efectivo traspone los límites de la comunidad de sordos. Quienes han sentido el llamado para servir en la plataforma de la iglesia también deben ser llamados a ministrar detrás del escenario. Sin involucrarse con el sordo en su cultura, los intérpretes nunca perfeccionarán sus habilidades y el sordo jamás experimentará verdaderamente el impacto del evangelio de Cristo Jesús que cambia las vidas.

¿Lo recuerda?

En este capítulo hemos evaluado la importancia de aprovechar al máximo los mejores momentos para enseñar a los adultos. A continuación un resumen de los puntos más importantes para recordar.

• *Alumnos voluntarios.* Los adultos son alumnos voluntarios que entran en el ambiente de aprendizaje cuando tienen la motivación de satisfacer sus necesidades. A esto se le llama los mejores momentos para enseñar.

• *Lo diario y ordinario.* Jesús se encontró con sus alumnos en el contexto diario y ordinario de sus vidas. Cuando entendemos las necesidades, podemos identificar mejor los mejores momentos para enseñar.

• *Alumnos en edad universitaria.* Algunas de sus necesidades incluyen encontrar la universidad adecuada, un trabajo, una carrera y vivir independientemente.

• *Adultos en edad postuniversitaria.* Algunas de sus necesidades incluyen elegir una carrera, encontrar un trabajo y establecer vínculos significativos.

• *Adultos de mediana edad.* Para los que tienen entre 35 y 55 años, algunas de sus necesidades incluyen crear una herencia para la próxima generación.

• *Adultos mayores.* Para los que tienen 55 años o más, algunas de sus necesidades incluyen redefinir una carrera o su familia, salir de la fuerza laboral, ajustarse a los cambios físicos, prepararse para el retiro y ayudar con el cuidado de los nietos.

• *Estudio bíblico, seminarios y talleres.* El estudio bíblico tradicional, los seminarios y talleres son formas adicionales de enseñar a los adultos.

• *Desequilibrio.* Los alumnos experimentan desequilibrio cuando ocurre lo inesperado. En la enseñanza, la tensión puede ser algo positivo.

• *Dedicación de bebés y bautismo.* Estas clases especialmente diseñadas son ejemplos de que los mejores momentos para enseñar pueden ayudar a los adultos a hacer importantes decisiones espirituales.

• *Leer toda la Biblia y el Círculo de lectores.* Al proporcionar un plan para leer la Biblia completa, el ministerio educacional puede animar a la iglesia a leer. La evaluación de libros desde una perspectiva cristiana en el contexto de un «Círculo de lectores» es una forma creativa de profundizar en la Palabra.

• *Escuela Bíblica de Vacaciones.* Tradicionalmente planeada para niños, la EBDV es especialmente beneficiosa para los adultos. Si se provee comida y se termina a una hora adecuada se puede conseguir una buena asistencia.

• *Hermanas de Tito 2.* El noviazgo, el compromiso y el matrimonio son los mejores momentos para enseñar. En esta clase, las ancianas enseñan a las mujeres más jóvenes según Tito 2:3-5.

• *Ministerio del canto.* Como también enseñamos a través del canto, cantar las Escrituras puede ser muy eficaz.

• *Manos Santas.* Este ministerio provee un ministerio de calidad al sordo a través de usar intérpretes talentosos que también están involucrados en la comunidad de sordos.

Al final de la jornada

Hemos completado el círculo partiendo de examinar los métodos de enseñanza de Jesús en la Parte 1 hasta identificar las formas prácticas de aplicar la educación cristiana a niños, adolescentes y adultos en la Parte 2. Como hemos visto, ¡hay una gran cantidad de trabajo por hacer!

Enseñar como Jesús, el más grande de los maestros, garantiza que nuestra tarea será gratificante. A través de todo este libro, hemos destacado aspectos importantes exhibidos por el Maestro de maestros. ¿Lo recuerda? Revise el cuadro de la página siguiente.

EL MAESTRO
Jesús enseñó basado en su carácter.
Jesús entendía a sus alumnos.

EL ALUMNO
Jesús enseñó desde el punto de vista del desarrollo.
Jesús usó los mejores momentos para enseñar.

TIEMPO Y MEDIO AMBIENTE
Jesús fue sensible al tiempo.
Jesús aprovechó el medio ambiente.

EL MATERIAL
Jesús consideró las necesidades culturales.
Jesús apeló a la mente, las emociones y la conducta.

LA METODOLOGÍA
Jesus involucró los sentidos.
Jesús tomó en cuenta las inquietudes sociales.

De la misma manera que Jesús enseñó a doce hombres en tres años y al final fue traicionado por uno de ellos, negado por otro y abandonado por el resto, no veremos resultados positivos de la noche a la mañana. Cuando se sienta cansado, cuando parezca que no vale la pena seguir adelante con el ministerio, cuando cualquier tipo de trabajo parezca más fácil que trabajar en la iglesia, recuerde a Nehemías. ¡Y no deje la muralla a mitad!

Capítulo 10

¡Termine la muralla!
Qué hacer cuando sienta que quiere rendirse

Objetivo

Al finalizar este capítulo usted decidirá continuar en el ministerio para el que ha sido llamado al evaluar el propósito de su llamamiento.

Mi padre se estaba muriendo. Estaba parada junto a su cama mirándolo a los ojos y sosteniendo su mano. Cuando la música de fondo de un comercial tocó «Wind Beneath My Wings» [«El viento debajo de mis alas»] de Bette Midler, ambos miramos al televisor. La canción puso las emociones que estaba sintiendo por mi padre en palabras que era incapaz de expresar. Fue como si Dios supiera que me dolía el corazón y que mi garganta se ahogaba por toda una vida de amor.

Durante gran parte de mi infancia, debido a la enfermedad mental de mi madre, papá tuvo que hacer de padre y madre. Al ser la hija mayor, me sentía muy apegada a él. Como me sentía responsable por mi hermana y mi hermano cuando papá estaba en el trabajo, su presencia me daba el más grande sentido de alivio y seguridad. Finalmente, mis padres se divorciaron y mi padre nos crió.

Él me enseñó a trenzar mi cabello, me lanzó el primer cumplido que haya recibido de un hombre, insistía en que leyera tres o cuatro libros durante el verano, y tenía tiempo para leer todo lo que yo escribía. Era mi héroe, mi ídolo.

Una vez, cuando estaba enferma en el hospital, recuerdo a mi padre orando parado al lado de mi cama. Los doctores le dijeron que se alejara un poco, pero él no quiso hacerlo. Yo era demasiado pequeña para entender lo que pasaba, pero sabía que los demás tenían miedo, y eso me atemorizaba. Papá abrió las cortinas, se acercó, me tomó las manos, y oró. Y ahora, yo tenía tomadas las suyas... y oraba.

«¿Me lo puedo llevar ahora?», parecía estarme preguntando el Señor. «Preciosa es a los ojos del Señor la muerte de sus santos».

«Sí, Señor».

Mi padre había padecido de una condición del corazón por más de quince años. Cada año, los doctores pensaban que se iba a morir, y cada año Dios desafiaba el pronóstico de los médicos, y papá vivía. Diez años atrás cuando mi padre exhibía en su rostro la llamada «máscara de la muerte», ese aspecto típico que muestran las personas que están muriendo, el Espíritu Santo me despertó muy temprano una mañana para que orara. Abrí mi Biblia en el Salmo 90:10, me arrodillé al lado de mi cama y le pedí a Dios que extendiera la vida de mi padre. Sabía que estaba orando según la voluntad de Dios porque el Espíritu Santo me había despertado para que orara y, además, me había dado ese versículo.

«¿Puedo llevármelo ahora? Preciosa es a los ojos del Señor la muerte de sus santos».

«Sí, Señor».

Mi esposo Irving y yo teníamos que tomar un avión para regresar a casa. Habíamos ido a visitar a papá a Atlanta, donde vivía ahora bajo el atento cuidado de mi hermano, Allen, y donde habíamos permanecido por más de una semana. Irving esperó pacientemente que soltara la mano de mi padre. Pensé en nuestra boda, cuando también tuvo que esperar hasta que me solté del brazo de papá.

Papá tenía la determinación de asistir a la boda, pero se encontraba demasiado débil como para viajar en avión. De todos modos, voló. Cuando aterrizaron en Los Ángeles desde Nueva York, los asistentes de vuelo, visiblemente aliviados, nos lo entregaron en una camilla. «Su padre está muy enfermo» nos dijeron, en tono de reprimenda.

«Bueno, ya estoy aquí», me dijo, con una sonrisa juguetona y un travieso guiño. Él sabía perfectamente que al volar tres mil millas había desafiado a sus doctores. «No estoy tan bien como quisiera, pero ya estoy aquí».

Para mí, eso era todo lo que importaba. ¡Papá estaba allí! No pudo llevarme de su brazo camino al altar, por lo que mi tío David, alto y elegante, me hizo el honor. Papá me esperó al frente de la iglesia. Una vez cerca del altar, lo tomé del brazo y lo apreté fuerte. Como siempre, allí estaba él, como en todas las circunstancias especiales de mi vida. Y sin que importara lo difícil que fuera, ahí estaba.

«¿Quién entrega a esta mujer?», preguntó el pastor. Papá levantó su mano y la agitó en el aire. «Yo». Con eso, tomó aliento, como si acabara de hacer un gran esfuerzo. ¡Y lo había hecho! En ese momento, todos los sueños de niña se hacían realidad. Un apuesto novio permanecía de pie a mi lado y la bendición de mi padre daba su aprobación a nuestro matrimonio.

«Gracias, papá», le dije. Pero no sentía que hubiera dicho suficiente, de modo que permanecí allí —las lágrimas corriendo por mis mejillas— mirándolo y sosteniendo su brazo. La niñita dentro de mí se resistía a soltarlo. Mi futuro esposo tomó mi mano y me dio un cariñoso y gentil tironcito, como lo hacía ahora: «Vamos a perder nuestro avión».

Una vez más estoy mirando los ojos de papá. Y escucho la música al fondo. «Eres el viento debajo de mis alas...»

Temprano aquel día le había preguntado a Dios si podía cancelar mi vuelo y permanecer en Atlanta con mi papá. Sin embargo, había una cita de menor importancia que perdería: la reunión anual de nuestra iglesia. Durante este sábado por la mañana, los ministerios presentaban ante la congregación en pleno sus logros durante el año. Yo había preparado una presentación con transparencias sobre el Ministerio de los Niños para este, mi primer año completo sirviendo en el área de Educación Cristiana. Era la única razón para volver a casa. Si hubiera decidio quedarme, estaba segura de que todos hubieran entendido que quería pasar estos últimos momentos preciosos con mi papá.

Le pregunté a Dios si podía quedarme aquí con mi padre. Y esta fue su respuesta:

> Si alguno viene a mí, y no aborrece a su padre, y madre, y mujer, e hijos, y hermanos, y hermanas, y aun también su propia vida, no puede ser mi discípulo.
>
> —Lucas 14:26 (RVR1960)

¿Aborrecer a mi padre? Estas palabras tuvieron un gran eco en mi mente. ¡Qué palabras tan duras! ¿Cómo podría *aborrecer* a mi padre? En retrospectiva, sabía por qué Dios no me recordaba la versión más suave de aquel versículo en Mateo 10:37. El amor por mi padre era tan fuerte que él tenía que confrontarlo con una emoción —aborrecer— que era igualmente intensa.

Le dije a papá que volvería tan pronto hiciera mi presentación. Cuando lo besé y le dije adiós, sinceramente pensé que lo volvería a ver vivo. No fue hasta que me senté en el avión que me di cuenta de que había visto a mi padre vivo por última vez. Como una revelación, de pronto entendí la mirada de dolor en sus ojos cuando me volví para decirle adiós con mi mano al salir de su habitación. Papá me estaba viendo partir y estaba empezando a llorar, de modo que volvió la cabeza.

Cuando entendí lo que me estaba diciendo con sus ojos —que me estaba diciendo adiós por última vez— sentí un dolor tan profundo que creí que se me rompía el corazón. Mi esposo me mantuvo muy cerca de él mientras yo sollozaba y sollozaba.

Esta experiencia subrayó en mí que el ministerio es una prioridad con Dios. El informe de mi ministerio y la presentación de transparencias no eran para él algo de menor importancia. ¡Eran importantes! De modo que cuando el proyector de transparencias se atascó y amenazó con arruinarme el día, me puse las manos en las caderas y casi grité: «Dejé a mi padre moribundo para venir aquí a hacer esta presentación. ¡Así que *vas* a trabajar hoy!»

Y lo hizo. Papá murió apaciblemente mientras dormía unos pocos días después.

Aborrecer al padre

Por supuesto que el Señor no nos está mandando a aborrecer. Este recurso literario de hipérbole o exageración es necesario para poner su perspectiva por encima de nuestras prioridades personales.

> De la misma manera, cualquiera de ustedes que no renuncie a todos sus bienes, no puede ser mi discípulo.
>
> —Lucas 14:33

Esta orden no es solo para pastores, maestros o voluntarios. Es para todo aquel que pronuncie el nombre de Jesucristo como Salvador. El discipulado demanda que presentemos nuestras vidas enteras, completamente, y no podemos transar por menos.

Y el que no carga su cruz y me sigue, no puede ser mi discípulo.

—Lucas 14.27

La segunda parte de este compromiso es estar dispuestos a llevar nuestra cruz... sufrir. Es en este punto cuando muchos ceden. Para los que estamos en el ministerio: ¿Cómo reaccionamos cuando la vida se pone tan dura que abandonar esto parece la opción más lógica, o cuando estamos tan mal heridos que otra carrera —cualquiera otra profesión— parece realmente una gran idea?

El desaliento, el cansancio, el agotamiento y las cicatrices por las batallas libradas en la línea de fuego del ministerio son algunas razones para alejarnos de Dios y, en consecuencia, de su pueblo. Queremos evitar estar en una posición tan visible que atraigamos los ataques del enemigo. No queremos que nos sigan disparando. No queremos sufrir. En resumen, no queremos llevar nuestra cruz.

Cuando sentimos la tentación de dejar la cruz es porque hemos sumado los costos del discipulado y el resultado final se nos queda muy corto. Sufrir por Jesús ya no parece tan meritorio. Las horas son demasiado largas. Los frutos casi no se ven. ¿Cuál será la diferencia en el reino para los que hacen menos que nosotros?

Así que dejamos el trabajo sin terminar. Jesús compara a esta persona con un constructor que deja su edificio a medio hacer.

Supongamos que alguno de ustedes quiere construir una torre. ¿Acaso no se sienta primero a calcular el costo, para ver si tiene suficiente dinero para terminarla? Si echa los cimientos y no puede terminarla, todos los que la vean comenzarán a burlarse de él, y dirán: «Este hombre ya no pudo terminar lo que comenzó a construir».

—Lucas 14:28-30

Este hombre no pudo terminar porque el estimado de los costos del trabajo fue incorrecto. Se le sumó la *adversidad*. Sin embargo, debe habérsele *¡multiplicado!*

Jesús compara no terminar el trabajo con la sal que pierde su sabor.

La sal es buena, pero si se vuelve insípida, ¿cómo recuperará el sabor? No sirve ni para la tierra ni para el abono; hay que tirarla fuera.

El que tenga oídos para oír, que oiga.

—Lucas 14:34-35

¡Imagínese! ¡Ni siquiera bueno para abono! Un trabajo inconcluso es inservible. No cuenta para nada. Hay que desecharlo. Como una sal que no es salada, sencillamente no sirve para nada.

Como maestros del evangelio tenemos un gran llamado. Estamos llevando a cabo la comisión de hacer discípulos, hacer alumnos. Ministramos en obediencia al Dios Todopoderoso. ¿Qué podría pasar que nos obligara a abandonar la obra del ministerio?

Cuando la tragedia golpeó, me maravillé con mi tía Lorraine Springsteen. Ella nunca sabrá cómo su persistencia en el servicio a la Iglesia Bautista Canaán en la ciudad de Nueva York me mostró el verdadero sentido de la fidelidad.

No se supone que los bebés sean lindos al nacer, pero el hijo de tía Lorraine y tío David parecía un ángel. El primer nieto, era absolutamente adorable y todos hacíamos turno para «echarlo a perder». Para mí era un deleite comprarle cosas. Una Navidad le regalé un precioso traje de marinero color azul.

Antes, el pequeño David había desarrollado una bronquitis alérgica. Su papá estaba ausente por razones de trabajo y, como precaución, su mamá decidió llevarlo al hospital buscando tratamiento para lo que parecía ser una infección viral. Los doctores recomendaron que permaneciera la noche allí para observación. Les dijeron que no era necesario que nadie se quedara en el cuarto con él durante la noche e insistieron en que su madre y su abuela se fueran a la casa, descansaran, y que volvieran en la mañana, cuando le darían de alta.

Estaba en casa con mis padres cuando sonó el teléfono. «¡Se ha ido!», fue el grito histérico que oímos desde el otro extremo de la línea telefónica. El pequeño había vomitado durante la noche y como no había nadie que lo ayudara, se había ahogado. Presas del pánico, nos dirigimos al hospital esperando que se tratara de un error de información. Cuando llegamos, mi tía estaba en shock, como si su espíritu hubiera salido de ella. Su esposo la estaba sacando del hospital en una silla de ruedas.

¿Cómo entierra a su primogénito? El servicio fue inmenso; el ataúd pequeñito. Mi tía, casi incapaz de mantenerse en pie, no podía mantener la cabeza erguida. Había llorado tanto que pensé que las jarras del cielo se desbordarían con sus lágrimas. Su

esposo, tratando de parecer fuerte, se tragaba su enorme dolor.

«¡Sí, Cristo me ama!» Esta canción favorita de la Escuela Dominical la cantamos en tributo a nuestro pequeño David. El eco resonaba por toda la iglesia reafirmando el amor de Dios. En medio de tanto dolor, el carácter de nuestro Salvador permaneció intacto. Él nos sigue amando.

He aquí el ejemplo de mi tía que influyó tanto en mi vida. En lugar de dejar su puesto en la iglesia, ella volvió al trabajo. El pensamiento de renunciar quizás nunca pasó por su mente, pero me pregunto por qué se quedó. ¿No sentía que Dios la había abandonado? ¿No estaría enojada con Dios por haber permitido que esto ocurriera? Con todo lo que ella le había servido, ¿no merecía de Dios algo mejor que esto?

En cambio, sin fanfarrias ni alborotos mi tía hizo eco con su actitud de los sentimientos de Jesús en el huerto de Getsemaní: «¿Acaso no he de beber el trago amargo que el Padre me da a beber?» (Jn 18:11).

Hoy día, más de treinta años después, ella sigue sirviendo en la iglesia. A lo largo de este tiempo, y luego de obtener un grado académico en trabajo social clínico, ha desarrollado varios programas de servicio social en la iglesia. Supervisa la oficina de la iglesia, coordina las actividades diarias y mantiene al día la agenda de predicaciones del pastor principal, el Dr. Wyatt Tee Walker.

En una conversación reciente, le pregunté si a lo menos no querría un cambio de título, algo así como asistente del pastor. Su respuesta fue: «¿Qué honor más grande puedo tener y qué mayor satisfacción puedo recibir que sencillamente servir?»

Fidelidad a Dios... humildad en el servicio. A veces, las lecciones de la vida hablan alto.

En lo poco has sido fiel

Con cuanta frecuencia oramos, Dios, danos *esta* responsabilidad y mostraremos al mundo nuestros dones y talentos. Si solo pudiéramos hacer *eso*, realmente estaríamos mostrando cómo se hacen las cosas.

Demasiado a menudo en el ministerio queremos hacer algo espectacular. A menos que algo llegue a nuestras manos, nos sentamos pasivamente pensando que es responsabilidad de otros el hacer tal o cual cosa pequeña. Los años pasan, y nos preguntamos por qué la promoción no golpea a nuestra puerta.

> ¡Hiciste bien, siervo bueno y fiel! En lo poco has sido fiel; te pondré a cargo de mucho más. ¡Ven a compartir la felicidad de tu señor!
>
> -Mateo 25:21

Siendo fiel en lo poco es donde comienza el servicio cristiano. Ambicionar el brillo y el glamour solo para que nos vean muestra nuestro verdadero motivo para el servicio cristiano. Lamentablemente, hemos traído a la iglesia la mentalidad del mundo de querer llegar a la cima por el medio que sea. Hay gran demanda de siervos que laven los pies a los demás.

En cierta ocasión, un profesor me dijo: «Se lograría mucho más si no nos preocupáramos tanto por quién se va a llevar el reconocimiento». ¿No encierra esta frase una gran verdad? ¿Cómo hacemos nuestro trabajo cuando nadie nos mira? ¿Cuán responsables somos cuando nadie lleva un registro de lo que hacemos?

Seamos fieles en lo poco que Dios nos ha asignado. Y cuando parezca difícil servir, acordémonos de Jesús.

Recuerde a Jesús

Recuerde a Jesús. Los judíos buscaron matarlo en el *principio* de su ministerio. Según Lucas 4:54, Jesús solo había hecho dos milagros. Pero en Lucas 5:16 vemos que ya su nombre estaba en la lista negra de los fariseos.

Hemos sido llamados a seguir en sus pasos (1 P 2:21). Vamos a sufrir. ¿Pero no es esta la oración de todo discípulo?

> Lo he perdido todo a fin de conocer a Cristo, experimentar el poder que se manifestó en su resurrección, participar en sus sufrimientos y llegar a ser semejante a él en su muerte. Así espero alcanzar la resurrección de entre los muertos.
>
> —Filipenses 3:10-11

Podemos estar seguros de que, como Jesús, quizás también estemos en la lista negra de alguien. Qué bendición es participar en sus sufrimientos. ¡Nos identificamos con Cristo! ¡Nos estamos convirtiendo más en Jesús!

Y también recuerde esto. En el compañerismo de sus sufrimientos está el poder de su resurrección. El sufrimiento y la crucifixión no evitaron que Jesús resucitara de entre los muertos. De hecho, el sufrimiento y la crucifixión hicieron posible la resurrección. Como Jesús, ¡conoceremos el poder de su resurrección después que suframos con él! ¿No es esta una maravillosa promesa?

Jesús glorificó al Padre. ¿Cómo?

Yo te he glorificado en la tierra, y he llevado a cabo la obra que me encomendaste.

—Juan 17:4

¿Cuál es la obra que Dios le ha dado? Esta es una pregunta que con frecuencia mi pastor hace a su personal. Nos recuerda que puede haber otros trabajos muy dignos y puede haber otras causas, que valga la pena abrazar. En sí mismas, esas tareas, esas causas, pueden ser muy buenas, quizás hasta dignas de elogio. ¿Pero es eso lo que Dios le ha pedido a usted que haga? Este simpático dicho, el preferido de mi abuela, mide las opciones terrenales con el metro de la eternidad.

Solo una vida
Que pronto pasará;
Solo lo que se hace por Cristo
Permanecerá.

¡Sea fiel en lo poco y termine su tarea! Eso es todo. Eso es lo que Dios quiere que hagamos. ¿Por qué nos damos por vencidos? ¿Por qué desistimos? En un retiro para voluntarios que trabajan con jóvenes en Juventud para Cristo, uno de los oradores, Tony Williams, pastor de la *Maranatha Christian Church* en San José, California, explicó las tres razones por las que dejamos el trabajo sin terminar: el enemigo, nuestros hermanos en la fe y las circunstancias. Con una perspectiva celestial, nos exhortó a terminar la muralla.

¡Está haciendo un gran trabajo!

¿Recuerda a Nehemías? Estaba haciendo un gran trabajo (Neh 6:3). Pero tuvo que enfrentar una fuerte oposición. Primero, fue Sambalat, un hombre que, como el diablo, habla de odio. Luego, estaba Tobías, que representa a los religiosos que no quieren que hagamos *demasiado*. Y, finalmente, estaba Guesén, cuyo nombre quiere decir «lluvia torrencial», y que representa las circunstancias y dificultades comunes e inesperadas en nuestras vidas.

Estos enemigos se burlaban de Nehemías diariamente mientras él se esforzaba por reconstruir las murallas de Jerusalén. No cesaban en su intento para que Nehemías se diera por vencido. Lo ridiculizaban; lo amenazaban. Trataron de avergonzarlo y hacerlo sentir que no valía mucho.

El diablo no descansa en sus esfuerzos para que usted abandone la tarea. Es persistente. *Nunca* se da por vencido. Es intimidante, pero es mentiroso. Su meta final es debilitar su mano, despojarlo de su poder.

Él quiere que usted caiga hasta el valle de Ono (Neh 6:2). Pero dígale: «¡Oh, no! ¡Yo no voy a caer!» Sea como Nehemías. ¡Termine la muralla!

Para seguir reconstruyendo la muralla, usted debe saber que está haciendo *un gran trabajo*. Ministrar al Señor, ministrar al cuerpo de Cristo y ministrar a los perdidos y sufrientes es un llamado que viene de arriba. ¡No se caiga!

¡Qué hermosa exhortación la del pastor Williams! Pero, ¿cómo voy a hacer para terminar la muralla? Volvamos a Jesús, el Maestro de maestros. Todo comienza con él.

Renueve su amor

Es tiempo de renovar su amor. Vuelva su pensamiento al principio. ¿Recuerda haber cantado: «Sublime gracia, qué dulce suena, que salvó a un pecador como yo», y haber querido decirle a todo el mundo: «Yo soy ese pecador que por gracia recibió salvación»?

¿Recuerda la gratitud, el fuego? Cuando evalúa dónde se encuentra ahora, ¿acaso se ha debilitado esa llama? ¿Se ha apagado la visión? ¿Ha perdido su primer amor?

Renuévese pasando tiempo a solas con Dios y su Palabra. Renuévese diciéndole a Dios dónde está usted, dónde le duele, cómo se siente. Renuévese rodeándose de hombres y mujeres piadosos que lo animen y oren por usted. Recargue sus baterías. Adquiera energía renovada. Y luego, siga adelante, sin detenerse.

Retiro trimestral

¿Cómo finalizó Jesús su trabajo? A menudo, Jesús se alejó de la gente para estar a solas con su Padre. Vez tras vez dejó a sus discípulos y a las multitudes para orar y descansar.

Con demasiada frecuencia nos llenamos de tanto trabajo en el ministerio que no nos queda tiempo para estar a solas con el Padre. Hay mucho trabajo que hacer. ¡Estamos siempre tan ocupados! ¿No es asombroso que Dios mismo no haya tratado de sanar a todo el mundo todo el tiempo? Sin embargo, nosotros encontramos difícil pasar aunque sea un día a solas con Aquel a quien servimos.

Los retiros personales son necesarios para mantener nuestra sal. La oración, la alabanza, el ayuno y la soledad son ingredientes necesarios para una vida de servicio significativa. Los que están involucrados en un ministerio a tiempo completo deben retirarse con frecuencia, una vez cada tres meses de ser posible. Esto significa que cada año planificaremos pasar cuatro días completos a solas con el Señor.

Sugerencias para los líderes

Es vital animar a los maestros y voluntarios. A continuación se incluyen algunas sugerencias:

• **Reuniones sociales regulares.** Una cena de Navidad dice «gracias» a los que han trabajado desinteresadamente durante todo el año. La iglesia debería patrocinar la cena para cada maestro y cónyuge o invitado. A ellos les agradará si es una actividad formal, ¡pues todos tienen una oportunidad de lucir su mejor vestido! El entretenimiento es de bajo costo si permite que los mismos maestros se encarguen de esto.

• **Retiro anual.** Cada verano lleve al personal voluntario a un retiro donde puedan relajarse y recuperar fuerzas. Este es un tiempo muy hermoso para que los líderes compartan con su personal, participen en conversaciones informales o solo se diviertan.

• **Tome fotografías.** Cuando usted se detiene para tomar fotos de los maestros, voluntarios y alumnos les está diciendo que son muy especiales. Muestre las fotos, circúlelas en las reuniones de maestros, compártalas con su pastor y el personal de la iglesia. Permita que otros conozcan a las personas que trabajan detrás del escenario.

• **Envíe flores.** Visitarlos en el hospital y enviarles tarjetas y flores cuando están enfermos habla de su preocupación por ellos. Es una partida que debe incluirse en el presupuesto del Departamento de Educación Cristiana.

• **Recuerde a los adultos.** A veces los maestros de los estudios bíblicos para adultos se sienten olvidados. Dedicamos tanta de nuestra atención y energía a aquellos que trabajan con niños, que los fieles maestros de adultos reciben pocas expresiones de gratitud. Inclúyalos en su celebración de Navidad y en los retiros de verano. Siéntese en su clase cuando dan sus estudios bíblicos y llámelos periódicamente cuando vea que necesitan algo.

• **Llame espontáneamente.** Solo llame para decir: «Hola, ¿cómo estás?» Pregunte por los niños, por la esposa o el esposo, por el trabajo. Busque un vínculo entre usted y sus voluntarios que les permita extender su relación más allá de las cuatro paredes de la iglesia.

• **Alimente a su personal.** En cada oportunidad que tenga, alimente a sus maestros. Los domingos en la mañana, prevéales de bocadillos, café y jugos. Tenga también bocadillos en la reunión mensual de maestros. Recuerde que muchos vienen directamente de sus trabajos. El compañerismo en torno a estas comidas puede ser muy reconfortante. Sus maestros se darán cuenta de que usted y Dios se preocupan por ellos.

Regocíjese diariamente

Alabe a Dios por la cruz y alábelo por compartir sus sufrimientos. Alábelo por los religiosos que lo irritan como la arena irrita a la ostra, solo para producir en nuestras vidas una perla de una belleza poco común y exquisita. Alábelo por las circunstancias difíciles que experimentamos y que nos hacen más compasivos con las personas a las que servimos.

Y alábelo por el gozo del ministerio. No es *todo* sufrimiento *todo* el tiempo. Gracias a Dios por la risa, por las victorias, por los ganados para Cristo. ¡Regocíjese! Hay fuerzas para hoy día. ¡Regocíjese! Hay victorias que vienen de camino. ¡Regocíjese! La obra se está haciendo. Encuentre cada día razones para regocijarse.

Jesús oró por usted

Jesús oró por usted. En el camino a la cruz, Jesús se detuvo, miró el camino hacia la eternidad, y lo vio a usted, su discípulo. En total conocimiento de los desafíos que tiene que enfrentar, Jesús oró así por usted:

Ahora vuelvo a ti, pero digo estas cosas mientras todavía estoy en el mundo, para que tengan mi alegría en plenitud. Yo les he entregado tu palabra, y el mundo los ha odiado porque no son del mundo, como tampoco yo soy del mundo. No te pido que los quites del mundo, sino que los protejas del maligno. Ellos no son del mundo, como tampoco lo soy yo. Santifícalos en la verdad: tu palabra es la verdad. Como tú me enviaste al mundo, yo los envío también al mundo. Y por ellos me santifico a mí mismo, para que también ellos sean santificados en la verdad. No ruego solo por estos. Ruego también por los que han de creer en mí por el mensaje de ellos, para que todos sean uno, Padre, así como tú estás en mí y yo en ti, permite que ellos también estén en nosotros, para que el mundo crea que tú me has enviado. Yo les he dado la gloria que me diste, para que sean uno, así como nosotros somos uno: yo en ellos y tú en mí. Permite que alcancen la perfección en la unidad, y así el mundo reconozca que tú me enviaste y que los has amado a ellos tal como me has amado a mí.

—Juan 17:13-23

Así te envío

Así te envío, a trabajar sin recompensa,
A servir sin paga, ni amor, ni aprecio, desconocido,
A soportar maltratos, a sufrir escarnio y burlas,
Así te envío, a fatigarte solo por mí.

Así te envío, a vendar al lastimado y al quebrantado,
A trabajar, a llorar, a despertar a las almas perdidas,
A compartir las cargas de un mundo cansado,
Así te envío, a sufrir por mi nombre.

Así te envío, a soledad y a anhelos,
Con un corazón ansioso por el amado y el conocido,
A dejar hogar y familia, amigos y queridos,
Así te envío, para que conozcan solo mi amor.

Así te envío, a abandonar las ambiciones de tu vida,
A morir al deseo más querido, a renunciar a tu yo,
A trabajar duro y a amar cuando los hombres te vituperen,
Así te envío, a perder tu vida en la mía.

Así te envío, a corazones endurecidos por el odio,
A ojos hechos ciegos porque no verán,
A gastarte hasta la sangre, a gastar y a no escatimarte,
Así te envío, a probar el Calvario.

—E. Margaret Clarkson

Recompensas celestiales

¿Tiene nuestro trabajo un valor eterno? Durante un servicio en la capilla de la Universidad Biola, Francis Chan, pastor de la *Cornerstone Community Church* en Simi Valley, California, lanzó un reto a los alumnos y a la facultad para que almacenaran tesoros en el cielo. Nos invitó a que revaluáramos nuestros motivos para el ministerio. ¿Estamos dispuestos al sacrificio y a ceder nuestras vidas, sabiendo que al final seremos recompensados?

Trabajamos, convencemos a las personas porque el juicio se acerca. Dios, en su gran amor, ya ha provisto un camino para salvar al mundo entero. Jesús es «el camino, y la verdad y la vida» (Jn 14:6).

Maestro cristiano, usted es vital para alcanzar a los perdidos de su mundo. Además de la vida abundante y sobreabundante en el aquí y en el ahora, aquellos a quienes gane para Cristo tienen el cielo como su destino eterno.

Así que enseñe, ¡por amor al cielo! Y por amor al cielo, ¡enseñe!

¡Miren que vengo pronto! Traigo conmigo mi recompensa, y le pagaré a cada uno según lo que haya hecho.

—Apocalipsis 22:12

Apéndice A

Muestras de Lecciones

Muestras de Lecciones

Apéndice A
Muestras de lecciones

En esta sección aparecen ocho lecciones de muestra de profesores voluntarios y ex alumnos. Fueron escritas desde la perspectiva de diferentes culturas y para grupos de acuerdo con su edad, tal como se indica en cada lección.

El propósito de esta sección es mostrar cómo se aplica creativamente el «Anzuelo, Libro, Mirada, Aplicación» mientras escribe sus propias lecciones. (Algunas lecciones también incluyen el «Rincón Especial» de Wanda Parker y el «Postre» de la Dra. Shelly Cunnhingham.) En una de estas lecciones se cubren todas las destrezas de la Taxonomía de Bloom, tal como lo indican los *corchetes* después del objetivo.

Recuerde que escribir buenas lecciones exige práctica. Con frecuencia, inmediatamente *después* que enseña una lección, se hacen claras algunas formas de mejorarla. Anote todas estas ideas porque, como un buen sermón, una buena lección puede enseñarse una y otra vez.

Sugerencias para los líderes

Pida a los maestros que revisen el siguiente plan de lección y lo evalúen respondiendo:

- ¿Qué funciona?
- ¿Qué no funciona?
- ¿Qué falta?

Plan de Lección I

La casa sobre la roca
Por Mindy Owes

Objetivo
Al final de una lección de quince minutos sobre Mateo 7:24-27, los alumnos recordarán que la palabra de Dios nos hace fuertes al identificar la casa que permanece después de la tormenta. [Conocimiento]

Para preescolares afroamericanos

Anzuelo Pida a los alumnos que describan lo que hacen cuando llueve. ¿A qué juegan dentro de la casa? ¿Qué ropa usan para ir a la escuela? Durante este proceso, el maestro podría mostrar fotos de niños vestidos con ropa para la lluvia (recortadas de revistas). Opcional: Tenga con usted un impermeable y un paraguas.

> *Puente:* «Hoy vamos a aprender una historia sobre dos casas en la lluvia».

Libro Cuente la historia con un franelógrafo. (Coloque los personajes que va a usar en el franelógrafo dentro de las páginas de su Biblia; a medida que vaya avanzando en la historia, vaya extrayendo los personajes de su Biblia.)

Pida ahora a los alumnos que cuenten la historia de nuevo, pero por turno. Deje que los niños coloquen las figuras en el franelógrafo.

Después que hayan contado la historia de nuevo, el maestro la vuelve a contar, esta vez usando las dos cajas plásticas como una demostración. Una casa está en la caja con arena; la otra está en una caja encima de rocas. Ahora, usando el jarro con agua, pretenda que hay una tormenta y derrame el agua sobre ambas casas. Haga un *mucho* ruido cuando la casa en la caja de arena se desplome.

Mirada Dígales que cuando estudiamos la Biblia, Dios nos hace fuertes.

Nota: Los niños no entenderán que nuestras vidas son *como* casas, que las personas que oyen pero no obedecen a Dios terminarán siendo destruidos, así que evite hacer esta comparación.

Aplicación Ayude a los niños a identificar que la casa sobre la roca fue la mejor de las dos porque no se cayó cuando vino la tormenta.

Lista de materiales
- Biblia
- Franelógrafo

Lista para manualidades
- Materiales para hacer las casas de juguete (p.ej., un juego de legos)
- Dos cajas plásticas: una para llenarse con arena y agua y la otra para llenarse con piedras y agua
- Casas de juguete para poner dentro de las cajas plásticas (opcional: árboles, etc.)
- Un recipiente de los que se usan para echar agua a las plantas (para crear la lluvia)

Manualidad: Haga algunas casas con Legos u otros bloques de construcción similares.

Plan de Lección 2

Confianza en Dios
Por Sonja Schappert

Objetivo

Al final de una lección de treinta minutos sobre la historia de Noé (Génesis 6-8), los alumnos recordarán que Noé confió en Dios al dibujar una escena del relato. [Conocimiento]

Para niños de cinco años (jardín infantil)

Rincón Especial Toque música cristiana para niños para crear una atmósfera de adoración en la sala de clases. Cuando los padres traigan a sus hijos, tenga preparados juguetes para que los niños jueguen hasta que empiece la lección. Cuando sea el tiempo de comenzar, diga a los alumnos que dejen a un lado los juguetes. Ayúdeles a ponerlos en el lugar correcto. Pegue *calcomanías* en el dorso de las manos de los niños que están ayudando a guardar los juguetes. Anímelos a participar. Comience con una oración por los alumnos y pregúnteles cómo están.

Anzuelo (5 minutos)

Puente: «Hoy vamos a aprender una lección muy emocionante que está en la palabra de Dios. Vamos a comenzar cantando una canción».

Pida a los alumnos que se paren de sus asientos. Toque una canción «Arca, Arca». Pídale a dos niños que sujeten un cartel con la letra de la canción. Dirija al grupo en la canción y enséñeles cómo mover las manos. Cuando termine la canción, reúna a los niños para comenzar la lección.

Libro (10 minutos)

Puente: «Ha llegado el momento de oír la historia de la Biblia sobre un hombre que confió en Dios».

Ayude a los niños a abrir sus Biblias en Génesis capítulo 6 antes de empezar la historia. Dígales que va a necesitar ayuda para contarla (para colocar las figuras en el franelógrafo), así es que cuando todos estén quietos en sus asientos, puede llamar a sus ayudantes. Hace muchos, muchos años había un hombre llamado Noé. (*Que un niño saque de su Biblia la figura de Noé y la ponga en el franelógrafo.*) Noé era un hombre bueno que conocía y obedecía a Dios. (*Pida a otro niño que empiece a poner a los otros personajes de la historia.*)

Lista de materiales
- *Calcomanías* de animales
- Canción con el tema del arca de Noé. (Arca, Arca)
- Grabadora
- Franelógrafo y su caballete
- Figuras para franelógrafo que deberán estar entre las páginas de la Biblia (estas figuras pueden adquirirse de *Bible in Felt* [La Biblia en Fieltro], 1992, publicado por «Little Folks Visual», Palm Desert, California, lecciones 6 y 7)
- Una botella tipo rociador con agua
- Galletas con figuras de animales y jugo de manzana para para la merienda
- Servilletas y vasos de papel
- Papel blanco para dibujar
- Lápices para pintar
- Opcional: una versión en audio sobre la historia de Noé

Lista para manualidades
- Haga un cartel con la letra de la canción relacionada al arca de Noé
- Prepare los materiales para el tiempo de manualidades.
- Eche el jugo de manzana en los vasos de papel y tenga las galletas con figuras de animales listas para comer
- Tenga listo el casete con la canción sobre el arca.

Dios miró desde los cielos que todos en la tierra eran malos. No amaban a Dios. Pero Noé y su familia sí. Noé amaba a Dios. Así es que Dios le dijo a Noé: «Voy a hacer gente nueva» (Gn 6:13). Luego Dios le dijo a Noé que construyera un bote muy grande, llamado arca, porque iba a haber un diluvio. (*Que un niño ponga el arca en el franelógrafo.*) Pero Dios le prometió a Noé que él y su familia estarían a salvo.

Noé confió en que Dios los protegería del diluvio. Luego, Dios le dijo que pusiera dos de cada clase de animal en el arca, los que también serían protegidos del diluvio. (*Que un niño coloque los animales en el franelógrafo.*)

Después de muchos, muchos años, Noé terminó el arca. Dios le dijo a Noé que llovería durante cuarenta días y cuarenta noches. (*Empiece a rociar suavemente sobre los alumnos el agua de la botella tipo rociador; no se detenga hasta que la lluvia cese. Ponga las nubes de tormenta en el franelógrafo.*) Noé *creyó* que Dios protegería a su familia, y Dios lo hizo. Él mismo cerró la gran puerta del arca para que Noé y su familia estuvieran a salvo del diluvio.

(*Cambie el fondo del franelógrafo a panorama de lluvia y agua.*)

Toda la gente mala que no amaba a Dios se murió. Noé *confió* en que Dios lo protegería de la tormenta. Las únicas criaturas que quedaron vivas sobre la tierra fueron Noé, su familia y los animales que estaban en el arca. Durante mucho tiempo la tierra estuvo cubierta por el agua hasta que al fin el agua se fue. Pronto, Noé pudo ver las cimas de las montañas. El arca terminó posándose sobre el Monte Ararat.

Noé mandó a una paloma para que fuera a explorar la tierra. (*Ponga una paloma en el franelógrafo.*) La paloma volvió con una rama de olivo en el pico. Noé supo que ya había tierra seca y Dios le dijo a Noé que ya era tiempo de salir del arca. De nuevo, Noé *confió* en Dios. Cuando él y su familia salieron, la tierra estaba seca otra vez. (*Ponga de nuevo el fondo con la tierra seca y agregue algunos árboles, la montaña y el arca.*) Noé y su familia y todos los animales estaban fuera del arca. (*Que un niño ponga las figuras de animales saliendo del arca.*)

Entonces, Noé construyó un altar al Señor. Agradeció a Dios por mantenerlo a él y a su familia a salvo. Dios prometió a Noé que nunca más volvería a destruir la tierra con un diluvio. Y puso un arcoiris en el cielo como recordatorio de su promesa.

Repaso de la lección (2 minutos) Al repasar la lección, los alumnos pueden volver contar la historia y poner otra vez las figuras en el franelógrafo.

1. ¿Por qué Dios envió un diluvio a la tierra? *Porque la gente era mala y no amaba a Dios.*
2. ¿Cómo confió Noé en Dios? *Noé hizo todo lo que Dios le dijo que hiciera. Construyó el arca y puso adentro las parejas de animales. Noé confió en que Dios lo protegería a él y a su familia.*
3. ¿Cuánto tiempo llovió? *Cuarenta días y cuarenta noches.*
4. ¿Qué clase de ave mandó Noé fuera del arca? *Una paloma.*
5. ¿Qué traía la paloma en el pico cuando volvió? *Una rama de olivo.*
6. ¿Volverá Dios a mandar un diluvio a la tierra? *No.*
7. ¿Cómo podemos estar seguros? *Dios hizo el arcoiris como una promesa.*

Mirada (5 minutos) Enseñe el versículo bíblico para memorizar: Proverbios 3:5: «Confía en el Señor con todo tu corazón».

Puente: «Noé confió en que Dios lo protegería a él y a su familia. Noé demostró que confiaba en Dios porque hizo todo lo que Dios le dijo que hiciera. ¿Cuáles son algunas de las formas en que tú puedes confiar en Dios? ¿Cómo puedes obedecerle?»

Ayude a los alumnos a mencionar formas en que pueden confiar en Dios. (Ejemplo: Pueden confiar en que Dios los ayudará a obedecer a sus padres.)

Aplicación (5 minutos)

Puente: «Ahora es el tiempo de hacer dibujos sobre la historia de Noé. Vamos a sentarnos todos en las mesas».

Con la ayuda de padres voluntarios, pida a cada uno que pinte un dibujo que muestre cómo Noé confió y obedeció a Dios. Asegúrese que cada alumno ponga su nombre en el dibujo que haga.

Merienda (5 minutos) Use este tiempo para repasar otra vez la lección.

Puente: «Ahora es tiempo de limpiar y guardar los lápices de colores para servir la merienda».

Pida voluntarios que ayuden a pasar las servilletas. Reparta las galletas con figuras de animales y pida que vayan diciendo los nombres. Pregunte si estos animales también estuvieron en el arca. Reparta el jugo de manzana, asegurándose de que los vasos estén llenos solo hasta la mitad para evitar derrames.

Arca, Arca
(con gestos de manos)

A Noé Dios le dijo: «Habrá un diluvio, luvio».
[Mueva los brazos hacia abajo como lluvia que cae y luego hacia arriba como una inundación.]
A Noé Dios le dijo: «Habrá un diluvio, luvio».
[Mueva los brazos hacia abajo como lluvia que cae y luego hacia arriba como una inundación.]
«Salva a los animales del lodo, lodo»
Hijo del Señor.

Coro
    Levántate *[levante los brazos]* y brilla *[mantenga brazos levantados, levemente extendidos, palmas hacia arriba]*,
    a Dios rinde gloria, gloria *[mueva brazos de lado a lado]*.
    Levántate *[levante los brazos]* y brilla *[mantenga brazos levantados, levemente extendidos, palmas hacia arriba]*,
    a Dios rinde gloria, gloria *[mueva brazos de lado a lado]*.
    [Mayor énfasis] Levántate *[levante los brazos]* a Dios rinde gloria, gloria *[mantenga brazos levantados, levemente extendidos, palmas hacia arriba y moviendo los brazos de lado a lado]*.
    Hijo del Señor.

Los animales llegaron de dos en dos.
[Dos dedos caminando hacia arriba por la pendiente de su brazo.]
Los animales llegaron de dos en dos.
[Dos dedos caminando hacia arriba por la pendiente de su brazo.]
Elefantes y canguros, guros.
Hijos del Señor.

Por cuarenta días *[use 10 dedos para contar 40]*
cayó la lluvia, lluvia *[use brazos para hacer movimientos de lluvia]*.
Cuarenta días *[use 10 dedos para contar 40]*
cayó la lluvia, lluvia *[use brazos para hacer movimientos de lluvia]*.
Casi enloquecieron los animales.
Hijos del Señor.

(Coro)

Al brillar el sol, se secó la tierra, tierra *[señale hacia el cielo]*.
Al brillar el sol, se secó la tierra, tierra *[señale hacia el cielo]*.
Todo quedó maravilloso, lloso.
Hijos del Señor.

Plan de Lección 3

Un ángel trae buenas noticias

Por Saundra Coleman

Objetivo
Al finalizar una lección de treinta minutos sobre Lucas 1:15-24, los alumnos reconocerán que Dios quiere que tengan fe al identificar una dificultad que tengan y orar por ese problema. [Conocimiento]

Para niños afroamericanos de segundo grado

Anzuelo ¿Alguna vez has deseado mucho alguna cosa? ¿Qué era? Si esta lección se está enseñando durante los días de Navidad, los niños podrán hacer una lista de ropa o juguetes, por ejemplo. Revisen sus listas de Navidad, pero dígales que no siempre conseguimos lo que queremos.

Puente: «Hoy vamos a estudiar sobre un esposo y su esposa que deseaban ardientemente tener algo, y Dios oyó sus oraciones».

Libro Pida a los niños que abran sus Biblias. Recite la siguiente promesa:
Prometo lealtad a la Biblia, la Santa palabra de Dios. La haré una lámpara a mis pies y una luz en mi camino. Atesoraré la palabra de Dios en mi corazón de modo que no pueda pecar contra Dios.
Lea Lucas 1:13. Usando cuadros de una Biblia con ilustraciones (o un libro de colorear) cuente esta historia bíblica: Zacarías y su esposa deseaban tener un hijo. Habían esperado mucho, mucho tiempo, pero aun no tenían un hijo. El ángel Gabriel se apareció a Zacarías para darle la buena noticia. Cuando Zacarías vio al ángel, tuvo miedo. Pero el ángel le dijo que no tuviera miedo. Dios había oído sus oraciones por un hijo. Zacarías y su esposa Elizabet iban a tener un hijo —Juan el Bautista— y él le hablaría a la gente acerca de Jesús.

Lista de materiales
• Biblias
• Pizarrón y tiza

Lista para manualidades
• Materiales para hacer adornos en forma de ángeles

Puente: «Dios quiere que creamos en su Palabra. La Biblia es la palabra de Dios, y cuando oramos, Dios dice que él nos ayudará. Quiero que piensen en algún problema que tengan. Vamos a orar y a pedirle a Dios ayuda para que ese problema se resuelva».

Mirada Cuente la historia de un niño que estaba teniendo problemas en la escuela. Los otros niños lo molestaban y trataban de hacerlo pelear. Él tenía mucho miedo, pero sabía lo que dice Dios en su Palabra. «Nunca te dejaré; jamás te abandonaré» (Heb 13:5b). De modo que oró y le pidió a Dios que lo ayudara. Un niño mayor que estaba en el quinto grado vio a los muchachitos molestando a este niño y les ordenó que lo dejaran tranquilo. Le dijo que si volvían a molestarlo, que lo buscara y se lo dijera. Dios había contestado su oración enviándole a alguien para que lo ayudara.

Aplicación Dios quiere que confiemos en él. Si están teniendo problemas en la escuela, oren y pidan a Dios que los ayude. Maestro, pregunte a los alumnos si tienen alguna cosa por la que les gustaría que usted orara, ahora mismo. Haga una oración muy breve por cada una de las necesidades expresadas.

Manualidad: Haga adornos en forma de ángeles.

Plan de Lección 4

Si Jesús viniera a tu casa
Por Janice Webb

Objetivo

Al final de una lección de cuarenta y cinco minutos sobre I Tesalonicenses 4:16, los alumnos explicarán cómo pueden prepararse para el regreso de Jesús, comparando lo diferentes que serían sus vidas si Jesús viniera a visitarles inesperadamente. [Comprensión]

Para alumnos afroamericanos de tercero y cuarto grado

Anzuelo Con entusiasmo y sin dar el nombre de la visita, haga a los alumnos las siguientes preguntas y, usando uno de los marcadores de colores, escriba su respuesta en el pizarrón.

1. Si una persona muy especial llegara inesperadamente a tu casa para quedarse contigo algunos días (género y edad son irrelevantes) ¿cuál sería la primera cosa que harías? (Las respuestas pueden incluir limpiar el cuarto, poner los juguetes y los libros en su lugar, colgar la ropa, hacer la cama, etc.)

> **Lista de materiales**
> • Biblias
> • Pizarrón y marcadores de dos colores contrastantes
> • Escrito: «Si Jesús viniera a tu casa»

2. Si tu visitante te pidiera prestadas una o dos de tus piezas de ropa favoritas, ¿cuáles le prestarías? (Las respuestas pueden incluir los pantalones nuevos, zapatos de marcas reconocidas o los *jeans* con huecos en las rodillas. ¿Qué ropa guardarías?)

3. ¿Qué clase de libros o revistas tienes sobre la mesa, en tu escritorio o en el librero? ¿Crees que serían buenas para que tu visitante las lea? (Las respuestas pueden incluir un diario, historietas de dibujos animados y otros. ¿Qué libros esconderías?)

4. ¿Qué clase de música te gustaría oír con tu visitante? (Hablen de estaciones de radio, canciones favoritas y grabaciones de artistas preferidos. ¿Qué canciones no te gustaría que escuchara tu visitante? Analicen las letras de las canciones. ¿En qué te hacen pensar las letras? ¿Cómo te hacen sentir?)

5. ¿Qué «nuevas» palabras crees que debe aprender? (Mencionen palabras vulgares, frases o saludos. ¿Hay algunas palabras que no te gustaría usar delante de tu visitante?)

6. ¿Cuáles serían tus lugares favoritos para divertirse o esperar? (Las respuestas deberían incluir centros comerciales, salones de juego de vídeos, parada de buses, la escuela, etc. ¿Qué lugares deberías evitar?

7. ¿Cómo te sentirías si este visitante especial conociera a tu mejor amigo? (Analicen los hábitos de este amigo: lenguaje, ropa, música, etc.)

Puente: «La Biblia nos dice que Jesús viene por nosotros. ¿Estaremos listos para recibirle?»

Libro Pida a un alumno que lea 1 Tesalonicenses 4:16. Hable acerca del «rapto» y cómo Dios va a llevar a todos los que creen en él a través de Jesucristo. (Como esta es la esperanza de cada cristiano, hable del rapto con alegría y en términos positivos. Destaque el hecho de que queremos estar listos para cuando él venga. El primer paso es saber con certeza que somos salvos.)

Mirada Pregunte a los alumnos cuán preparados están si Jesús regresara hoy. Lea el poema: «Si Jesús viniera a tu casa». Lea de nuevo el poema y señale en el pizarrón las respuestas a las preguntas que se hicieron al comienzo de la clase. Ahora, usando un marcador de otro color, ¿qué habría que cambiar y por qué?

Aplicación Ponga a los alumnos en grupos pequeños de tres o cuatro. Pídales que hablen sobre lo que aprendieron hoy. ¿Hará esto una diferencia en sus vidas para esta semana? ¿Cómo? ¿Hay alguien que todavía no conoce a Cristo como su Salvador? ¿Por qué no entregarse a él ahora mismo?

Si Jesús viniera a tu casa

Si Jesús viniera a tu casa a pasar un día o dos,
Si viniera de repente, me pregunto ¿qué harías tú?
Sin duda darías el mejor cuarto a visitante tan especial,
Y la comida que le ofrecerías, seguro no tendría igual.
Y le dirías que te sientes feliz de tenerle de invitado,
Que servirle en tu propia casa es un gozo que no te has ganado.

¿Pero cuando lo vieras venir lo esperarías en la puerta
para estrechar en tus brazos a tu Visitante Celestial?
¿O tendrías que cambiarte de ropa antes que llegue?
¿O tendrías que esconder algunas revistas y poner la Biblia donde la pudiera ver?

¿Apagarías la radio para que no escuche lo que te gusta a ti?
¿Y preferirías no haber dicho aquella palabra tan dura y fea?
¿Ocultarías tu música mundana y pondrías canciones cristianas?
¿Lo dejarías entrar de inmediato o lo retendrías un rato?
Y me pregunto si el Salvador pasara contigo un día o dos
¿Las cosas que has hecho siempre, no las dejarías de hacer?
¿Las cosas que has dicho siempre, no las dejarías de decir?
¿La vida que has vivido siempre, seguiría siendo tu forma de vivir?

¿Tu forma de conversar, seguiría siendo igual?
¿Te costaría menos dar gracias al empezar a comer?
¿Cantarías las canciones de siempre y leerías los mismos libros
  que te gusta leer?
¿Y le contarías con qué alimentas tu mente y tu espíritu?
¿Aceptarías que Jesús fuera a donde tú habitualmente vas?
¿O quizás cambiarías tus planes por un día o dos?

¿Te alegraría que conociera a tus amigos más cercanos?
¿O preferirías que no vinieran mientras él está ahí?
¿Te alegraría que se quedara para siempre en tu casa?
¿O darías un suspiro de alivio cuando dijera que se va?
Sería interesante saber las cosas que harías
Si Jesús viniera a estar contigo un día o dos.

—Autor desconocido

Plan de Lección 5

«Sabio» significa Prudente

Por John Lewis

Objetivo
Al final de una lección de una hora basada en Mateo 7:24-27, los alumnos decidirán cómo tomar decisiones prudentes al resolver un problema basado en el acróstico SABIO. [Evaluación]

Para estudiantes hispanos de sexto grado

Anzuelo Escoja cinco niñas y cinco niños. Deles dos minutos para que construyan una casa con *marshmallows*. La meta es que construyan las casas lo más altas y firmes que puedan. Cuando hayan transcurrido los dos minutos, cuente los «pisos» de las casas y declare al ganador. Escoja a otros cuatro voluntarios (dos niños y dos niñas) para que le ayuden mientras da la lección. Un niño y una niña tendrán botellas de agua para simular «lluvia», y los otros usarán cartones para «soplar» cuando se diga la palabra «viento».

Lista de materiales
• Biblias
• *Marshmallows*
• Afiche SABIO (definición-/proceso) y hojas de papel que expliquen SABIO
• Dos botellas con rociador llenas de agua
• Dos pedazos de cartón
• Afiche
• Notas sobre la lección

Lista para manualidades
• Piedras (¡Ni se les ocurra tirarlas!)
• Pintura y pinceles, letras o *calcomanías* para decorar las piedras

Puente: «Cuando obedecemos a Jesús, la Biblia nos dice que somos como un hombre prudente que construyó su casa sobre la roca».

Libro Pida a los alumnos que abran sus Biblias en Mateo 7:24-27. En pequeños grupos, lean estos versículos. ¿En qué se parecen estas dos casas? (Respuesta: Todos oyen.) ¿Cuál es la diferencia? (Respuesta: Solo una persona obedece.)

Puente: «La casa que se construyó sobre la arena es como estas casas hechas de *marshmallows*. Al leer juntos este pasaje, vamos a ver cuál casa cae primero».

Ahora, pida a los alumnos que lean en voz alta Mateo 7:27. Asegúrese de que los voluntarios de la lluvia y del viento (deben tener un letrero que le diga a la clase qué parte de la naturaleza les corresponde a cada uno) estén atentos para responder cuando se mencione su parte. «Cayeron las lluvias (*echar agua sobre ambas casas*), crecieron los ríos, y soplaron los vientos (*muevan los cartones sobre ambas casas*) y azotaron aquella casa, y ésta se derrumbó, y grande fue su ruina» (Mt 7:27).

Mirada ¿Cómo toman decisiones los niños de tu edad hoy día? Las respuestas pueden incluir escuchando a sus amigos, padres, tomando decisiones sin pedir ayuda, buscando consejo en la televisión y así por el estilo. Deje que los alumnos digan todo lo que piensan.

Puente: ¿Nos ayuda alguno de estos consejos a obedecer a Dios? La Biblia nos ayudará a ser sabios, como la persona que construyó su casa sobre la roca. Vamos a usar la palabra «prudente» o SABIO para que nos ayude cuando tengamos que tomar decisiones».

S: La S en SABIO es para SITUACIÓN. *¿Cuál es el problema?* Señale el problema en la forma más sencilla y específica que pueda. Respuesta: ¿Quién? ¿Qué? ¿Cuándo? ¿Dónde?

A: La A en SABIO es para ACCIONES. *¿Qué acción puedo tomar?* ¿Qué opciones tengo? ¿Hay algo más que pueda intentar? Haga una lista de las buenas y las malas acciones.

B: La B en SABIO es para BENEFICIOS. *¿Qué es correcto en las acciones que puedo tomar?* ¿Qué es incorrecto en las acciones que puedo tomar? (Maestro: Ayude a los alumnos a fijarse en los pro y los contra de cada acción.) Qué piensan de estas acciones. Repase los beneficios y las desventajas.

I: La I en SABIO es para INVITA A DIOS. *Ora para saber qué hacer.* Pregunta siempre a Dios qué es lo que él quiere que hagas. ¿Qué dice la Biblia respecto a esta situación?

O: La O en SABIO es para ¡Oh! *¡Oh, ya sé lo que haré!* Esto es cuando decides qué acción tomar. ¿Qué decisión está de acuerdo con la palabra de Dios?

Aplicación Pida a los alumnos que se dividan en grupos pequeños. ¿Qué clase de situación tienen que enfrentar para lo que pueden necesitar ayuda al momento de tomar la decisión correcta? Tome uno de esos ejemplos y aplique SABIO. Dé a cada grupo hojas de papel con la explicación de SABIO para que la usen como referencia. Pídales que den un informe a la clase entera.

S: Situación,	¿Cuál es el problema?
A: Acciones,	¿Qué acciones se pueden tomar?
B. Beneficios,	¿Qué está correcto / incorrecto en las acciones que podrías tomar?
I: Invita a Dios,	Ora. Lee la Biblia.
O: ¡Oh!,	Decide qué vas a hacer.

Manualidad: Escriba la palabra SABIO en algunas piedras. Estas piedras son para recordarnos al hombre que construyó su casa sobre la roca. Deje que los niños seleccionen y decoren sus rocas para que les recuerden siempre cómo tomar decisiones sabias.

Plan de Lección 6

Soy hechura de Dios

Por Karen Choi

Objetivo
Al final de una lección de cuarenta y cinco minutos basada en Efesios 2:10, los estudiantes podrán decidir si son o no hechura de Dios al evaluar sus dones y talentos. [Evaluación]

> *Nota:* Esta lección está organizada según la Taxonomía de Bloom. (Véanse los corchetes.)

Para niñas coreanas de escuela intermedia

Anzuelo Muestre un cuadro de uno de los libros de arte [Conocimiento]

> *Puente:* «¿Qué ves?» (Que las estudiantes tengan una breve discusión sobre artistas que conocen y las pinturas que les son familiares. Muestre una pintura que todos conozcan, como la Mona Lisa, de modo que las alumnas se sientan satisfechas porque conocen la obra.)

> *Puente:* «¿Qué me pueden decir sobre esta pintura?» [Comprensión]

Comente que son hermosas, son valiosas, costosas y así por el estilo. Así como estos grandes artistas crearon estas famosas pinturas, Dios las creó a cada una de ustedes. ¿Cuánto más vales tú? A menudo nos olvidamos de esto.

Lista de materiales
• Biblias
• Juego de dardos para tirar al blanco
• Libros de arte con obras maestras de artistas tales como Monet, Picasso o Miguel Ángel (Si no tiene un libro así, pida uno en la biblioteca más cercana.)
• Hoja para repartir: «¿Quién soy yo?»
Lista para manualidades
• Papel blanco para la «Lista de talentos»
• Crayolas o lápices de colores

Mirada # 1 Pida a las jovencitas que digan cómo se sienten cuando alguien les dice un cumplido. Actúe en la forma en que ellas responderían: «Sí, claro» «Qué me importa…», etc.

> *Nota:* La sección «Mirada» puede ir antes de «Libro», dependiendo de la lección.

> *Puente:* ¿Acaso nos podemos comparar con una de estas pinturas que fueron creadas por hombres? ¿O somos obras maestras creadas por el Gran Artista, Dios mismo? Respuesta: «Sí. Somos obras maestras creadas por Dios mismo». [Aplicación].

Libro # 1 Lea Efesios 2:10: «Porque somos hechura de Dios, creados en Cristo Jesús para buenas obras, las cuales Dios dispuso de antemano a fin de que las pongamos en práctica». Como este es un versículo corto, dé tiempo a las estudiantes para que lo aprendan de memoria; pídales que lo repitan en voz alta y que comprueben entre sí que no comentan errores.

Mirada # 2 Pregunte por qué las jóvenes de su edad no tienen buena imagen de ellas mismas. Consideren asuntos tales como las presiones de sus pares, compararse con otras, ser más o menos populares y tratar de vivir según las imágenes que ofrecen la televisión y las revistas. [Análisis]

Libro # 2 Enfatice en que nuestra identidad descansa en Cristo Jesús. Distribuya la hojita: «¿Quién soy yo?» [Yo soy un hijo de Dios; la justicia de Dios en Cristo, una nueva criatura, etc.]. Lean al unísono y en voz alta.

Mirada # 3 ¿Cómo podemos resolver los problemas relacionados con una pobre imagen? Analicen formas prácticas para mantener nuestras identidades santas intactas cuando nuestros amigos nos sugieren que hagamos alguna cosa, evitando el hábito de culparnos mutuamente, meditando en lo que Dios dice que somos según el folleto «¿Quién soy yo?» [Síntesis]
Pida a los alumnos que hagan una lista de sus talentos individuales. En talentos se puede incluir todo, no solo ser bueno para los deportes, para la música, en los estudios, sino también cosas pequeñas como saber escuchar a los demás (por ejemplo, cuando hablamos por teléfono), saber sonreír, ayudar a quienes necesitan ayuda y ser amigos sinceros.
Distribuya una hoja en blanco para que escriban su «lista de talentos». Pídales que doblen el papel por la mitad, a lo largo de la hoja. Dígales que escriban sus talentos específicos en el lado izquierdo. Y al lado derecho, que escriban lo que pueden hacer para Dios con ese talento. Para ayudarles a comenzar con la lista, que cada uno le diga un cumplido a la persona que tiene a su lado. Luego, que compartan lo que escribieron. Quizás quieran añadir algo a su lista según escuchen las listas de los demás. Que decoren su lista con los lápices de colores disponibles para eso.

Puente: «¿Qué pasaría si recordáramos continuamente que somos hechura de Dios creadas para hacer obras buenas?» Las respuestas podrían incluir ser más positivas, tener más confianza, mantenerse alejadas de los malos hábitos.

Puente: «¿Crees que es mejor tener esta nueva auto imagen sabiendo quiénes somos en Cristo? ¿En qué área puedes desarrollar más confianza? ¿Qué pensamiento negativo vas a cambiar por uno positivo según la palabra de Dios?» [Evaluación]

Aplicación Basándose en la pregunta ¿quién soy yo?, dele tiempo a las estudiantes para que piensen en la forma en que han vivido su vida hasta ahora. Finalice con una oración de gratitud porque somos hechura de Dios y porque todos somos personas con talentos y belleza únicos. Hemos sido hechos a la imagen de Dios. Pida a Dios que nos ayude a vernos como él nos ve.

¿Quién soy yo?

Un hijo de Dios (Romanos 8:16)
Redimido del poder del adversario (Salmo 107:2)
Perdonado (Colosenses 1:13-14)
Salvado por gracia mediante la fe (Efesios 2:8)
Justificado (Romanos 5:1)
Santificado (1 Corintios 6:11)
Una nueva criatura (2 Corintios 5:17)
Un participante de la naturaleza divina de Cristo (2 Pedro 1:4)
Redimido de la maldición de la ley (Gálatas 3:13)
Libertado del poder de las tinieblas (Colosenses 1:13)
Dirigido por el Espíritu de Dios (Romanos 8:14)
Un hijo de Dios (Romanos 8:14)
Cuidado de los ángeles (Salmo 91:11)
Seguro que si doy, todas mis necesidades serán satisfechas (Filipenses 4:19)
Autorizado para echar todas mis cargas sobre Jesús (1 Pedro 5:7)
Fuerte en el Señor y en el poder de su fuerza (Efesios 6:10)
Haciendo todo a través de Cristo que me fortalece (Filipenses 4:13)
Heredero de Dios y coheredero con Cristo (Romanos 8:17)
Real sacerdocio, nación santa (1 Pedro 2:9)

Alguien que cumple los mandamientos del Señor (Lucas 6:46-48)

Bendito en mi entrada y bendito en mi salida (Deuteronomio 28:6)

Un heredero de la vida eterna (1 Juan 5:11-12)

Bendecido con toda bendición espiritual (Efesios 1:3)

Sanado por las heridas de Jesús (1 Pedro 2:24)

Alguien que ejerzo mi autoridad sobre el enemigo (Lucas 10:19)

Contento con lo que tengo (Hebreos 13:5)

Más que vencedor (Romanos 8:37)

Mensajero del Evangelio a todo el mundo (Marcos 16:15)

Un vencedor por la sangre del Cordero y la palabra de mi testimonio (Apocalipsis 12:11)

Más grande que el que está en el mundo (1 Juan 4:4)

No movido por lo que se ve, sino por las cosas que son eternas (2 Corintios 4:18)

Alguien que anda por fe, no por vista (2 Corintios 5:7)

Destructor de argumentos y toda altivez (2 Corintios 10:4-5)

Llevamos cautivos todo pensamiento (2 Corintios 10:5)

Transformado por la renovación de mi mente (Romanos 12:1-2)

Trabajador juntamente con Dios (1 Corintios 3:9)

La justicia de Dios en Cristo (2 Corintios 5:21)

Un imitador de Jesús (Efesios 5:1)

La luz del mundo (Mateo 5:14)

Bendigo al Señor en todo tiempo y le alabo continuamente con mi boca (Salmo 34:1)

Fui hecho maravillosamente (Salmo 139:14)

Oído por el Señor en el día de la angustia (Salmo 20:1)

No sigo el consejo de los malos (Salmo 1:1)

Me deleito en la ley de Dios (Salmo 1:2)

Medito en la palabra de Dios (Salmo 1:2)

Doy fruto en la temporada (Salmo 1:3)

Prospero en todo lo que hago (Salmo 1:3)

Saciado en mi sed por el Dios viviente (Salmo 42:2)

Espero el regreso de Cristo (1 Tesalonicenses 4:16)

Plan de Lección 7

Victoria sobre las tentaciones
Por Viken P. Kiledjian

Objetivo
Al final de una lección de treinta minutos basada en Mateo 4:3-11, los alumnos podrán identificar una forma de luchar contra las tentaciones al clasificar las tentaciones que pueden vencer usando el método de Jesús. [Aplicación]

Para estudiantes armenios de escuela secundaria

Anzuelo En un grupo grande, pregunte a los alumnos: «¿Qué significa la palabra *tentación*?» «¿Cuáles son algunas fuentes comunes de tentación para los adolescentes?» Haga una lista de las respuestas en el pizarrón.

Libro Lea Mateo 4:3-11 y pida a los alumnos que comenten sobre la naturaleza de cada tentación que Jesús tuvo que enfrentar. Lea ahora 1 Juan 2:15-17. En el pizarrón, divida en tres columnas las tentaciones de Jesús según las categorías siguientes:

Lista de materiales
• Biblias
• Pizarrón y tiza de colores

1. Los deseos del hombre pecador (lujuria de la carne)
2. Lujuria de los ojos
3. Vanagloria de lo que tiene y hace (orgullo de la vida)

> *Puente:* «Spurgeon, el gran teólogo cristiano, dijo: "Los cristianos íntegros no le tienen tanto miedo a las pruebas como a las tentaciones. El gran horror de un cristiano es el pecado". ¿A qué se opuso Jesús cuando fue tentado? ¿En qué se basaron sus respuestas? ¿Cómo afectaron sus angustias físicas —tener hambre— sus decisiones?»

Mirada Divida a los alumnos en tres grupos iguales. Pida que cada grupo prepare un guión sobre las tentaciones modernas de los adolescentes basado en uno de los tres grupos anotados en el pizarrón (una tentación por grupo). Pídale a los estudiantes que desarrollen dos finales diferentes para el guión: uno donde los alumnos cedan a la tentación y uno diferente donde triunfen usando las técnicas dejadas como ejemplo por Jesús.

Aplicación Para luchar con la tentación, debemos saber lo que dice la Biblia. Pregunte a los alumnos: «¿Qué más podemos hacer?» (Las respuestas pueden incluir orar, hablar con los padres, maestros, pastores o amigos.) Analicen el versículo para memorizar. Dé a los alumnos tres minutos para que oren en silencio sobre cierta área de tentación que pudieran enfrentar.

Memorizar: Mateo 6:13: «Y no nos metas en tentación, mas líbranos del mal».

Plan de Lección 8

El sacrificio
Por Brooke Boersma

Objetivo
Al final de una lección de una hora basada en Hebreos 9:27-28, los alumnos podrán evaluar la importancia del sacrificio de Cristo en sus propias vidas escribiendo su decisión de creer en él, renovar su compromiso con él o decirle «¡no!» [Evaluación]

Para un grupo multirracial de estudiantes en escuela secundaria (latinos, holandeses, anglos, afroamericanos)

Anzuelo Cuente esta historia (Los alumnos están sentados en un gran auditorio.)

Este era un muchacho como de la edad de ustedes que se llamaba Carlos. Creció en la ciudad y tuvo una vida bastante difícil. Su padre lo abandonó cuando él era un bebé y su madre tenía dos trabajos para poder sostenerse ambos. Se pasaba solo casi todo el tiempo. Tenía que ser duro para darse a respetar en el barrio y según fue creciendo empeoró su mal carácter.

Cuando tenía doce años se unió a la pandilla de su barrio. Se metió de lleno en la vida de la pandilla: robos, peleas, muertes. Cuando tenía quince ya lo había visto todo. Un día, conoció a Jorge, un hombre de una misión para jóvenes que de veras se interesó por él. Jorge había sido un muchacho criado en la calle, así que sabía por lo que estaba pasando Carlos. Después de pasar algún tiempo con Jorge, Carlos se dio cuenta de que estaba cansado de tanta violencia, de estarse cuidando las espaldas y de causarle dolor a su madre. Quiso tener lo que Jorge tenía.

Lista de materiales
• Biblias
• Video musical de Michael W. Smith, «Secreta ambición»
• Un televisor y una videograbadora
• Transparencias con la letra de la canción
• Un pequeño altar hecho con piedras o imitación de rocas
• Collares con una cruz. Paquetes para nuevos creyentes, «brazaletes de poder», «cruz en mi bolsillo».
• Tarjetas 3 X 5
• Lápices

Carlos aceptó al Señor. Cuando tomó esta decisión sabía que tenía que renunciar a la pandilla porque no quería seguir viviendo ese tipo de vida. También sabía lo que le pasaría si la abandonaba. Sus «panas» empezaron a sospechar cuando él dejó de pasarse con ellos. Él había visto lo que le había pasado a otros amigos que trataron de salirse. La pandilla los había golpeado tanto que algunos no sobrevivieron. Aun así, Carlos sabía que quería abandonar la pandilla sin que importara lo que tuviera que pasar. Cuando llegó el momento de su paliza, Jorge estaba ahí. Y no solo estaba ahí, sino que cuando los pandilleros alzaron sus palos, Jorge se puso delante de Carlos. Les rogó que dejaran ir a Carlos. Ellos se negaron. Así que Jorge hizo algo increíble. Les dijo: «Entonces, permítanme tomar su lugar».

«¿Qué?», se rieron todos. «¿Eres estúpido o qué?»

«¡No! ¡Déjenme tomar su lugar!»

Se lo permitieron. Y Jorge recibió los golpes que debió haber recibido Carlos. Él tomó el lugar de Carlos. Como muchos otros que habían sido golpeados, Jorge no huyó. Carlos nunca volvió a ser el mismo porque se dio cuenta de que Jorge lo amaba lo suficiente como para estar dispuesto a morir en su lugar.

> *Puente:* «Jorge tomó el lugar de Carlos. ¡Qué asombroso hacer esto por alguien! En los tiempos del Antiguo Testamento, Dios demandaba un sacrificio para que tomara el lugar de los pecados del pueblo. Se ofrecían animales sobre un altar como una forma de pagar por los pecados, como expiación por ellos».

Libro Use un altar de piedra para explicar brevemente la razón para el sacrificio de animales. Explique que Dios lo requería para pagar por los pecados del pueblo, y explique que el animal tenía que ser perfecto, sin ninguna tacha.

Lea Hebreos 9:27-28. Explique que Jesús tomó el lugar del sacrificio de animales. Él fue el cordero que fue muerto por la expiación de nuestros pecados. Use la *cruz* (en su bolsillo) como una ayuda visual. Luego, muestre el video musical «Secret Ambition» [Ambición secreta] de Michael W. Smith.

> *Puente:* «¿Recuerdas la historia de Jorge y Carlos? ¿Recuerdas cómo te sentiste cuando te dije que Jorge había tomado el lugar de Carlos? Jesús hizo eso por nosotros. Él murió de la peor forma para que nosotros pudiéramos tener vida eterna».

Mirada Pida a uno de los alumnos que dé el testimonio de cómo llegó a conocer a Jesús. Este estudiante también debe contar sobre la diferencia que ha hecho en su vida el haber nacido de nuevo.

Puente: «Algunos de ustedes conocen esto y lo creen. Lo que quiero preguntarles es si están viviendo con una «actitud de gratitud» por nuestra salvación. ¿O simplemente la aceptan como algo natural? ¿Necesitan hacer un nuevo compromiso de vida con su Salvador esta noche?

»Otros, nunca han aceptado a Jesús como su Salvador. Él los ama. ¡Él murió por ustedes! ¡Jesús tomó su lugar! ¿Deseas decidirte esta noche a vivir para él?

»Otros más tienen preguntas. Quizás no estés seguro que esto del cristianismo sea para ti. Queremos que sepas que está bien que tengas preguntas. Te amamos. Dios te ama. Estamos aquí por si quieres hablar con nosotros y hacernos tus preguntas».

Aplicación Durante este tiempo, los líderes serán los responsables de hablar con cada joven. Cada uno de ellos recibirá uno de estos artículos: los cristianos comprometidos recibirán un «brazalete de poder»; los cristianos que hayan reconsagrado sus vidas recibirán un «brazalete de poder»; los nuevos creyentes recibirán una cadena con una cruz y un paquete para nuevos creyentes; los que siguen buscando recibirán «una cruz en mi bolsillo».

Pida a los alumnos que se sienten en silencio. El grupo de adoración seguirá tocando suavemente hasta que todos los alumnos hayan hablado con un líder.

Después de esto, los líderes deben reunirse para analizar cualquiera información importante que los alumnos hayan compartido. Ore por los alumnos. ¡Celebre por los nuevos convertidos!

Plan de Lección 9

«Hablemos (¡de verdad!)»
Por Gloria Chang

Objetivo
Al final de una hora de lección sobre Génesis 24:67 y 27:1-17, los alumnos analizarán la comunicación efectiva en el matrimonio al identificar las razones de la pobre comunicación entre Isaac y Rebeca y memorizando Proverbios 15:4. [Análisis]

Para matrimonios chinos

Rincón Especial Cuando entren los alumnos, ponga una o dos canciones románticas que sean familiares para la edad del grupo. Pida a los matrimonios que oren con su pareja para que sus relaciones se fortalezcan como resultado de la lección que están a punto de aprender.

Anzuelo Coloque un episodio de *I Love Lucy*[1] que muestra a Lucy planificando un elaborado plan para engañar a su marido, Ricky. Después de verlo, señale algunas características de la mala comunicación. Pida a los alumnos que opinen sobre los aspectos positivos y negativos en la comunicación de esta pareja. Con estos datos, haga una lista de dos columnas en el pizarrón. Mientras la va escribiendo, resalte las emociones —miedo, frustración y enojo— que subyacen en la comunicación. Prepárese con anticipación para compartir un ejemplo personal de su matrimonio.

> **Lista de materiales**
> - Biblias
> - Grabación de un episodio de *I Love Lucy*
> - Un televisor y una videograbadora
> - Pizarrón con marcadores en colores
> - Proyector de pared
> - Tres transparencias en blanco
> - Papel y lápices para los alumnos

Puente: «La mayor parte de la comunicación entre Lucy y Rick es mala. Pero podemos aprender mucho sobre la buena comunicación si estudiamos la mala comunicación. Muchos de nosotros somos culpables de cometer las mismas faltas, pero es más difícil reírnos de nosotros mismos. Una vez que estamos consciente de nuestros errores, podemos buscar formas de mejorar y no volver a hacer lo mismo. En el libro de Génesis encontramos un ejemplo muy antiguo de mala comunicación en un matrimonio».

Libro Lea Génesis 24:67 y 27:1-17. Luego, divida la clase en tres grupos. El primer grupo contestará la pregunta «¿Qué clase de relación tenían Isaac y Rebeca cuando se casaron?» (Gn 24:67). El se-

[1] Una comedia clásica de la televisión estadounidense.

gundo grupo va a contestar la pregunta, «¿Qué clase de comunicación usó Isaac más tarde en su vida?» (cap. 27). El tercer grupo contestará la pregunta, «Al final, ¿cómo se comunicaba Rebeca con Isaac?»

Los grupos informarán a toda la clase usando el proyector de pared. Concluya resaltando que inicialmente Isaac y Rebeca tuvieron una muy buena relación que se fue deteriorando gradualmente con el paso de los años, y cuando llegaron a viejos, su estilo de comunicación era completamente malsano.

Puente: «¿Dónde estuvo el error?»

Mirada Proyecte transparencias que presenten una lista de las maneras de responder a los conflictos y bajo una columna separada, los sentimientos detrás de una comunicación pobre. Entre ellos están:

Negación,	Fatiga
Represión,	Irritabilidad
Supresión,	Tensión
Aplazamiento,	Miedo
Lenguaje abusivo,	Enojo
Violencia física,	Debilidad
Intelectualismo,	Encubrir las emociones

Pida a la clase que vuelva a sus grupos y evalúen a Isaac y Rebeca después de considerar estas dos listas.

Aplicación Divida nuevamente la clase, esta vez en dúos —una pareja— un equipo formado por el esposo y la esposa. Pida a cada persona que haga una lista de las cosas que no le gustan de su cónyuge (¡no más de tres cada uno!) También, haga una lista de las dificultades más importantes en la comunicación. Pida a las parejas que comparen sus listas. ¿Están de acuerdo? ¿Por qué sí? ¿Por qué no?

Para la semana siguiente, desafíe a los alumnos con la siguiente asignación: Si se sorprenden en episodios de mala comunicación, registre qué ocurrió y, en un tiempo apropiado, analice con su cónyuge qué debió haber hecho diferente.

Memorice: Proverbios 15:4: «La lengua que brinda consuelo es árbol de vida; la lengua insidiosa deprime el espíritu».

Postre La próxima semana continuaremos nuestro estudio sobre cómo desarrollar un matrimonio fuerte examinando cómo nos comunicamos con nuestro niños. Ponga atención esta semana, y vuelva a clases con sus observaciones y preguntas.

Apéndice B
Ejemplos de formularios

Clave para ejercicio:
Mostrar, Decir, Hacer

	Mostrar (Visual)	Decir (auditiva)	Hacer (movimiento)
1. Llevar a cabo una demostración			X
2. Exhibir un anuncio de televisión	X		
3. Profesor silencioso*			X
4. Preparar una charla o una conferencia		X	
5. Usar un proyector de pared	X		
6. Trabajar con un grupo pequeño		X	
7. Completar esta historia		X	
8. Escribir una parodia o una comedia	X		
9. Jugar juegos			X
10. Hacer un viaje			X
11. Hacer un afiche	X		
12. Escuchar un testimonio		X	
13. Cantar solo o en un grupo		X	
14. Hacer una visita al hospital			X
15. Escuchar una canción en un CD		X	
16. Dibujar o colorear	X		
17. Visualizar o imaginar	X		
18. Parafrasear un pasaje	X		
19. Leer al unísono		X	
20. Hacer preguntas y respuestas		X	
21. Discutir dándole un codazo al vecino		X	
22. Preparar o comer una comida			X
23. Hacer una oración de una frase		X	
24. Hacer una entrevista		X	
25. Tener una presentación de títeres		X	
26. Llevar un diario	X		
27. Contar una historia con un franelógrafo	X		
28. Ver una película	X		
29. Completar un rompecabezas			X
30. Jugar un juego bíblico			X
31. Memorizar un versículo		X	
32. Repetir el relato bíblico		X	
33. Hacer manualidades y artesanías			X
34. Tomar un examen	X		
35. Encontrar un pasaje bíblico	X		
36. Escribir una carta	X		

	Mostrar (Visual)	Decir (auditivo)	Hacer (Movimiento)
37. Discusión de acuerdo/desacuerdo		X	
38. Descifrar los versículos	X		
39. Escuchar una grabadora		X	
40. Dar una caminata			X
41. Encontrar un lugar en el mapa	X		
42. Descifrar las palabras	X		
43. Tocar instrumentos		X	
44. Responder una pregunta en un grupo		X	
45. Añadir una nota al tablón de edictos	X		
46. Pintar con los dedos			X
47. Leer un libreto dramático		X	
48. Escribir un poema	X		
49. Dar un sermón de diez minutos		X	
50. Vestirse como un personaje bíblico	X		
51. Prafrasear un himno		X	
52. Escribir un comercial			X
53. Hacer una dramatización espontánea		X	
54. Preparar un collage	X		
55. Participar en un intercambio de ideas		X	
56. Escribir un poema o un salmo	X		
57. Copiar un versículo bíblico	X		
58. Dialogar		X	
59. Hacer un mural	X		
60. Representar a algún personaje			X
61. Participar en un debate		X	
62. Hacer tablas o gráficas			X
63. Escribir una oración	X		
64. Comparar canciones		X	
65. Pantomima			X
66. Preparar un informe	X		
67. Escribir una comparación de personajes	X		
68. Resolver un problema		X	
69. Escribir algo creativo	X		
70. Preparar un video	X		
71. Actuar en un sociodrama (problema social)			X
72. Escribir canciones originales		X	
73. Pintar			X
74. Recortar papel			X
75. Hacer un móvil			X

*En «profesor silencioso» el maestro entra al salón de clases pero no dice nada. Por ejemplo, el maestro puede sentarse a su escritorio y «hacerse el dormido», aparentar estar triste, o desconectado de alguna otra manera. Los alumnos reaccionan al «silencio» en el salón.

Solicitud para voluntarios

> Pegue aquí su foto

Fecha: _____

Nombre _____ Teléfono # ( ) _____ ( ) _____

Dirección _____ Ciudad _____ Código postal _____

Edad _____ Fecha de nacimiento _____ Estado civil _____

¿Está usted certificado para aplicar resucitación cardiopulmonar o posee algún entrenamiento médico? _____

Describa su experiencia con niños (pagado o voluntario): _____

¿Desde cuándo es miembro de la iglesia? (Si es menos de un año, escriba el nombre, dirección y número telefónico de la iglesia anterior.) _____

¿Ha completado el curso para Nuevos Miembros? ¿Cuándo? _____ ¿Las Siete Leyes
_____

¿Ha tomado la clase sobre los Dones Espirituales? _____

¿En qué ministerios de la iglesia participa regularmente? _____

Por favor indique su preferencia: ❑ Jardín Infantil ❑ Preescolar ❑ Grados 1-5
❑ Grados 6-8 ❑ Iglesia de Jóvenes ❑ Estudio bíblico para niños ❑ Cuidado de niños ❑ Tutoría

Declaración de fe (¿cuándo aceptó a Cristo?) _____
_____
_____

Referencias (Escriba el nombre de tres personas que lo conozcan cinco años o más.)

1. Nombre _____ Teléfono _____ (día
Dirección _____ Ciudad _____ Código postal _____

2. Nombre _____ Teléfono _____ (día
Dirección _____ Ciudad _____ Código postal _____

3. Nombre _____ Teléfono _____ (día
Dirección _____ Ciudad _____ Código postal _____

¿Ha sido alguna vez acusado(a) de algún crimen? _____ ¿Le han tomado alguna vez las huellas digitales? _____

Para cuidar la seguridad de nuestros hijos, cada solicitante deberá tomarse las huellas digitales. El costo por este servicio será responsabilidad del solicitante. Adjunte prueba de sus huellas.

Firma del solicitante _____ **Fecha** _____

Aprobación pastoral _____ **Fecha** _____

Carta de compromiso

Al firmar este documento, me comprometo por un año a servir en el Departamento de Niños como _____.

Haré trabajo de voluntario en las siguientes áreas: _____
_____
_____

Como parte de mi responsabilidad con este ministerio, asistiré regularmente a las reuniones mensuales de maestros y siempre que me sea posible a los programas de entrenamiento. Además, me comprometo a orar diariamente y a mantener un tiempo regular de estudio de la Biblia para crecer en mi relación con el Señor.

Como líder, seré un ejemplo de comportamiento cristiano y un modelo para los niños. Como hijo de Dios, mantendré un estilo de vida acorde con los estándares bíblicos. Prometo servir con excelencia como un miembro del equipo de Educación Cristiana, recordando siempre que soy responsable por enseñar a esos regalos especiales de Dios: los niños.

Nombre _____

Firma _____

Fecha _____

SALÓN DE CUNA: HOJA DE REGISTRO

(ESCRIBA EN LETRA DE MOLDE)

FECHA: _____

Nombre del niño(a)	Edad	Nombre del padre	Firma de la persona que lo recoge

PREESCOLAR: HOJA DE REGISTRO

FECHA: _____

(ESCRIBA EN LETRA DE MOLDE)

Nombre del niño(a)	Edad	Nombre del padre	Firma de la persona que lo recoge

JARDÍN INFANTIL: HOJA DE REGISTRO

FECHA: _____

(ESCRIBA EN LETRA DE MOLDE)

Nombre del niño(a)	Edad	Nombre del padre	Firma de la persona que lo recoge

IGLESIA INFANTIL: HOJA DE REGISTRO

ESCRIBA EN LETRA DE MOLDE

FECHA: _____

Nombre del niño(a)

Firma del padre

Formulario para decisión de dedicar un bebé

Nombre y dirección   *Su relación con el bebé*

_____   _____

_____

_____

Teléfono ( )_____

SU COMPROMISO: Por favor marque todas declaraciones que corres-
pondan a su caso. Para ser los padres y padrinos que Dios nos ha llamado a ser, debemos llevar una vida recta y tratar cada día de ser má
como Jesús. Para lograr esto debemos aceptarlo como nuestro Salvado
personal y tener una estrecha relación con él.

❏ ESTOY ACEPTANDO A CRISTO COMO MI SALVADOR PERSONAL PO
   PRIMERA VEZ.

❏ TENGO ALGUNAS PREGUNTAS Y QUISIERA HABLAR CON ALGUIEN.

❏ ESTOY RECONSAGRANDO MI VIDA A JESUCRISTO.

❏ ESTOY INTERESADO EN LLEGAR A SER MIEMBRO DE LA IGLESIA.

❏ ESTOY INTERESADO EN COMPLETAR LA CLASE DE NUEVOS
   MIEMBROS.

❏ ESTOY INTERESADO EN ASISTIR A UN ESTUDIO BÍBLICO.

❏ ASISTIRÉ REGULARMENTE A LA ESCUELA DOMINICAL.

❏ PROMETO MANTENER MI TEMPLO PURO SEGÚN ROMANOS 12:1-2
   Y ORAR PARA QUE DIOS ME AYUDE A NO TENER SEXO FUERA DEI
   MATRIMONIO.

❏ LEERÉ MI BIBLIA Y ORARÉ TODOS LOS DÍAS.

Membrete de la iglesia
Dirección • Teléfono
Nombre del pastor

Formulario para Dedicación de un Bebé

Este es el niño que yo le pedí al Señor, y él me lo concedió.
Ahora yo, por mi parte, se lo entrego al Señor.
Mientras el niño viva, estará dedicado a él.
1 Samuel 1:27-28

¡Felicitaciones por su decisión de dedicar su bebé al Señor! El servicio de dedicación de bebés se lleva a cabo el *cuarto* domingo del mes durante el servicio de las 11:00 a.m. Favor llenar esta solicitud con la información que usted desea que aparezca en el Certificado de Dedicación del bebé. *Escriba con letra clara.*

Nombre del bebé _____

Fecha de nacimiento _____ Ciudad _____ Estado_____

Nombre de la madre _____

Nombre del padre _____

Nombre de la madrina _____

Nombre del padrino _____

Marque el color del certificado que desea: rosa, azul, rojo, verde

Dirección postal _____

_____

_____

Teléfono _____ (Día)

_____ (Noche)

Oración para Dedicación de un Bebé

Mientras los familiares permanecen de pie, el pastor guía a la iglesia en esta oración.

Le pide a los niños de doce años o menos que se pongan de pie y repitan:
«Oro por estos bebés,
que al crecer en su niñez,
conozcan el amor de Cristo,
muestren el amor de Cristo,
y crezcan en el amor de Cristo.
Oro por ellos en el nombre
del Padre, del Hijo y del Espíritu Santo».

Los niños se sientan y los adolescentes se ponen de pie y repiten:
«Oro por estos bebés,
que al crecer en su juventud,
conozcan el amor de Cristo,
muestren el amor de Cristo,
y crezcan en el amor de Cristo.
Oro por ellos en el nombre
del Padre, del Hijo y del Espíritu Santo».

Los adolescentes se sientan y los adultos se ponen de pie y repiten:
«Oro por estos bebés,
que al crecer en su adultez,
conozcan el amor de Cristo,
muestren el amor de Cristo,
y crezcan en el amor de Cristo.
Oro por ellos en el nombre
del Padre, del Hijo y del Espíritu Santo».

Los adultos permanecen de pie mientras se pide a todos que se pongan de pie y repitan:
«Con la ayuda de Dios, andaré en rectitud delante de ellos.
Con la ayuda de Dios, viviré un ejemplo piadoso delante de ellos.
Oro por estos bebés en el nombre
del Padre, del Hijo y del Espíritu Santo. Amén».

[Tomado de la oración del Obispo Kenneth C. Ulmer, pastor y maestro de la Faithful Central Missionary Baptist Church]

El Significado de la Dedicación de Bebés

Dedicar: Apartar para una deidad o para propósitos religiosos; apartar para uso especial; consagrar.

Consagrar: Declarar o apartar como sagrado; dedicar a un fin dado o servicio; dedicar a un propósito sagrado; santificar.

Santificar: Hacer santo; dedicar a Dios (Larousse).

1. **No hay nada «mágico» en la dedicación de bebés.** Esta ceremonia no garantiza que su hijo nunca se enfermará. Ni significa que automáticamente su hijo será salvo. Cada persona debe aceptar a Cristo como su Señor (Romanos 10:9-10). La dedicación de bebés significa que usted está dando a Dios permiso para que moldee la vida de su hijo. El ejemplo bíblico de la dedicación de bebés lo encontramos en 1 Samuel 1:1—2:21, donde se explica el propósito de esta ceremonia.

2. **Ana dedicó a su hijo Samuel al Señor para el servicio religioso (1 Samuel 1:27-28).** ¿Proveerá usted un ambiente a su hijo o hija en el que pueda aprender de Cristo Jesús y llegue a aceptarlo como su Señor y Salvador? Las clases para bebés y niños en esta iglesia ayudarán al niño a aprender de Jesús a una edad temprana.

   Si es el plan de Dios, ¿está usted dispuesto a dar a su hijo al Señor para el servicio cristiano como lo hizo Ana? ¿Es su oración que su hijo crezca para servir al Señor en el campo misionero, en el ministerio o en cualquier otro lugar que Dios escoja para él o ella?

3. **Ana tenía una relación con Dios, como lo demuestra su voto (1 Samuel 1:11) y su oración (1 Samuel 2:8).** ¿Tiene usted una relación personal con Dios a través de Jesucristo? ¿Le ha pedido que sea su Señor y Salvador? Antes de dedicar su bebé a Dios, piense que primero debe dedicarse usted a Dios. ¿Lo conoce a él? ¿O solo ha oído de él?

4. **Por las misericordias de Dios, tiene sentido que demos a Dios nuestras vidas como un sacrificio vivo (Romanos 12:1-2).** Ana llevó a Samuel al templo. Su cuerpo es el templo del Dios viviente. Cuando su hijo lo mire a los ojos, ¿verá él a Dios en los suyos? ¿Puede usted cumplir la función de sacerdote y orar por su hijo? El mundo de hoy exige padres y padrinos piadosos.

5. **Hemos sido apartados para Dios por la sangre de Jesús, que nos santifica (Hebreos 10:6-17).** Jesús es el sacrificio por nuestro pecado. Porque él pagó el precio por nuestro pecado cuando murió en la cruz, somos perdonados y nuestras vidas son apartadas para Dios. ¿Están las leyes divinas escritas en su corazón y en su mente? ¿Ha aceptado el perdón de Dios por sus pecados? ¿Sabrá cómo perdonar y responder positivamente ante las faltas de su hijo?

6. **Todo creyente es dedicado, o apartado, para el propósito de Dios (2 Timoteo 2:19-21).** Nosotros no practicamos el pecado (1 Jn 3:9). ¿Es usted un vaso para honra, *haciendo* lo que dice la Biblia en lugar de solo *oír* lo que la Biblia dice (Stg 1:22-24)? ¿Está dando un buen ejemplo cristiano para su hijo? ¿Trata a su hijo como propiedad de Dios, como un regalo especial de él?

7. **Los padres y los padrinos tienen que enseñar a sus hijos acerca de Dios y su Palabra (Pr 22:6; Dt 6:7).** Usted es el ejemplo para su hijo, animándolo a que aprenda de Jesús a través de su propio crecimiento. Asistir regularmente a la iglesia y a las clases bíblicas semanales le ayudará a crecer.

Consejos para una paternidad exitosa

- Separe tiempo para usted. Establezca un sistema de apoyo de padrinos, abuelos, familia y amigos que le ayuden a separar tiempo para usted.

- Elogie a su hijo todas las veces que sea necesario. Recuerde que él o ella son especiales para Dios y para usted.

- Sea el mejor defensor de su hijo. Comprométase a visitar regularmente el centro de cuidado diurno o la escuela de su hijo.

- Escuche a su hijo. No asuma que el maestro siempre tiene la razón.

- ¡Perdone! ¡Pase por alto! No se apresure en señalar las faltas de su hijo.

- Descubra los dones que Dios ha dado a su hijo. Identifique sus cualidades. Especialmente las que no dependen de su apariencia.

- Diga: «¡Lo siento!» Todos los padres cometemos errores. Acepte que se ha equivocado. Se requiere ser humilde ante Dios.

- Ore por su hijo. Si no lo hace usted, ¿quién lo va a hacer?

La Primera Comunión (Santa Cena) de su Hijo(a)

Queridos padres:

La comunión es una ordenanza especial que instituyó nuestro Señor Jesucristo. Nos identificamos con Cristo a través del bautismo y cuando tomamos la comunión «en memoria de él».

Su hijo ha aceptado a Cristo como Salvador y ha expresado el deseo de participar en esta ordenanza. El domingo _____, tendremos una clase especial a las _____ para hablar sobre la comunión. Le pedimos que asista con su hijo(a) a _____ (lugar).

En esta clase, los niños aprenderán el significado de la comunión en términos que puedan entender. Enseñaremos a los padres a reforzar en el hogar lo que se les ha enseñado sobre la comunión. Por tanto, pedimos a los padres que asistan con su hijo a esta clase de una hora.

Su hijo tomará su primera comunión el domingo _____ durante el servicio de las _____ en el templo. A todos los niños se les hará un obsequio para conmemorar este acontecimiento tan especial. Favor llenar la siguiente información y devuelva la hoja a la oficina de la iglesia. Si tiene alguna pregunta, por favor no dude en llamar al Departamento de Educación Cristiana, al teléfono _____.

....

Registro para tomar la Primera Comunión

Nombre del niño(a)_____

Nombre de los padres _____

Maestro de la Iglesia Infantil _____

Edad del niño Grado en la escuela _____

Dirección postal _____

Ciudad, Estado, Código postal _____

Teléfono _____ (Día)

_____ (Noche)

[Adaptado de Ministerio de Niños, Catedral de Cristal, 1320 Chapman Avenue, Garden Grove, CA 92640]

Certificado de Comunión

Esa copa de bendición por la cual damos gracias,
¿no significa que entramos en comunión con la sangre de Cristo?
Ese pan que partimos, ¿no significa que entramos en comunión con el
cuerpo de Cristo? Hay un solo pan del cual todos participamos; por
eso, aunque somos muchos, formamos un solo cuerpo.

1 Corintios 10:16-17

Certificamos que

_____

Nombre

Se unió a la congregación en la Mesa del Señor

en este _____ día de _____ en el año _____

_____

Pastor principal

_____

Pastor de Educación Cristiana

_____

Congregación

_____

Dirección

_____

Ciudad/Estado

Membrete de la iglesia
Dirección • Teléfono
Nombre del pastor y líder de jóvenes que va en el viaje

FORMULARIO DE PERMISO PARA VIAJAR

DEBEN LLENARSE TODOS LOS ESPACIOS

Por este medio autorizo a _____(nombre de la iglesia) para transportar a mi hijo/hija desde la iglesia a (destino)_____ para (nombre de la actividad) _____así como traerlo de regreso.

He dado instrucciones a mi hijo para que obedezca a los maestros, líderes y voluntarios adultos. Mi hijo no tiene posesión de drogas ni armas, y ha dejado en la casa toda su música y audífonos.

Mi hijo/hija padece de _____ o tiene la siguiente necesidad médica _____ (escriba nada si no aplica) y necesita tomar (medicamento) _____ (escriba nada si no aplica). Nuestra aseguradora para servicios médicos es _____ y mi hijo(a) lleva con él (ella) la tarjeta de seguro médico. El número es _____.

En caso de una emergencia, me pueden llamar al ( ) _____.
En caso de un accidente, no haré responsable a_____ _____ (nombre de la iglesia).
La hora de regreso a la iglesia será _____. Estaré allí para recoger a mi hijo(a).

Firma del padre_____

Nombre y edad del niño(s)

_____Edad_____

_____Edad_____

_____Edad_____

Autorización y consentimiento para tratamiento a un menor

El firmante autoriza a los directores/maestros de _____
_____ como sus representantes, para dar consentimiento para llevar a cabo cualquier examen de rayos X, anestesia, diagnóstico o tratamiento médico, dental o quirúrgico, o cuidado hospitalario al menor cuyo nombre aparece más arriba que se estime conveniente y que se ejecute bajo la supervisión general o especial de cualquier médico o cirujano licenciado bajo el Acta de Práctica de la Medicina o cualquier dentista licenciado bajo el Acta de Práctica Dental, en un hospital u otro lugar. Los mencionados representantes están autorizados para tomar decisiones sobre la salud y bienestar general de este menor. Esta autorización será efectiva mientras el menor se encuentra al cuidado de los mencionados representantes por un período indefinido a menos que se revoque por escrito por el antes firmante y se comunique a los directores/maestros de _____. Se administrarán primeros auxilios y medicamentos no recetados al mencionado menor según lo determinen los directores/maestros o su representante de cuidado de salud con las siguientes excepciones:

❏ No excepciones

❏ Excepciones _____

La medicina que el menor antes mencionado necesita tomar será entregada a la enfermera del campamento o al representante en cuidado de la salud. Tipo de medicina e instrucciones específicas:

_____
_____

Se indican a continuación las restricciones a actividades o alergias, incluyendo reacciones a medicinas:

_____
_____

_____	_____
Firma del padre o encargado	Testigo

Membrete de la iglesia
Dirección • Teléfono
Nombre del pastor

Formulario para Bautismo

Arrepentíos, y bautícese cada uno de
vosotros en el nombre de Jesucristo para
perdón de los pecados; y recibiréis el
don del Espíritu Santo.
Hechos 2:38 (RVR1960)

¡Felicitaciones por su decisión de bautizarse!

El día del bautismo, un diácono o una diaconisa lo llevará a vestirse para el bautismo. Favor traer ropa adicional para cambiarse (deberá estar completamente vestido debido a que las túnicas se traslucen cuando están mojadas) y una toalla.

Favor llenar la siguiente información, *en letra de molde*, según desea que aparezca en el Certificado de Bautismo. Después del bautismo, se vestirá y volverá al servicio. Al final, recibirá su certificado, que es un documento legal.

Nombre completo (incluya su segundo nombre) _____

Fecha de nacimiento _____ Lugar de nacimiento _____

También necesitamos la siguiente información:

Dirección postal:

Sr./Sra/Srta. _____

Dirección _____

Ciudad/Estado _____ Código postal _____

Teléfono (Día) _____ (Noche) _____

Edad _____ Fecha de membresía _____

¿Tomó las clases para Nuevos Miembros?   ❏ Sí   ❏ No

Todo lo que usted necesita saber sobre el bautismo

Pero cuando creyeron a Felipe,
que les anunciaba las buenas nuevas
del reino de Dios y el nombre de Jesucristo,
tanto hombres como mujeres se bautizaron.
Hechos 8:12

PREGUNTAS MÁS COMUNES SOBRE EL BAUTISMO

1. **¿Qué significa la palabra «bautismo»?**
   Bautismo viene de la palabra griega *baptizo*, que quiere decir «zambullir o sumergir». En Mateo 28:19 aparece el mandamiento dado por Jesús sobre el bautismo.

2. **¿Necesito bautizarme de nuevo si me bautizaron cuando era bebé?**
   Si usted fue bautizado antes que aceptara a Cristo como su Señor y Salvador, se trató solo de mojar a un bebé con un poco de agua. Como un bebé no tiene capacidad de confesar su fe en Dios, los bebés no se bautizan según los ejemplos que vemos en la Biblia. Jesús fue bautizado cuando era un adulto, no cuando era un bebé (Lc 3:21-23). Otro ejemplo es el relato del eunuco etíope (Hch 8:26-38). La Biblia nos da el orden divino que creemos sobre el bautismo.

3. **¿Qué simboliza el bautismo?**
   El bautismo simboliza que usted se identifica con la muerte, sepultura y resurrección de Cristo. Es su confesión pública. El bautismo le dice al mundo que usted ahora tiene una vida nueva. Su vida vieja ha pasado, se ha ido, ha muerto. El bautismo es un acto externo que representa un cambio interno (Ro 6:1-23; 2 Co 5:17).

4. **¿Qué pasa si después de bautizarme cometo pecado? ¿Necesito volver a bautizarme?**
   Jesucristo perdona el pecado una vez y para siempre. Si pecamos, confesamos nuestro pecado. Un cristiano no tiene un estilo de vida de pecado habitual, continuo, deliberado (1 Jn 1:7-10; 3:9).

5. ¿Qué relación hay entre el bautismo y la iglesia?
Simbólicamente, el bautismo nos identifica con Cristo y con la iglesia. Al estar unidos con Cristo, la Cabeza de la iglesia, estamos unidos a su Cuerpo, la Iglesia, llamada también el Cuerpo de Cristo (Ef 1:22-23; 1 Co 12:12-14, 24-27).

6. ¿Cuál es mi responsabilidad hacia la iglesia?
Como somos un cuerpo, tenemos que mantener compañerismo entre nosotros. Esto significa que debemos asistir regularmente a la iglesia. Para llegar a ser un miembro activo de este cuerpo, asistimos a la clase de Nuevos Miembros. Los que de verdad quieren crecer y aprender también necesitan asistir a un estudio bíblico (Heb 10:24-25).

7. **No descuide su tiempo diario con el Señor.**
Leer su Biblia y orar diariamente le ayudará a conocer y a entender la Palabra de Dios. Su relación con Dios a través de Jesucristo es personal. La comunicación, orar, es la clave (Prov 8:17).

¿QUÉ ES LA COMUNIÓN?

La comunión es una ordenanza especial (o costumbre) de la iglesia. Solo los que son creyentes participan en lo que se llama comúnmente la cena del Señor (1 Co 11:23-24).

La comunión es un tiempo para recordar que nuestra salvación fue comprada por medio de la muerte y resurrección de Cristo. El pan simboliza su cuerpo que fue golpeado y abatido por nuestros pecados. El vino (o jugo) simboliza la sangre que fluyó cuando le pusieron una corona de espinas en la cabeza, cuando los clavos fueron martillados en sus manos y pies, y cuando le clavaron una lanza en su costado.

¡En esto se encierra el poder para vivir victoriosamente! Es en Jesús, no en nosotros. Todo lo que necesitamos hacer es darle nuestra vida y pedirle que viva su vida a través de nosotros. Cuando tomamos la comunión, es un tiempo para reflexionar sobre nuestra vida, para darnos cuenta del alcance del amor de Dios por nosotros y para renovar nuestro compromiso de vivir vidas santas mediante el poder de la Cruz.

Fueron comprados por un precio.
Por tanto, honren con sus cuerpos a Dios.
1 Corintios 6:20

Bibliografía

- Colson, Howard P., y M. Raymond. *Understanding Your Church's Curriculum*, Broadman Press, Nashville, 1981.

- *Creative Bible Learning for Young Children*. Regal books, Ventura, CA, 1977.

- Gangel, Kenneth O. *Twenty- four Ways to Improve Your Teaching*, Victor Books, Wheaton, IL, 1988.

- Gangel, Kenneth O., y Howard G. Hendricks. *The Christian Educator's Handbook on Teaching*, Victor Books, Wheaton, IL, 1988.

- Guild, Pat Burke, y Stephen Garger. *Marching to Different Drumers*, Asociación para supervisión y desarrollo de planes de estudio, Alexandra, VA, 1985.

- LeBar, Lois.*Education That Is Christian*. Victor Books, Wheaton, IL, 1989.

- Mager, Robert F. *Preparing Instructional Objetives*, Fearon Publishers, Belmont, CA, 1961.

- Richard Lawrence O. *Creative Bible Teaching*, Moody Press, 1970.

- —————. *A Theology of Christian Education*, Zondervan, Grand Rapids, 1975

- Roe, Earl, O., editor. *Dream Big: The Henrietta Mears Story*, Regal Books, Ventura, CA, 1990.

- Tyler, Ralph W. *Basic Principles of Curriculum and Instruction*, University of Chicago Press, Chicago, 1949.

- Weler, Paul. *How to Help a Friend*, Tyndale, Wheaton, IL, 1975.

DISFRUTE DE OTRAS PUBLICACIONES DE EDITORIAL VIDA

Desde 1946, Editorial Vida es fiel amiga del pueblo hispano a través de la mejor literatura evangélica. Editorial Vida publica libros prácticos y de sólidas doctrinas que enriquecen el caudal de conocimiento de sus lectores.

Nuestras Biblias de Estudio poseen características que ayudan al lector a crecer en el conocimiento de las Sagradas Escrituras y a comprenderlas mejor. Vida Nueva es el más completo y actualizado plan de estudio de Escuela Dominical y el mejor recurso educativo en español. Además, nuestra serie de grabaciones de alabanzas y adoración, Vida Music renueva su espíritu y llena su alma de gratitud a Dios.

En las siguientes páginas se describen otras excelentes publicaciones producidas especialmente para usted. Adquiera productos de Editorial Vida en su librería cristiana más cercana.

DEDICADOS A LA EXCELENCIA

Una vida
con propósito

Rick Warren, reconocido autor de *Una Iglesia con Propósito*, plantea ahora un nuevo reto al creyente que quiere alcanzar una vida victoriosa. La obra enfoca la edificación del individuo como parte integral del proceso formador del cuerpo de Cristo. Cada ser humano tiene algo que le inspira, motiva o impulsa a actuar a través de su existencia. Y eso es lo que usted podrá descubrir cuando lea las páginas de *Una vida con propósito*.

0-8297-3786-3

Ayúdenme,
soy un líder de jóvenes

Si eres un veterano trabajando con jóvenes o apenas empiezas, *Ayúdenme, soy un líder de jóvenes* te brinda los fundamentos para alcanzar con éxito a los   adolescentes. Si buscas nuevas ideas para motivar y reforzar a los líderes voluntarios este libro te ayudará a logralo.

0-8297-3511-9

Lecciones Bíblicas: Verdades Brutales

Verdades Brutales son lecciones bíblicas que introducirán a los adolescentes a una divertida aventura a través del Antiguo y el Nuevo Testamento. Esta obra los guiará en una jornada que les hará distinguirse. Es un recurso indispensable para los líderes de jóvenes.

0-8297-3787-1

Nos agradaría recibir noticias suyas.
Por favor, envíe sus comentarios sobre este libro
a la dirección que aparece a continuación.
Muchas gracias.

ZONDERVAN

Editorial Vida
7500 NW 25 Street, Suite 239
Miami, Florida 33122

Vidapub.sales@zondervan.com
http://www.editorialvida.com